2022
영어 원서 수업
워크북

경남 초중등 영어교과교육연구회 지음

김민정 신보미
서주희 양은주
임선미 하소지
조윤서 김덕미
신승애 이혜선
김설은 손수경
서주미 윤지현

2022 영어 원서 수업 워크북

발   행 | 2023년 1월 2일
저   자 | 경남 초중등 영어교과교육연구회
펴낸이 | 한건희
펴낸곳 | 주식회사 부크크
출판사등록 | 2014.07.15.(제2014-16호)
주   소 | 서울특별시 금천구 가산디지털1로 119 SK트윈타워 A동 305호
전   화 | 1670-8316
이메일 | info@bookk.co.kr

ISBN | 979-11-410-0937-3

www.bookk.co.kr
ⓒ 경남 초중등 영어교과교육연구회 2023

CONTENT

《집 필 및 검 토》
서주희 선생님(김해삼문고)   양은주 선생님(능동중)   김민정 선생님(거제중앙중)
임선미 선생님(창원신월고)   윤지현 선생님(김해영운고)   하소지 선생님(삼계중)
조윤서 선생님(경상사대부중)   신보미 선생님(서창중)

《집 필 및 검 토》
김덕미 선생님(동진중)   양은주 선생님(능동중)   김민정 선생님(거제중앙중)
조윤서 선생님(경상사대부중)   서주희 선생님(김해삼문고)   하소지 선생님(삼계중)
서주미 선생님(신주중)   신보미 선생님(서창중)   임선미 선생님(창원신월고)
김설은 선생님(계룡중)   신승애 선생님(고성중앙고)

《집 필 및 검 토》
김민정 선생님(거제중앙중)
신승애 선생님(고성중앙고)
신보미 선생님(서창중)

《집 필 및 검 토》
신보미 선생님(서창중)　　　　손수경 선생님(김해삼계중)　　　양은주 선생님(능동중)
김민정 선생님(거제중앙중)　　김덕미 선생님(동진중)　　　　서주희 선생님(김해삼문고)
하소지 선생님(삼계중)　　　　이혜선 선생님(김해외고)

워크북 구성

원서별로 워크북은 아래와 같이 구성되어 있습니다. 원서별 자료는 QR코드로 확인하고 다운로드 받을 수 있습니다.

워크북 QR 코드	책 소개	주요 내용
The Miraculous Journey of Edward Tulane (에드워드 툴레인의 신기한 여행) 워크북	책 소개와 수상 정보, 책의 내용 요약 등이 포함된 책 소개 페이지	주요 내용(Main Points) 정리 페이지
어휘 및 표현	내용 파악 문제	인상 깊은 문장
어휘 및 표현(Words & Expressions)	내용 파악 문제(Reading Comprehension)	인상 깊은 문장(Impressive Sentences)
토의 주제	활동지 및 수업 아이디어	정답 및 예시 답안
토의 주제(Discussion Topics)	활동지(Worksheet) 및 수업 아이디어	The Miraculous Journey of Edward Tulane (에드워드 툴레인의 신기한 여행) 정답 및 예시 답안

학년별, 수준별 원서 고르는 방법
- Lexile 지수와 AR 지수 -

1. Lexile(렉사일) 지수란?

Lexile(렉사일) 지수는 지난 1984년도에 미국에서 설립된 교육연구기관인 메타메트릭스 (MetaMetrics®)사에서 개발한 영어 읽기 능력 지수(리딩 레벨 지수)입니다.

렉사일 텍스트 지수는 영어 텍스트 난이도를 분석하는 두 가지 변수에 기초를 하고 있습니다. 이는 바로 **단어 반복도(Word Frequency)와 문장의 길이(Sentence Length)** 입니다.

(즉, 글의 주제와 같은 부분들은 지수에 반영되지 않는다고 합니다.)

출처 : TEFFL Junior & Primary 렉사일 안내자료.pdf 중 일부

2. AR(Accelerated Reader) 지수란?

AR(Accelerated Reader) 지수는 1986년에 설립된 미국의 Renaissance사에서 개발한 영어 리딩 레벨 지수입니다. 렉사일 지수보다는 역사가 조금 짧습니다.
도서의 **문장 길이, 난이도, 어휘 수준**을 종합하여 나타낸 도서의 난이도 수치로 17만여 권의 도서에 대해 AR 지수를 제공합니다.
AR지수는 영어권 학생일 때 몇학년 수준의 리딩 실력을 가지고 있는지 확인하고 알려주는 방식입니다. 표시는 X.X 표시합니다. (학년).(개월)
예를 들면, **AR 5.2라고 하면 영어권 학생 초등 5학년 2개월 수준의 리딩실력**을 갖췄다. 또는 초등 5학년 2개월 수준의 책이라고 생각하시면 됩니다.

(부분 발췌 : 영어로 만나는 더 큰 세상 언어세상!)
https://blog.naver.com/lwbooks201/222624104335

3. Lexile 지수와 AR 지수 비교

1) Lexile 지수

Lexile(렉사일) 지수는 미국 교육 연구기관인 MetaMetrics® (메타메트릭스)사에서 개발한 독서능력 평가 지수입니다.

렉사일 지수를 통해 영어책의 난이도와 독자의 영어 읽기 수준을 측정할 수 있습니다. 미국에서 가장 대표적인 영어 읽기 지수 자료로 활용되고 있고, 국공립학교 교과서 및 추천 도서의 제목 옆에 렉사일 지수를 표시하고 있습니다.

범위

▶ Lexile 200 - 500 (미국 초등 저학년 수준)
▶ Lexile 300 - 800 (미국 초등 고학년 수준)
▶ Lexile 800 - 1000 (미국 중학생 수준)
▶ Lexile 1000 - 1200 (미국 고등학생 수준)
▶ Lexile 1200 - 1700 (미국 대학생 수준)

ex) 800L을 받은 독자가 800L 수준의 도서를 읽으면 75% 이상 이해할 수 있습니다.

2) AR 지수

AR지수는 미국 Renaissance Learning®(르네상스 러닝)사가 개발한 독서관리 프로그램으로, 책의 난이도를 측정하는 레벨 지수입니다.

AR지수는 미국의 45,000개 이상의 학교에서 사용되고 있으며, 평가 기준은 문장의 길이, 단어의 난이도, 책에 포함된 어휘 수입니다. AR지수는 렉사일 지수와 달리 미국 교과서 커리큘럼에 맞추어 한 학년을 총 10개의 단계로 나누었습니다.

범위

▶ AR 1.0 - 1.9	▶ AR 6.0 - 6.9
▶ AR 2.0 - 2.9	▶ AR 7.0 - 7.9
▶ AR 3.0 - 3.9	▶ AR 8.0 - 8.9
▶ AR 4.0 - 4.9	▶ AR 9.0 - 9.9
▶ AR 5.0 - 5.9	▶ AR 10.0 - 10.9

ex) AR지수가 3.8일 경우 미국 초등학교 기준 3학년 8개월 수준을 의미합니다.

4. Reading Level Lexile 환산표

Lexile	AR	Lexile	AR	Lexile	AR
25	1.1	350	2	675	3.9
50	1.1	375	2.1	700	4.1
75	1.2	400	2.2	725	4.3
100	1.2	425	2.3	750	4.5
125	1.3	450	2.5	775	4.7
150	1.3	475	2.6	800	5
175	1.4	500	2.7	825	5.2
200	1.5	525	2.9	850	5.5
225	1.6	550	3	875	5.8
250	1.6	575	3.2	900	6
275	1.7	600	3.3	925	6.4
300	1.8	625	3.5	950	6.7
325	1.8	650	3.7	975	7.0

4. '수준별 원서 찾기' 유용한 사이트

1) 알라딘

(https://www.aladin.co.kr/shop/wbrowse.aspx?CID=67970)

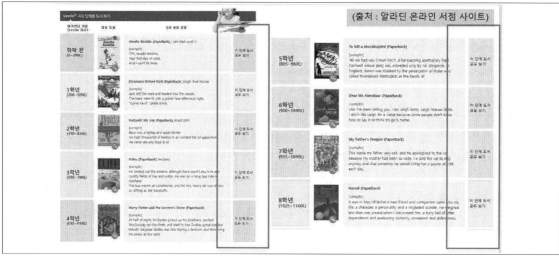

수능연도	렉사일 지수	
2010	1100	
2011	1190	
2012	1110	
2013	1140	
2014(B형)	1160	
2015	1130	
통합	1140	

\<표 4> 대학수학능력시험 영어교과 렉사일 지수(신루비,

출처 : 신루비. (2016). 대학수학능력시험 영어영역
절대평가 도입의 쟁점. 석사학위논문, 고려대학교 교육대
학원. 서울.)

고등학교 학년별 Lexile 지수는 대략...
(보통수준의 학생을 기준으로)

고1 : 750~850
고2 : 850~950
고3 : 950~
이정도로 예측해 볼 수 있습니다.

Lexile 지수는 quantative하게 나눈 단위이고, 단
원서별로 내용에 따라 학생들이 느끼는 난이도는
조금씩 다를 수 있으니, 직접 원서를 읽어보는 것
이 안전하지 싶습니다.
(의견 출처 : ET안선생 유튜브)

AR 지수

2) Yes24

(http://www.yes24.com/24/Category/Display/002001042)

3) Lexile (https://hub.lexile.com/)

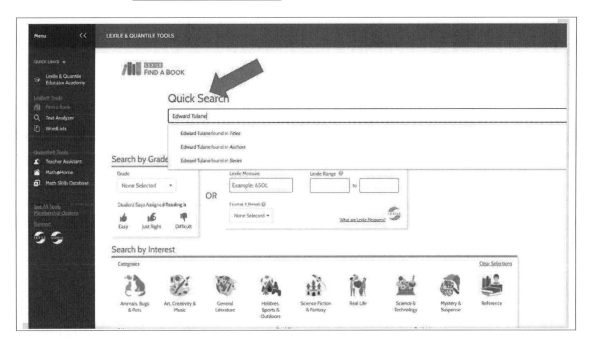

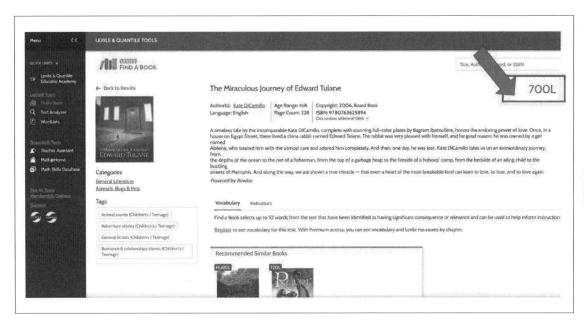

The Miraculous Journey of Edward Tulane
(에드워드 툴레인의 신기한 여행)

워크북

워크북 원고 (PDF)

책 소개	# The Miraculous Journey of Edward Tulane (에드워드 툴레인의 신기한 여행)

Author	Reading age	Print length	Lexile	Publication date
Kate DiCamillo	7-10 years	228 pages	700L	February 14, 2006

Winner of the 2006 Boston Globe-Horn Book Award

2006년 '보스턴 글로브 혼 북 상' 수상작

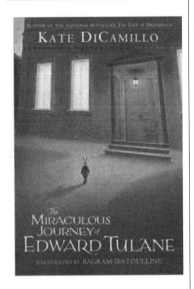

Once, in a house on Egypt Street, there lived a china rabbit named Edward Tulane. The rabbit was very pleased with himself, and for good reason: he was owned by a girl named Abilene, who treated him with the utmost care and adored him completely. And then, one day, he was lost.

Kate DiCamillo takes us on an extraordinary journey, from the depths of the ocean to the net of a fisherman, from the top of a garbage heap to the fireside of a hoboes' camp, from the bedside of an ailing child to the bustling streets of Memphis. And along the way, we are shown a true miracle — that even a heart of the most breakable kind can learn to love, to lose, and to love again.

(내용 출처 : amazon.com)

　　몸과 마음이 모두 차가운 도자기 토끼 인형, 에드워드 툴레인이 여행을 통해 사랑만 받고 그것을 당연한 것으로 여기던 교만한 삶에서 벗어나 진정 누군가를 사랑하고 남의 말에 귀 기울일 줄 알게 된다는 감동의 메시지를 담고 있다.

　　동화와 우화, 그 중간이라고 할 수 있는 이 작품 속에는 생생하고 현실적으로 독자를 사로 잡는 캐릭터들과 사건들이 연이어 펼쳐진다. 자신을 사랑하던 소녀와 헤어진 뒤, 다양한 인생들을 만나고 많은 경험을 한 에드워드 툴레인의 내적 성장기로 어른들이 함께 읽기에도 깊이가 충분한 작품이다.

　　또한 물 흐르는 듯한 시적 언어는 에드워드 내면의 아픔과 슬픔, 그리움, 희망 등을 잔잔하게 담아냈다. 책 속에는 러시아 출신으로 모스크바 국립예술학교에서 공부한 화가 배그램 이바툴린의 그림이 담겨 있다. 원화 10점과 그 밖의 펜 드로우잉 삽화를 통해 고풍스럽고도 세련되고 세밀한 자신의 작품 세계를 활짝 펼쳐 보였다.

Kate DiCamillo 미국 펜실베이니아에서 태어나 플로리다에서 어린 시절을 보냈다. 플로리다 대학에서 영문학을 공부한 후, 본격적인 작품 활동을 시작했다. 애니메이션으로도 제작된 『생쥐 기사 데스페로』로 2004년 뉴베리 상을 수상했으며, 『에드워드 툴레인의 신기한 여행』으로 2006년 보스턴 글로브 혼 북 상을 수상했다. 『초능력 다람쥐 율리시스』로 2014년 또 한 번 뉴베리 상을 수상하며, 사랑, 우정, 기적 등 사람의 마음이 품은 소중한 가치들을 놀라운 스토리텔링으로 들려주는 저력을 다시금 보여 주었다. 그 밖에 쓴 책으로 『마술사의 코끼리』, 『우리의 영웅 머시』, 『머시의 신나는 토요일』 등이 있으며, 디카밀로의 책들은 전 세계 41개 언어로 번역되었다. 현재 "미국에서 가장 사랑받는 작가"로 평가되며, '미국 청소년 문학 대사'로 선정되어 이야기의 힘을 전하는 활동을 펼쳤다.

(내용 출처 : yes24.com)

1. 주요 내용 (Main Points)

챕터	주요 내용
1	- Edward Tulane이라는 도자기 토끼 인형의 생김새와 성격이 묘사됨. - Edward의 첫 번째 주인인 Abilene Tulane은 Edward를 끔찍이 아껴서 최고로 좋은 옷과 신발, 모자를 Edward를 위해 입혀 줌. - Edward는 Abilene의 할머니 Pellegrina가 주문 제작하여 탄생하게 됨.
2	- Abilene이 학교에 가고 없을 때, Edward는 수컷 강아지 Rosie가 자신을 입에 물기도 하고, 가정부가 Edward를 청소하며 거칠게 다루는 것에 마음속으로 화가 남. - Abilene은 집에 돌아오면 Edward를 꼭 껴안아 주고 사랑을 표현함.
3	- Abilene 가족은 Edward도 데리고 배를 타고 런던으로 여행을 가기로 결정함. - 할머니 Pellegrina는 Abilene과 Edward에게 잠자리에서 공주 이야기를 들려주기 시작함.
4	[할머니 Pellegrina가 들려준 이야기] - 옛날에 아름다운 공주가 있었는데, 자신을 사랑해 주는 사람은 많았지만 공주가 사랑하는 사람은 없었음. - 어느 날 공주의 아빠인 왕이 공주에게 결혼을 하라고 하자, 멀리 성을 떠나 숲속으로 도망감. - 숲속에서 공주는 한 마녀의 집을 발견하고 들여보내달라고 하자, 마녀는 공주가 사랑하는 사람의 이름을 대라고 함. 이때 공주는 아무도 사랑하지 않는다고 하자, 마녀는 아름다운 공주를 흑멧돼지로 변하게 함. 그리고 결국 사람들이 요리해서 먹어 버림.
5	- Abilene 가족은 Edward와 함께 영국으로 가는 배에 올라탐. - 배에서 Edward는 사람들에게 엄청난 관심을 받음. 이때, 어린 남자아이 둘 (Martin, Amos)이 특히 관심을 보이다가 갑자기 Edward의 값비싼 재킷과 바지를 뜯고, 가지고 있던 회중시계도 갑판에 떨어짐. - 두 어린 남자아이가 Edward가 알몸인 상태에서 서로에게 던지면서 장난을 치다, 결국 Edward는 배 밖으로 던져지게 됨.
6	- 물에 빠진 Edward는 물속에서 배 위에서 자신을 바라보고 있는 Abilene을 봄. - 계속해서 바닷속으로 가라앉고 또 가라앉기 시작함. 마침내 Edward는 바다 밑바닥에 머리가 닿고 처음으로 두려움이라는 감정을 느낌.
7	- Edward는 물속에서 계속 Abilene이 자신을 찾아올 거라고 기다림. 그러나 오지 않음. - 물속에 빠진 지 이백구십칠 일이 되는 날, 폭풍우가 거세게 불어 Edward는 바닷물 위로 떠오르고 가라앉기를 반복함. - 고기를 잡던 어부 한 명이 그물로 Edward를 낚아 올림. 나이가 든 어부가 집으로 들고 감. Edward는 살아서 너무 기쁨.
8	- 어부 Lawrence는 자신의 집에 Edward를 가지고 감. - 어부의 부인 Nellie는 기뻐하며, 토끼 Edward를 she라고 칭하며 이름을 Susanna라 정함.
9	- Edward는 Susanna가 되었고, Nellie가 만들어준 소박하고 평범한 여자 옷을 입음. 처음에는 거부감이 있었으나 살아 돌아와서 어부와 그의 아내와의 삶이 즐거움. - Nellie가 부엌에 자신을 앉혀 놓고 이런저런 이야기를 할 때, 귀 기울여 들음. - 가족의 일원으로 식탁 의자에도 함께 앉고, 저녁을 먹고 나면, Lawrence와 밤하늘의 별을 구경함. - Edward는 아주 오랫동안 행복해함.

챕터	주요 내용
10	- Lawrence의 딸 Lolly는 시끄럽고, 조심성이 없는 여자로 Edward를 거꾸로 들어올리거나, 소파에 아무렇게나 던지기도 함. - Lolly는 갑자기 Edward를 데리고 자신의 트럭에 놓인 쓰레기통에 거꾸로 처박고 Edward와 함께 집을 나섬. - Edward는 Lawrence와 Nellie와 갑자기 헤어지자 가슴 깊이 아픔이 느껴짐.
11	- Edward는 결국 쓰레기장에 버려지게 됨. - 처음에는 Lolly를 찾아내어 복수할 마음이었지만, 40일가량 지나자 절망에 빠져 버림. - 쓰레기장에 온 지 180번째 날, 한 마리의 개가 킁킁대며, 쓰레기 더미를 파헤치고 Edward에게는 기적처럼 오후 햇살이 얼굴에 비추어짐.
12	- 개가 Edward를 쓰레기 더미에서 끄집어내 입에 물고 달려서 기찻길에 도착함. - 개(Lucy)는 떠돌이 생활을 하는 주인 Bull에게 데려가고 Bull은 Edward를 Malone이라고 부르며 셋은 함께 길을 떠나게 됨.
13	- Malone이 된 Edward, Lucy, Bull은 어디론가 향해 걸었고, 밤에는 땅바닥에서 잠을 잠. - Edward는 밤에는 계속 별자리를 올려다보며, 자신을 사랑해 주었던 사람들의 이름을 말해 봄. - 다른 부랑자들이 Bull에게 노래를 해달라고 하면, Edward를 자신의 무릎 위에 앉히고 노래도 불러줌.
14	- 처음에 다른 부랑자들은 Edward를 웃음거리로 여기다가, 차츰 Edward와 친해짐. Edward가 다른 이들의 이야기에 귀 기울여 듣는 능력으로 부랑자들과 더욱 친하게 됨. - Edward는 Lucy, Bull과 칠 년의 세월을 함께 했고, 이런 생활을 행복해함. - 어느 날 몰래 화물칸에 셋은 들어가 있다가 관리자에게 발각당함. - 화물칸 관리자는 Edward를 발로 차 어둠 속으로 날려 버림. Edward는 Lucy, Bull과 헤어지게 되고 마음이 매우 아팠음.
15	- 길에 버려져 있는 Edward를 나이 많은 여자가 발견하고 자신의 바구니에 넣음. - 여자는 자신의 채소밭의 까마귀들을 내쫓기 위해 Edward를 막대에 매달아 놓고 못으로 귀를 박아 놓고, 팔과 다리를 철사로 묶어 놓음. - Edward를 Clyde라고 부르며 새들을 내쫓으라고 소리 침.
16	- Bryce라는 한 사내아이가 채소밭 일을 도우러 옴. 막대 위에 매달린 Edward를 연신 보며 인사를 함. 그리고 Edward에게 곧 데리러 오겠다고 말함. - 뜨거운 해가 내리쬐고, 까마귀들은 Edward 주위에 몰려들고, 심지어 머리를 쪼아대기도 함. - 절망적인 상황에서 Bryce가 늦은 저녁 시간에 Edward를 철사에서 풀어주고 안아줌. Edward는 마음이 놓였고, 즐거움도 느낌.
17	- Bryce는 Edward를 데리고 집으로 감. 자신의 여동생 Sarah에게 줄 거라고 하며, 예전에 도자기 토끼 인형이 있었는데, 아빠가 깨뜨려서 놀 것이 없다고 말함. - Bryce가 사는 집은 매우 좁고, 아무것도 없는 휑한 집이었음. Sarah라는 작은 여자아이는 침대에서 일어나 계속 기침을 함. - Bryce는 Sarah에게 Edward를 보여주자, 그녀는 Edward를 꼭 앉으며 아기처럼 흔들어 줌. Edward는 따스함을 느낌. - Edward는 Jangles라는 이름으로 불리게 됨.
18	- Bryce, Sarah의 아버지가 다음날 집에 들어와서, Edward를 보자 귀를 잡아 올린 다음 침대에 떨어뜨림. 아버지는 아들 Bryce의 뺨을 때리고는 집을 떠남. - Sarah와 Edward는 집안에서 즐겁게 놂. Sarah는 기침 발작을 할 때마다 Edward를 꼭 끌어안음. Jangles가 된 Edward는 이런 Sarah를 돌보고 뭔가를 해주고 싶었음.

챕터	주요 내용
18	- Bryce는 Edward의 털실을 길게 끊어 털실 끝을 나무 막대에 묶음. - Bryce는 아픈 동생 Sarah를 위해 Edward의 몸에 매단 줄을 움직여서 춤을 추게 하고, 다른 한 손으로는 하모니카를 경쾌하게 연주함.
19	- Edward는 Bryce와 Sarah와 함께 한 시간이 석 달이 지났고, Sarah의 건강은 갈수록 나빠졌음. 숨을 쉬는 것도 힘들어함. - Bryce는 Sarah가 걱정되어 온종일 집에서 Sarah를 돌봄. - 어느 날 Sarah는 숨을 거두고, 아버지와 아들 Bryce는 서로 고성이 오가면서 싸움. 아버지는 Sarah를 묻으려고 담요에 싸서 데리고 가 버림. - Bryce는 Edward를 집어 들고 집을 떠남.
20	- Bryce는 Edward와 다른 지역으로 떠나서 거리 모퉁이에서 춤을 추는 공연(꼭두각시 인형)을 하고 Bryce는 하모니카를 부름. 사람들은 돈을 상자 안에 넣어주며 구경을 함. - 어두운 밤 Bryce는 공연이 끝나고 울기 시작함. - Edward는 첫 주인 Abilene의 할머니 Pellegrina와 닮은 사람을 보고, 이제 자신은 사랑하는 법을 배웠다고 도와달라고 마음속으로 소리침.
21	- 공연하고 번 돈으로 Bryce는 식당에 들어감. 식당 종업원이 요리를 주자, Bryce는 허겁지겁 먹음. - 음식값을 계산하려니 돈이 부족하자, 식당 주인이 나와서 돈을 달라고 재차 이야기함. - Bryce는 이 상황의 위기를 모면하고자, 토끼 춤을 보여준다고, Edward의 줄을 잡아당겨 춤추게 함. - 식당 주인은 Edward를 바닥에 휙 던져 버리고, Edward의 머리가 카운터 모서리에 부딪히며 쨍그랑 큰 소리가 남.
22	[Edward가 상상한 장면] - 혼자서 어두운 길을 걷고 있는데 불이 켜져 있는 집이 보임. 바로 Abilene의 집이었음. - Lucy 개가 정문에서 달려와서 꼬리를 흔들어 댐. Bull이 인사를 하며 문을 열어 줌. 그 집에는 Abilene, Nellie, Lawrence, Bryce가 다 있음. - 모두 Edward에게 반갑게 인사를 하는데, Sarah가 안 보임. Sarah를 보기 위해 밖으로 나감. Sarah는 별이 되어 밤하늘에 떠 있음. - Edward의 몸에 뭔가 파닥거리는 게 있어 보니, 날개가 등에 달림. Edward는 어디든지 자유롭게 날아가려고 하자, Edward의 각자 주인이었던 사람들이 Edward를 붙잡고, 아직 날아가지 말라고 함.
23	- 인형 수리공 Lucius는 Edward의 산산조각이 난 머리를 붙여줌. - 알고 보니 Bryce가 인형 수리공에게 Edward를 다시 붙여 달라고 울면서 도움을 요청함. - Bryce는 돈이 없어서 Edward를 되찾아 올 수가 없었음.
24	- Edward는 다시 붙여지고 고쳐지고, 우아한 정장을 입고 인형 가게의 높은 선반에 진열됨. - 인형 가게에 Bryce가 들어와서 Edward를 좀 보고 싶다고 하자, 인형 수리공은 한번은 보여주지만 다시는 오지 말라고 함. - Edward는 마음속으로 Bryce에게 가지 말라고 외침. Bryce는 Edward를 계속 바라보다가 결국 가게 문을 나섬.
25	- 인형 가게 진열장에는 Edward도 말고도 많은 인형들이 있었는데, Edward는 본인도 인형이지만, 인형들의 허영심 많고 자기중심적인 모습을 싫어함. - Edward 옆에 진열된 인형이 Edward에게 토끼는 아무도 안 사 갈 거고, 예쁜 옷을 입은 우아한 인형을 사 간다고 잘난체함. - Edward는 상관없다고, 이미 많은 사랑을 받았다고 응대함. - 잘난체하던 인형은 한 할머니에게 팔리고, Edward는 자신에게는 희망이 없다고 절망함. - Edward 빈자리는 또 다른 인형으로 채워짐.

챕터	주요 내용
26	- Edward 옆자리에 앉게 된 인형은 Edward처럼 머리가 부서졌다가 붙여지고, 얼굴에도 금이 간 흔적이 있음. - 인형은 자신은 백 살이고 이번에는 누가 자신을 데려갈지 궁금하다고 하자, Edward는 신경 안 쓴다고 말함. - 인형은 희망을 가지라고 Edward에게 말하며 사랑하거나 사랑받을 생각이 없으면 어떤 여행도 의미 없다고 말함. - 다음 날, 백 살이 된 인형은 어린아이에게 팔림. - 그 인형은 Edward에게 반드시 누군가가 널 위해 올 거고, 마음의 문을 열라고 이야기 함. - 닫혀있던 Edward의 마음이 다시 서서히 열리기 시작함.
27	- 시간을 흘러 계절이 바뀌고 해가 바뀜. Edward는 누군가가 올 거라는 희망으로 계속해서 기다림. - 다섯 살쯤 되는 여자아이 Maggie가 엄마와 함께 와서는 Edward를 바라보고 아주 부드럽게 안아 줌. - 여자 엄마의 목에 두른 회중시계도 보임. Edward는 자신의 회중시계라고 생각함. - 여자아이가 Abilene이 되어 Edward를 부름. Edward도 자신이 Edward라고 소리침.

2. 어휘 및 표현 (Words & Expressions)

책에 제시된 문장을 읽고 **밑줄 친 어휘 및 표현**의 뜻을 유추해서 적으시오.

챕터	쪽수	어휘 및 표현	뜻	책에 제시된 문장
1	3	**be made of china** [tʃáinə]		~, there lived a rabbit who **was made** almost entirely **of china.** 몸 대부분이 도자기로 된 토끼가 살고 있었어요. (글 도입부로 Edward의 생김새를 묘사하는 내용 중 일부)
	4	**exceptional** [iksépʃənl]		Edward Tulane felt himself to be an **exceptional specimen.** Edward Tulane은 자신이 특별하다고 생각했어요. (주인공 Edward는 스스로를 예외적인 존재로 보고 특별하다고 생각함)
	4	**specimen** [spésəmən]		
2	15	**outrage** [áutreidʒ]		Abilene's mother had referred to him as "it," and she was more **outraged** at the dog urine on her tablecloth than she was about the **indignities** that Edward had suffered at the jaws of Rosie. Abilene의 엄마는 그(Edward)를 '그거'라고 했거든요. 그녀는 Rosie(개)가 Edward를 입에 넣어서라기보다는 개가 식탁보에 오줌을 눈 것에 더 화가 나 있었어요. (Rosie라는 개가 Edward를 입에 물고 침 범벅이가 되자, Abilene의 엄마는 Edward보다 더러워진 식탁보 때문에 화가 난 모습. Edward의 주인인 여자아이 Abilene 외에는 가족들이 Edward를 Abilene만큼은 아끼지는 않는다는 것을 알 수 있는 대목임)
	15	**indignity** [indígnəti]		
	16	**shove** [ʃʌv]		~, she finally decided to **shove** him in among the dolls on a shelf in Abilene's bedroom. 그녀는 Abilene의 침실에 있는 선반의 다른 인형들 틈에 Edward를 쑤셔 넣기로 했어요. (가정부(she)가 집 안을 청소하다, Edward를 다른 인형들이 있는 선반에 넣음. 다른 사람들 눈에는 Edward는 하나의 인형에 지나지 않음을 의미하기도 함)

챕터	쪽수	어휘 및 표현	뜻	책에 제시된 문장
2	17	**leap** [liːp]		~ Edward could feel her heart beating, **leaping** almost out of her chest **in** its **agitation.** Edward는 그녀(Abilene)의 심장 뛰는 소리도 들을 수 있었어요. 마치 심장이 튀어나올 것 같았죠. (Abilene은 학교에서 돌아온 뒤, 원래 있어야 할 곳에 Edward가 없자 사방팔방 찾다 그를 발견하자 꼭 껴안는 장면으로 Abilene이 Edward를 끔찍이 사랑한다는 것을 알 수 있음)
	17	**agitation** [ædʒitéiʃən]		
	17	**in agitation**		
4	31	**consequence** [kάnsəkwèns]		You must help me or there will be **consequences.** 날 도와주지 않으면 당신에게 큰일이 생길 거예요. (Abilene의 할머니 Pellegrina가 손녀와 Edward에게 들려주는 이야기 속 공주가 마녀에게 한 말. 자신의 아버지가 왕이니 자신을 꼭 도와달라고 함)
	31	**warthog** [wɔ́ːrthὰːg, -hɔ̀ːg]		"And the beautiful princess was changed into a **warthog.**" 그러자 아름다운 공주는 흑멧돼지로 변해 버렸어. (이야기 속 마녀가 공주에게 누구를 사랑한 적 있냐고 묻자 아무도 사랑하지 않는다는 대답에 마녀는 공주를 흑멧돼지로 변하게 함)
	32	**squeal** [skwiːl]		'What have you done to me?' **squealed** the princess. '나한테 무슨 짓을 한 거예요?'라고 공주가 꽥꽥거렸어. (흑멧돼지로 변한 공주가 돼지처럼 꽥꽥거리며 마녀에게 이야기함)
5	42	**grubby** [grʌ́bi]		It was much worse being tossed, in the same naked state, from the hands of one **grubby**, laughing boy to another. 벌거벗은 상태로, 한 더럽고 낄낄대고 있는 소년의 손에서 다른 소년의 손으로 던져진다는 것은 더 최악이었다. (배 위에서 두 소년에 의해 옷이 벗겨지고 이리저리 던져지고 있는 Edward)
	43	**overboard** [ouˈvərbɔ̀ːrd]		Instead, Edward Tulane went **overboard.** 대신에 Edward는 배 밖으로 던져졌다. (배 위에서 아이들이 Edward를 던지고 놀다 결국 Edward는 배 밖으로 던져짐)

챕터	쪽수	어휘 및 표현	뜻	책에 제시된 문장
5	37	cut a figure [fígjər]		Edward possessed a small trunk, and Abilene packed it for him, filling it with his finest suits and several of his best hats and three pairs of shoes, all so that he might **cut a fine figure** in London. Edward가 작은 트렁크를 소지하고 있었고, Abilene은 트렁크에 그가 가진 가장 좋은 정장들, 가장 좋은 모자 몇 개와 세 켤레의 신발을 넣어주었다. 이 모든 것은 Edward가 London에서 좋은 인상을 남길 수 있도록 하기 위해서이다. (Abilene이 영국으로 가는 항해를 위해 Edward의 짐에 넣은 물품들임. Abilene이 Edward를 아주 사랑하고 그를 단순한 인형 이상으로 대하는 모습을 엿볼 수 있음)
6	49	tremendous [triméndəs]		And then Abilene disappeared from view and the rabbit hit the water with such **tremendous** force that his hat blew off his head. 그리고 나서 Abilene은 시야에서 사라졌고, Edward는 강하게 물에 부딪히며 모자가 머리에서 벗겨져 날라갔다. (Edward가 어린 남자 아이들의 장난으로 인해 배 밖으로 떨어진 후 바다에 떨어지면서 충돌의 충격으로 모자가 벗겨진 상황)
7	55	ordeal [ɔːrdíːəl]		On the two hundred and ninety-seventh day of Edward's **ordeal**, a storm came. Edward의 297일째 시련의 날, 폭풍우가 왔다. (Edward가 바닷속에 빠진 지 297일째 되는 날로 시련이라고 표현함)
	55	pummel [pʌ́məl]		The water **pummeled** him and lifted him up and **shoved** him back down. 물은 그를 연타하였고 들어 올렸다가 다시 바다 밑으로 가라앉게 했다. (폭풍우가 치는 바다에서 비바람에 의해 Edward가 이리저리 쓸려다니는 모습을 표현함)
	55	shove [ʃʌv]		

챕터	쪽수	어휘 및 표현	뜻	책에 제시된 문장
8	61	**callused** [kǽləst]		~, placing a **callused** hand at Edward's back. Edward의 등에 투박한 손을 대면서 (어부의 고된 노동을 짐작하게 하는 동시에 따뜻한 마음이 느껴짐)
	65	**discerning** [disə́ːrniŋ]		Edward felt immediately that Nellie was a very **discerning** woman. Edward는 Nellie가 매우 안목 있는 여성이라는 것을 바로 느꼈다. (어부의 부인 Nellie와 Edward의 첫 만남으로 Edward가 느끼는 Nellie의 첫인상)
9	69	**horrified** [hɔ́(ː)rəfàid]		He was **horrified** at first. 그는 처음에 충격을 받았다. (Nellie가 만들어주는 여자 옷을 처음 접할 때의 Edward의 감정이 드러난 문장)
	73	**constellation** [kὰnstəléiʃən]		Edward loved looking up at the stars, and he loved the sounds of the **constellation** names. Edward는 하늘을 올려다보는 것이 좋았고 별자리 이름의 소리를 사랑했다. (Lawrence가 밤이 되면 별자리의 이름을 말해 주었고, Edward는 별들을 보고 별자리 이름을 듣는 것이 좋음)
10	78	**skivvy** [skívi]		Have you **gone skivvy**? 정신 나갔어요? (Nellie의 딸 Lolly가 옷을 입고 있는 Edward를 보고 한 말: 단어 자체로 따로 쓰이기보다 관용적으로 문장 전체로 사용됨)
	80	**tremulous** [trémjuləs]		"Oh," came Nellie's **tremulous** voice, 오, Nellie는 떨리는 목소리로 말했다. (Nellie는 딸이 Edward를 함부로 대하고 데려가는 것에 직접적인 반박을 하진 못 했지만, Edward와의 작별에 목소리에서 슬픔이 묻어남)

챕 터	쪽 수	어휘 및 표현	뜻	책에 제시된 문장
11	84	**exact** [igzǽkt]		What kept Edward going was thinking of how he would find Lolly and **exact** his **revenge**. Edward를 계속 살아가게 만든 것은 어떻게 하면 Lolly를 찾아서 복수를 실행할 것인지를 생각하는 것이었다.
	84	**revenge** [rivéndʒ]		(Lawrence 부부와 조용하고 달콤했던 삶을 강제로 마감하고 Edward가 쓰레기 더미에 파묻힌 며칠 동안을 버티게 해 준 것은 Lolly에 대한 복수심 때문이었음)
	84	**despair** [dispέər]		Soon he gave up thinking about revenge and gave in to **despair.** 곧 그는 복수에 대한 생각을 포기하고 절망에 빠져들었다. (쓰레기 더미 속에서 아무런 희망도 없는 상태에 빠진 Edward의 심리상태를 그대로 묘사함)
12	89	**ferocity** [fərɑ́səti]		~, and shaken back and forth with a great deal of **ferocity.** 개가 Edward를 아주 사납게 앞뒤로 흔들었다. (쓰레기 더미 속에서 Edward를 발견한 개가 한 행동)
	90	**scraggly** [skrǽgli]		They crossed over the tracks, and there, underneath a **scraggly** tree, in a circle of bushes, Edward was dropped in front of a large pair of feet. 그들은 기찻길을 건너 수풀에 빙 둘러싸인 앙상한 나무 아래, 커다란 두 발 앞에 Edward를 떨어뜨렸어요. (Edward를 발견한 개 Lucy가 주인인 Bull에게 Edward를 데려다 놓는 장면)
13	97	**irony** [áiərəni]		That, my friend, is the **irony** of our constant movement. 그게, 친구, 그러니까 늘 어디로 간다는 게 아이러니한 거지. (Bull과 Lucy는 늘 이동하며 살아가는데 특정 장소를 정해서 이동하는 것이 아니어서 아이러니하다고 Bull이 Edward에게 말함)
	98	**muzzle** [mʌ́zl]		~, she even rested her **muzzle** on his china stomach,~ 그녀(Lucy)는 심지어 Edward의 배 위에 주둥이를 올려놓기도 했다. (처음에 Lucy는 Edward가 먹는 것이 아닌 것에 실망했지만, 점점 익숙해하고 친숙해지는 모습을 보여줌)

챕터	쪽수	어휘 및 표현	뜻	책에 제시된 문장
14	106	**invaluable** [invǽljuəbl]		~, Edward's new and strange ability to sit very still and concentrate the whole of his being on the stories of another became **invaluable** around the hobo campfire. 가만히 앉아서 다른 사람의 이야기에 온전히 귀 기울일 수 있는 Edward의 새롭고 낯선 능력은 방랑자들의 모닥불가에서 매우 귀중한 것이 되었다. (Edward이 존재 자체가 방랑자들에게 많은 위로가 됨을 보여주는 장면)
	107	**tramp** [træmp]		~, some **tramp** would take Edward aside and whisper the names of his children in Edward's ear. 어떤 방랑자는 Edward를 옆에 데려가 귀에다 대고 자신의 아이들의 이름을 속삭이곤 했다. (자신들의 이야기에 귀 기울여 들어주는 것 같은 Edward에게 방랑자들은 소중한 자신의 아이들의 이름도 이야기함. 그만큼 Edward를 소중한 존재로 여김)
15	116	**hollowness** [hάlounis]		The terrible ache he had felt the night before had gone away and had been replaced with a different feeling, one of **hollowness** and despair. 전날 밤 그가 느꼈던 극심한 고통은 없어지고 공허와 절망이라는 감정으로 교체되었다. (기차에서 던져진 Edward는 몸이 아픈 고통보다, 자신이 버려진 것에 대해 공허함과 절망감이 마음속에 자리 잡음)
	116	**in spite of** [spait]		Edward, **in spite of** himself, listened. Edward는 어쩔 수 없이 귀를 기울였어요. (Edward는 자신을 집어 든 아주머니의 말을 자신의 의지와 상관없이 들었다.)
16	124	**hoe** [hou]		~, watching the old woman and Bryce weed and **hoe** the garden. (Edward는) 나이 많은 여자와 Bryce가 잡초를 뽑으며 정원에서 괭이질을 하는 걸 지켜보았죠. (Edward가 채소밭의 막대에 묶여서 사람들이 일하는 장면을 내려다봄)

챕터	쪽수	어휘 및 표현	뜻	책에 제시된 문장
16	126	**rush** [rʌʃ]		~, the rabbit felt a **rush** of relief, ~ Edward는 마음이 놓였다. (Edward는 묶인 막대에서 구출되기 늦었다고 생각했지만 Bryce에 의해 구출된 후 안도감이 밀려옴)
17	130	**loathe** [louð]		How Edward **loathed** dolls. Edward가 얼마나 인형을 싫어하는데요. (Bryce는 여동생 Sarah가 잃어버린 인형이 있는데, Edward를 가져가면 좋아할 거라는 말에, Edward는 그 인형 대신이라는 생각에 기분이 몹시 상함)
	133	**rock** [rak]		She **rocked** Edward back and forth and stared down at him and smiled. 그녀는 Edward를 앞뒤로 흔들며 가만히 내려다보고는 미소를 지었죠. (Sarah는 아기를 다루듯이 Edward를 안고 앞뒤로 흔들면서 사랑스러운 미소를 보내는 장면)
	135	**singular** [síŋgjulər]		It was a **singular sensation** to be held so gently and yet so fiercely, to be stared down at with so much love.
	135	**sensation** [senséiʃən]		누군가 그렇게 넘치는 애정으로 자신을 내려다보니 한없이 뜨겁고 격렬한 감정이 생겨났어요. (Edward는 Sarah가 자신을 소중하고 사랑스럽게 대하는 상황이 낯설어 이상한 감정이 듦)
18	139	**frightened** [fráitnd]		Edward, hanging by one ear, was **frightened.** 한쪽 귀로 매달린 Edward는 두려웠어요. (Bryce의 아버지가 집에 와서 Edward를 보고 한쪽 귀를 잡고 들어 올림)
	140	**sass** [sæs]		"Don't you **sass** me," said the father. He raised his hand and **slapped** Brace across his mouth and then he turned and left the house. "말대꾸하지 마." 그는 손을 들어 Brace의 입 주위를 후려치더니 돌아서서 집을 떠났어요.
		slap [slæp]		(Bryce가 아버지 말에 말대꾸하자, 아버지가 한 말과 행동으로 Bryce와 Sarah가 폭력적인 아버지 밑에서 자란 걸 알 수 있는 장면)

챕터	쪽수	어휘 및 표현	뜻	책에 제시된 문장
18	140	**bully** [búli]		He ain't nothing but a **bully**. 그는 단지 깡패일 뿐이야. (아버지가 Bryce에게 주먹을 휘두르자, Bryce가 Edward에게 한 말)
	141	**intrusive** [intrú:siv]		~, Edward would have found **intrusive**, **clingy** behavior of this sort very annoying, ~ Edward는 보통 이런 종류의 매우 짜증나는 끈적거리는 행동을 무례하다고 생각했다.
	141	**clingy** [klíŋi]		(Sarah가 기침 발작을 할 때마다, Edward의 귀를 하나씩 빨기도 했는데, 예전의 Edward였다면 자기중심적이고 자신이 희생하는 것을 극도로 싫어했지만 지금은 아니라는 의미가 내포됨)
	141	**twine** [twain]		Bryce returned with a biscuit for Sarah Ruth and a ball of **twine** for Edward. Bryce는 Sarah가 먹을 비스킷과 Edward를 위한 털실 한 뭉치를 가지고 돌아왔어요. (일을 마치고 돌아온 Bryce가 Sarah와 Edward를 위해 챙겨온 것들)
	141	**tentative** [téntətiv]		Sarah Ruth held the biscuit in both hands and took small, **tentative** bites. Sarah Ruth는 두 손에 비스킷을 들고 조금씩 머뭇거리면서 베어 먹었어요. (오빠 Bryce가 챙겨온 비스킷을 먹고 있는 Sarah의 모습으로 몸이 안 좋아서 힘없게 먹고 있는 모습)
	142	**sway** [swei]		And then, moving the strings with the sticks with his one hand, Bryce made Edward dance and drop and **sway**. 그러고 나서 Bryce는 한 손으로 막대에 매단 줄을 움직여서 Edward가 몸을 흔들며 춤을 추게 했어요. (Bryce가 동생 Sarah를 위해 Edward의 털실 끝에 나무 막대를 묶어 꼭두각시 인형을 만들고 흔드는 장면)
	143	**nasty** [næsti]		"Let's get you out of this **nasty** old air, huh?" 내가 이 나쁜 공기에서 널 빼내 줄게, 알겠지? (Bryce는 동생 Sarah가 기침을 하자, 바깥 공기를 쐬자며 다정하게 말함)

챕터	쪽수	어휘 및 표현	뜻	책에 제시된 문장
18	144	**streak** [striːk]		And she pointed to a star **streaking** through the night sky. 그녀는 밤하늘을 가로질러 휙 떨어지는 별을 가리켰어요. (Sarah가 밤하늘을 보며 별을 가리키는 장면)
19	147	**soggy** [sɑ́gi]		Edward's ears became **soggy** and he did not care. Edward는 귀에 힘이 없어졌지만 그는 신경 쓰지 않았어요. (Edward의 몸 상태가 안 좋음을 의미함)
	148	**ragged** [rǽgid]		Her breathing became **ragged** and uncertain, ~ 그녀의 숨소리는 거칠고 불분명해졌어요. (Sarah의 건강이 나빠지는 모습)
	150	**prevail** [privéil]		But the father was bigger and stronger, and he **prevailed**. 그러나 아버지는 더 크고 힘이 세서 아버지가 이겼어요. (아버지와 Bryce가 죽은 Sarah로 인해 고함지르고 싸웠는데, 결국 아버지가 자기 뜻대로 하게 됨)
20	155	**folk** [fouk]		**Folks put on** any kind of show right there on the street corner and people pay'em for it. 사람들이 거리 모퉁이에서 어떤 종류의 것이든 공연을 하니까 본 사람들이 돈을 주더라고. (Bryce는 Edward와 집 밖을 나와 공연으로 돈을 벌려는 마음을 표현함)
		put on		
	155	**scarecrow** [skǽ'rkrou]		Edward tried to listen, but the terrible **scarecrow** feeling had come back, ~ Edward는 열심히 들으려고 했지만 자신이 끔찍한 허수아비였을 때가 생각났어요. (Bryce의 이야기를 Edward는 집중하려고 했지만, Edward는 끔찍했던 허수아비 역할을 했던 때가 생각이 남)
	156	**hollow** [hɑ́lou]		And not only did Edward feel **hollow**; he ached. Edward는 공허할 뿐만 아니라 매우 아팠어요. (자신을 아껴주던 Sarah가 죽자 몸과 마음이 모두 아픈 Edward)

챕터	쪽수	어휘 및 표현	뜻	책에 제시된 문장
20	156	shuffle [ʃʌfl]		Bryce played his harmonica and moved Edward's strings, and Edward bowed and **shuffled** and swayed and people stopped to stare and point and laugh. Bryce는 하모니카를 연주하면서 Edward가 매달려 있는 줄을 움직였고 Edward는 절을 하고 발을 질질 끌며 몸을 흔들었어요. 그러자 사람들은 멈춰 서서 그 모습을 지켜보며 손짓을 하고 웃었어요. (Bryce가 Edward를 꼭두각시 익형처럼 흔들거리며 춤을 추게 하고 보는 사람들이 웃는 모습)
	157	pavement [péivmənt]		Edward saw his tears land on the **pavement.** Edward는 Bryce의 눈물이 거리 위에 떨어지는 걸 보았어요. (길거리 공연을 마친 Bryce가 자신의 슬픈 처지에 눈물을 흘리는 모습을 Edward가 지켜 봄)
	158	hobble [hɑbl]		The old woman turned and **hobbled** away. 할머니가 돌아서더니 절뚝거리며 걸어갔어요. (거리에서 춤을 추던 Edward를 유심히 바라보던 한 할머니가 돌아서는 장면)
21	162	reckon [rékən]		"I **reckon** show business is hard work." "공연이 힘든가 보구나." (Bryce가 공연을 마치고 식당에서 허겁지겁 음식을 먹자 종업원이 한 말)
	163	spatula [spǽʧulə]		He was a large, red-haired, red-faced man who came out of the kitchen holding a **spatula** in one hand. 그는 몸집이 크고 머리가 빨갛고 얼굴이 붉은 사람이었는데 한 손에 주걱을 들고 부엌에서 나왔어요. (Bryce가 식사를 마치고 돈이 부족하자, 요리사이자 주인인 사람이 부엌에서 나옴)
	164	thwack [θwæk]		He brought the spatula down on the counter with a **thwack.** 그는 주걱을 꽝 하고 카운터에 내려놓았어요. (식당 주인이 Bryce에게 겁을 주려고 좀 더 과격한 행동을 하는 모습)

챕터	쪽수	어휘 및 표현	뜻	책에 제시된 문장
21	165	**string** [striŋ]		Bryce set Edward on the floor and started pulling the **strings** attached to his feet, making him do a slow shuffle. Bryce가 Edward를 바닥에 세워 놓고 Edward의 발과 이어져 있는 줄을 잡아당겨서 천천히 움직이게 했어요. (식당 주인이 돈을 내라고 재촉하자 Bryce는 Edward에게 연결된 줄을 잡아당겨 움직이게 하여 상황을 모면하려고 함)
	165	**crack** [kræk]		There was a loud **crack**. 쨍그랑 하고 큰 소리가 났어요. (식당 주인이 Edward를 바닥에 던지자 Edward의 머리가 깨지는 소리)
22	169	**dusk** [dʌsk]		It was **dusk**, and Edward was walking down a sidewalk. 해질녘, Edward는 길(보도)을 따라 내려가고 있었다. (상상 속에서 Edward가 혼자서 길을 걷고 있는 장면)
	172	**lunge** [lʌndʒ]		And with a terrific **lunge**, ~ 그리고 엄청난 돌진으로, ... (Bull이 Edward를 보낼 수 없다며 날아가는 그의 발을 달려가서 붙잡는 장면)
	173	**lick** [lik]		She **licked** his tears away. 그녀는 그의 눈물을 핥아주었다. (Lucy가 울고 있는 Edward의 눈물을 핥아주는 장면)
23	177	**deal** [diːl]		And dirt can **be dealt(수동태)** with. 그리고 먼지는 처리될 수 있지. (인형 수리공 Lucius가 상태가 엉망이지만 Edward를 보며 고칠 수 있다는 의미로 하는 말)
	178	**literally** [lítərəli]		It's my job, quite **literally.** 말 그대로 이게 내 일이야. (Edward를 고쳐주겠다는 말에 Edward가 고마움을 표했다고 생각하며 Lucius가 혼자 하는 말)
24	185	**mend** [mend]		And so Edward Tulane **was mended(수동태)**, 그래서 Edward Tulane은 고쳐졌다. (말끔히 수리된 Edward의 상태를 나타냄)

챕터	쪽수	어휘 및 표현	뜻	책에 제시된 문장
24	187	moon over [muːn]		I cannot have you in my shop everyday **mooning over** what you lost. 날마다 잃어버린 걸 멍하니 보며 가게 안에 있게 할 수는 없으니까. (인형 가게에 Edward를 보러온 Bryce에게 주인 Lucius가 하는 푸념)
	187	bust [bʌst]		~, your head **was busted(수동태)** in and - 네 머리가 부서졌었어. 그리고 - (멋지게 고쳐진 Edward를 보며 Bryce가 Edward의 깨진 머리를 떠올리며 이야기함)
25	191	annoying [ənɔ́iiŋ]		He found them **annoying** and **self-centered, twittery** and **vain**. 그는 그들(dolls)을 짜증나고, 자기 중심적이고, 재잘거리고, 허영심이 많다고 생각했다. (Edward가 인형 가게에 함께 진열된 인형들을 좋아하지 않는 이유를 나열함)
	191	self-centered [sèlfséntərd]		
	191	twittery [twítəri]		
	191	vain [vein]		
	194	pluck [plʌk]		And he **plucked** the doll from the shelf. 그는 선반에서 인형을 빼내었다. (인형 가게 주인(he)이 손님에게 줄 인형을 선반에서 빼내는 장면)
	194	good riddance [rídns]		Goodbye and **good riddance**, thought Edward. '잘 가, 속이 시원하네' 라고 Edward는 생각했다. (인형 가게 선반에 함께 진열되어 있던 잘난 체하는 인형이 팔리자 Edward가 속으로 한 말)
26	197	crack [kræk]		Her face was, in fact, a web of **cracks**. 그녀의 얼굴은 사실 거미줄처럼 금이 가 있었다. (인형 가게에 새로 온 인형은 Edward처럼 금이 간 얼굴을 하고 있음.)
	197	acquaintance [əkwéintəns]		"I am pleased to make your **acquaintance**." "널 알게 되어서 기뻐." (인형 가게에 Edward 옆 빈자리로 오게 된 인형의 첫 인사말.)

챕터	쪽수	어휘 및 표현	뜻	책에 제시된 문장
26	198	**horrid** [hɔ́ːrid, hάr-]		I have been in places that were heavenly and others that were **horrid**. 나는 천국 같은 곳에도 있었고, 지옥 같은 끔찍한 곳에도 있었어. (인형 가게에 새로 온 백 살 먹은 인형이 자신이 살아온 인생을 이야기함.)
27	208	**solemnly** [sάləmli]		~, the little girl walked around the store, stopping and staring **solemnly** at each doll and then moving on. 여자아이는 가게를 돌아다니며, 인형 하나하나 앞에 멈추어 서서 진지하게 쳐다본 후 다음 인형으로 발을 옮기곤 했다. (인형 가게에 인형을 사러 온 여자아이가 선반에 진열된 인형들을 신중하게 보며 고르는 모습.)
	208	**cradle** [kréidl]		She **cradled** him in her arms. 그녀는 Edward를 팔에 부드럽게 안았다. (인형 가게에서 Edward를 고른 여자아이가 그를 포근히 안은 모습.)
	209	**attend to** [əténd]		"Could you please **attend to** your daughter?" "따님을 주의시켜 주시겠어요?" (인형 가게에서 여자아이가 Edward를 이리저리 만지자 가게 주인이 여자 손님에게 한 말.)

3. 내용 파악 문제 (Reading Comprehension)

[챕터 3] 1. In chapter 3, when Edward's eyes met Pellegrina's, how did he feel?
① interested ② happy ③ scared ④ gloomy ⑤ sad

[챕터 4] 2. Pellegrina가 들려준 이야기 속에 등장하는 아름다운 공주가 마녀를 화나게 만든 결정적인 문장을 찾아 적으시오.
→ _____

[챕터 1~4] 3. 내용과 일치하지 <u>않는</u> 것은?
① Edward는 도자기로 만들어진 인형이다.
② Edward가 가장 좋아하는 계절은 거울이다.
③ Edward는 자신이 특별하다고 생각한다.
④ Edward는 Abilene의 7번째 생일 선물이다.
⑤ Edward를 만들게 주문한 사람은 Abilene의 아빠이다.

[챕터 5] 4. Which one is true?
① Pellegrina helped Abilene pack a small trunk for Edward.
② Several girls on board didn't want to hold Edward.
③ An elderly lady gave Edward three strings of pearls.
④ Two boys took Edward's clothes off.
⑤ Mrs. Tulane got angry because of the rudeness of the two boys.

[챕터 6] 5. What was the first genuine emotion that Edward felt when he sank into the sea?
① He was sad.
② He was afraid.
③ He was bored.
④ He was hopeful.
⑤ He was satisfied.

[챕터 7] 6. Who rescued Edward from the sea?
① Pellegrina ② Abilene ③ a fisherman ④ a dog ⑤ two little boys

[챕터 8] 7. 빈칸에 공통으로 들어갈 이름이 남자 이름인지 여자 이름인지 ( )안에 √표시 하고, 알맞은 이름을 지어 봅시다.

> Edward felt immediately that Nellie was a very discerning woman.
> "She's beautiful," breathed Nellie.
> For a moment, Edward was confused. Was there some other object of beauty in the room?
> "What will I call her?"
> "｢_____｣?" said Lawrence.
> "Just right," said Nellie. "｢_____｣." She looked deep into Edward's eyes.

(1) 남자( ), 여자( )
(2) 이름 : _____

31

[챕터 11] 8. 다음 글에서 나타난 Edward 심경의 변화로 알맞은 것은?

> What kept Edward going, what gave him hope, was thinking of how he would find Lolly and exact his revenge. He would pick *her* up by the ears! He would bury *her* under a mountain of trash!
>
> But after almost forty days and nights had passed, the weight and the smell of the garbage above and below him clouded Edward's thoughts, and soon he gave up thinking about revenge and gave in to despair. It was worse, much worse, than being buried at sea.

① hopeful → revengeful   ② despaired → thoughtful
③ revengeful → thoughtful   ④ revengeful → despaired
⑤ despaired → hopeful

[챕터 13] 9. Bull이 Edward와 함께 여행을 다니면서, Edward에게 베푼 호의(2가지 행동)가 드러난 문장을 찾아 적으시오. (영어로 한 문장, 우리말로 한 문장)
(1) _____
_____
(2) _____
_____

[챕터 7, 13] 10. 다음 질문을 읽고 우리말로 답하시오.
Why did Edward tell Pellegrina following sentences? *I am not like the princess. I know about love.*
→ _____
_____

[챕터 13] 11. While Edward took a journey with Bull and Lucy, what did Edward realize looking at the constellations during the night?
→ Edward _____ that he were loved by _____, _____, _____, _____, and _____.

[챕터 14] 12. Fill in the blank with a suitable word.
Wherever Bull, and Lucy and Edward went, some tramp would take Edward aside and whisper the names of their _____ in Edward's ear.

[챕터 14] 13. Edward는 어떻게 Bull과 Lucy와 헤어지게 되었는지 우리말로 간략히 쓰시오.
→ _____
_____

[챕터 15] 14. Edward를 발견한 나이 많은 여자가 "What I say is, there's a use for everything and everything has its use."라고 말하는데. 그녀는 Edward를 어떤 용도로 사용하려는지 문장(구, 또는 단어)을 찾아 적으시오.
→ _____

[챕터 16] 15. Edward가 새들을 보면서 갖고 싶다고 생각한 것은 무엇이고, 그 이유를 우리말로 쓰시오.
(1) 갖고 싶은 것 : _____
(2) 그 이유 : _____
_____

[챕터 17] 16. 다음 질문을 읽고 사람 이름을 찾아 영어로 적으시오.
(1) Who brings Edward to the cabin? _____
(2) What is Edward's new name? _____
(3) Who rock Edward back and forth like a baby? _____

[챕터 18] 17. 다음 글의 (A)~(C) 중 알맞은 표현으로 바르게 연결된 것은?
　Early the next morning, (A) <u>what / when</u> the light was gray and uncertain, Sarah Ruth was sitting up in bed, coughing, and the father came home. He picked Edward up by one of his ears and said, "I ain't never."
　"It's a baby doll," said Bryce.
　"Don't look like no baby doll to me."
　Edward, hanging by one ear, was (B) <u>frightened / frightening</u>. This, he was certain, was the man who crushed the heads of china dolls.
　"Jangles," said Sarah Ruth between coughs. she held out her arms.
　"He's hers," said Bryce. "He belongs (C) <u>to / for</u> her."

	(A)	(B)	(C)
①	what	frightened	to
②	what	frightening	for
③	what	frightened	for
④	when	frightened	to
⑤	when	frightening	for

[챕터 18] 18. What did Sarah do while Bryce went out to work?
① She cooked and cleaned the house.
② She slept all day in bed holding Edward.
③ She made china dolls and sold them to little kids.
④ She played Bryce's harmonica and danced with Edward.
⑤ She held Edward in her lap and played with a box filled with buttons.

[챕터 18] 19. 다음 질문과 답을 읽고 빈칸에 들어갈 단어를 쓰시오.
질문) How does Bryce make Sarah surprise using Edward?
답변) He makes Edward look like _____ with a ball of _____ and sticks of _____ .

[챕터 19] 20. 다음 글을 읽고 빈칸에 들어갈 알맞은 단어를 <보기>에서 골라 적으시오.
　The yelling between the father and son continued, and then there was a terrible moment when the father insisted that Sarah Ruth belonged to him, that she was his girl, his baby, and that he was taking her to be buried.
　"She ain't yours!" Bryce screamed. "You can't take her. She ain't yours."
　But the father was bigger and stronger, and he _____. He wrapped Sarah Ruth in a blanket and carried her away. The small house became very quiet. Edward could hear Bryce moving around, muttering to himself. And then, finally, the boy picked Edward up.
　"Come on, Jangles," Bryce said. "We're leaving. We're going to Memphis."

─────── <보기> ───────
lost　　　approved　　　prevailed　　　recognized

33

21. 글의 흐름으로 보아, 주어진 문장이 들어가기에 가장 적절한 곳은?

"I ain't gonna cry any more."

The shadow lengthened. (A) The sun became an orange dusty ball low in the sky. Bryce started to cry. Edward saw his tears land on the pavement. (B) But the boy did not stop playing his harmonica. He did not make Edward stop dancing.

An old woman leaning on a cane stepped up close to them. She stared at Edward with deep, dark eyes.

Pellegrina? thought the dancing rabbit.

She nodded at him.

Look at me, he said to her. His arms and legs jerked. Look at me. (C) You got your wish. I have learned how to love. And it's a terrible thing. I'm broken. My heart is broken. Help me.

The old woman turned and hobbled away. (D)

Bryce cried harder. He made Edward dance faster.

Finally, when the sun was gone and the streets were dark, Bryce stopped playing his harmonica.

"I'm done now," he said.

He let Edward fall to the pavement. (E) Bryce wiped his nose and his eyes with the back of his hand; he picked up the button box and looked inside it. "We got us enough money to get something to eat," he said. "Come on, Jangles."

[챕터 21] 22. 162쪽 여섯 번째 줄 show business가 가리키는 것이 무엇인지 우리말로 쓰시오.
→ _____

[챕터 22] 23. 다음은 Abilene의 집에 모인 등장인물들이다. <보기>의 등장인물과 등장인물에 관한 설명을 연결하시오.

(1) Abilene   → (   )
(2) Pellegrina   → (   )
(3) Sarah Ruth → (   )
(4) Bryce   → (   )
(5) Bull   → (   )

a. Abilene's grandmother who tells Edward a scary story
b. A little girl who takes a ship with Edward
c. A hobo who takes care of Edward and has a dog named Lucy
d. Sarah Ruth's brother who works at a garden and plays the harmonica
e. Bryce's little sister who cradles Edward like a baby

[챕터 23] 24. 내용과 일치하는 것은?
① Edward의 머리는 스물세 조각으로 부서졌었다.
② Lucius Clarke가 식당 바닥에 떨어진 Edward를 최초로 발견했다.
③ Bryce는 Lucius에게 돈을 줄 테니 Edward를 고쳐달라고 했다.
④ Lucius는 Edward에게 귀와 꼬리, 수염을 만들어 줄 거라고 말했다.
⑤ Edward는 지금 빨간 양복을 입고 있다.

[챕터 24] 25. Bryce가 Edward에게 작별 인사를 하고 떠날 때, Edward의 심정을 가장 잘 나타내는 문장을 찾아 적으시오.
→ _____

[챕터 24] 26. 다음은 밑줄 친 단어의 영영 풀이이다. 이를 참조하여 문제를 푸시오.

180쪽 중간	"Two **options** only," he said. "And your friend chose **option** two."
영영 풀이	**option** – the opportunity or ability to choose something or to choose between two or more things

1) option의 유의어를 고르시오.

  a) choice   b) power   c) setting   d) nation

188쪽 마지막	"Bryce turned. He walked through the door of the doll mender's shop. The door closed. The bell **tinkled**. And Edward was alone."
영영 풀이	**tinkle** – to make sounds like the sounds of a small bell

2) 문장 속 tinkle과 유의어가 <u>아닌</u> 것을 고르시오.

  a) jingle   b) ring   c) chime   d) soft

[챕터 25] 27. In chapter 25, what did Edward think about dolls?
① pretty   ② fragile   ③ self-centered   ④ fake   ⑤ ugly

[챕터 25] 28. 다음 글은 Edward와 인형 가게 선반에 나란히 놓여 있는 인형이 한 말이다. 글을 읽고 인형의 성격을 가장 잘 묘사한 단어는?
   "The people who come in here want dolls, not rabbits. They want baby dolls or elegant dolls such as myself, dolls with pretty dresses, dolls with eyes that open and close."
① open-minded
② timid
③ humble
④ snobbish
⑤ easy-going

[전체] 29. Who has not loved Edward in the book?
① Sarah Ruth who often cradled him like a baby and ended up dying.
② Abilene who dressed Edward and wound his gold pocket watch for him each morning
③ Fisherman's wife(Nellie) who sewed several girlish outfits for Edward
④ Bull and his dog(Lucy) that have no place to live and travel on foot
⑤ Martin who ripped Edward's scarf, jacket and pants from his body on the deck of the ship

[챕터 26~27] 30. 내용과 일치하지 않는 것은?
① 인형 가게에 새로 온 인형의 나이는 100살이다.
② 새로 온 나이 많은 인형을 아빠와 함께 온 작은 여자아이가 샀다.
③ 여자아이와 함께 온 엄마는 목에 회중시계(pocket watch)를 두르고 있었다.
④ 여자아이와 엄마는 우산이 없어서 인형 가게에서 우산을 빌렸다.
⑤ Edward는 계절이 바뀌고 해가 바뀌어도 누군가 올 거라는 희망을 잃지 않았다.

4. 인상 깊은 문장 (Impressive Sentences)

챕터 별로 **인상 깊은 문장과 그 이유**를 자유롭게 적으시오.

챕터	인상 깊은 문장
1	
2	
3	
4	
5	
6	
7	

챕터	인상 깊은 문장
8	
9	
10	
11	
12	
13	
14	
15	

챕터	인상 깊은 문장
16	
17	
18	
19	
20	
21	
22	
23	

챕터	인상 깊은 문장
24	
25	
26	
27	

5. 토의 주제 (Discussion Topics)

문항	챕터	토의 주제
1	전체	Why does Pellegrina tell Edward and Abilene the story of the beautiful princess? What is the intention for Pellegrina to tell the story of the beautiful princess to them? (유사 토의 주제) 33쪽에서 Pellegrina 할머니가 Edward에게 흑멧돼지로 변한 공주 이야기를 들려준 뒤, 마지막에 "You disappoint me."라고 속삭였는데, 어떤 의미인가요?
2	6	Edward가 느낀 최초의 감정은 '두려움'입니다. 여러분이 기억하는 가장 두려웠던 순간을 떠올리고 친구들과 함께 그 경험을 나누어보세요.
3	전체	Edward의 신기한 여행 중 마주친 여러 인연 중에서 가장 소중한 인연은 누구를 뽑을 수 있을까요? 그리고 그렇게 생각한 이유는 무엇인가요?
4	16	Edward가 까마귀를 보면서 날개를 가지고 싶어 하고 까마귀들이 자신을 괴롭힌 행동을 똑같이 되갚아 주고 싶어 합니다. 내가 가지지 못한 것을 남이 가졌을 때 그것을 가지고 싶어 한 경험이 있나요? 그 이유는 무엇인가요?

5	20	157쪽에 제시된 문장이다.
		  An old woman leaning on a cane stepped up close to them. She started at Edward with deep, dark eyes.
		  Pellegrina? thought the dancing rabbit.
		Edward는 길에서 춤을 추면서 자신을 깊고 검은 눈으로 바라보고 있는 지팡이에 기대선 할머니를 왜 Pellegrina 할머니라고 생각했을까?

6	22	Edward가 꾼 꿈 또는 상상(머리가 깨진 뒤, 무의식 중에 보게 된 것)이 상징하는 것이 무엇인지 자유롭게 이야기해 보세요.
7	23	Edward의 머리가 깨지고 Bryce는 인형수리공 Lucius의 가게에 찾아갑니다. 수리비 돈이 없는 Edward에게 Lucius는 두 가지 선택지를 제안합니다. 하나는 다른 데 가서 도움을 구하거나, 또 하나는 Lucius에게 Edward를 맡기면 최고로 멋진 옷과 몸 상태로 만들어주는 대신 Edward를 포기하는 것입니다. 여러분이라면 어떤 선택을 할 것 같나요? 그 이유는 무엇인가요?
8	전체	What does 'love' mean to you? What is your definition of 'love?'
9	26	Why does Edward think being love is painful?
10	27	인형 가게로 들어와서 Edward를 산 여자아이는 과연 첫 주인 Abilene일까? 아님 Maggie라고 불리는 처음 만난 아이일까?

Worksheet 1 [챕터 1~4]

등장인물 분석하기

소설의 도입 부분인 [챕터 1~챕터 4]에는 Edward를 비롯하여 여러 명의 캐릭터가 나온다.
아래 표 작성을 통해 등장인물 분석을 해 보도록 하자.

등장인물	성격 (형용사, 동명사)	성격을 나타내는 문장 찾아 쓰기
Edward		
Abilene		
Abilene's mom & Abilene's dad		
Pellegrina		
The maid		

Worksheet 2 [챕터 5]

나도 작가!

1. Edward는 배 밖으로 던져진 후, 바다로 떨어져 바닷속 깊이 가라앉는다. 이후 배에서 일어나는 상황을 상상하여 **Abilene과 Edward를 던진 두 소년을 등장시켜** 장면과 대화를 넣어 표현하시오.
(조건 : 장면과 대화는 한 장면도 괜찮고, 한 장면 이상도 상관없음)

그림과 글로 '주인공의 감정' 표현하기

1. 다음은 Edward가 어부인 Lawrence, 그의 부인 Nellie 함께 지내면서 느끼게 되는 감정으로 문장 속에 표현되어 있다. 해당 단어를 챕터 9에서 찾고, 장면을 그림으로 표현하시오.

horrified	sweet

2. 다음은 80쪽 끝에서 4번째 문장이다. Edward의 입장에서 'pain'이라는 감정이 어떤 감정인지 작성하고, 유사한 개인적 경험이 있다면 함께 이야기를 나누어봅시다.

> Edward felt <u>a sharp **pain**</u> somewhere deep inside his china chest.

(1) Edward가 pain이라는 감정을 느낀 이유는?

_____

_____

_____

(2) 개인적으로 Edward와 유사한 감정을 경험한 적이 있다면 언제이고, 감정을 느낀 이유는?

_____

_____

_____

Worksheet 4 수행평가 사례 매주 2개 챕터를 읽고 리딩로그 작성하기

부분 발췌 : The Miraculous Journey of Edward Tulane의 Workbook (출판사: 롱테일북스)

Reading Log 1

영역	채점기준표							
	상		중		하		기본	
어휘	예문 포함 어휘 정리 10개 이상	5	예문 포함 어휘 정리 5개 이상	4	예문 포함 어휘 정리 1개 이상	2	어휘 정리 안함	0
내용 이해	내용이해 확인 문제 90% 이상 정답	10	내용이해 확인 문제 70% 이상 정답	8	내용이해 확인 문제 60% 이상 정답	4	내용이해 확인 문제 60% 미만 정답	3
표현	가장 인상 깊은 장면을 그리고(채색포함) 가장 마음에 드는 문장을 이유와 함께 소개	10	가장 인상 깊은 장면을 그리거나(채색미포함) 가장 마음에 드는 문장을 이유와 함께 소개	8	그림 완성도가 떨어지거나 이유 없이 마음에 드는 문장만 작성	4	무엇이든 적으려고 노력	2

[공지] 원서 읽기 진도표에 따라 읽기를 진행하고 수업 시간에 수행평가지를 작성하여 마감일까지 최종 완성본을 제출하세요.

제출 마감일	Book Title	Chapter	Author
4/1	The Miraculous Journey of Edward Tulane	Ch.1 ~ Ch.6	Kate DiCamillo

Words & Expressions		word / expression	meaning	sentence
	1			
	2			
	3			
*새로 알게 된 어휘나 중요하다고 생각되는 표현을 적고 해당 문장을 적으면 됩니다.	4			
	5			
	6			
	7			
	8			
	9			
	10			

Comprehen -sion Checkup Questions	1. What was Edward's favorite season and why? a. Spring ; he could hear the birds sing. b. Summer ; he could be outside. c. Autumn ; he liked to watch the leaves fall. d. Winter ; he could see his own reflection in the window. 2. What was the name of Edward's first owner and where did she live? a. Her name was Annabelle and she lived on Africa Street. b. Her name was Abilene and she lived on Egypt Street. c. Her name was Alison and she lived on Europe Street. d. Her name was Ashley and she lived on Ecuador Street. 3. From Edward's perspective, what was the most damaged when the neighbor's dog, Rosie, came into their house? a. His china head b. His silk suit c. His ego d. The tablecloth 4. What emotion did Edward feel after Abilene found him again? a. He felt annoyed that the maid had treated him like an object. b. He felt anger that Abilene took so much time finding him. c. He felt upset because the other dolls teased him. d. He felt love that Abilene missed him.

5. How did Edward usually act when the family was talking around the dinner table?
a. He made a point of not listening to the conversation.
b. He listened carefully to every word of conversation.
c. He waited for his chance to say something to everyone.
d. He only listened to what Abilene had to say.
6. What did the princess in Pellegrina's story do with the ring that the prince gave her?
a. She gave it to the queen for protection.
b. She gave it back to the prince.
c. She took it from her finger and swallowed it.
d. She took it from her finger and threw it away.
7. Which of the following did the boys, Martin and Amos, NOT do with Edward?
a. They asked if he did anything special, like wind-up.
b. They removed his clothing.
c. They bent his ears and arms backward.
d. They tossed him back and forth.
8. What happened when Abilene tried to stop the boys from throwing Edward?
a. They held Edward up above her head.
b. They dropped Edward on the ship's deck.
c. They accidentally threw Edward overboard.
d. They put Edward's clothes back on him.
9. How did Edward feel when he saw Abilene holding his gold pocket watch?
a. He thought that Abilene might lose it.
b. He thought he needed his watch.
c. He wanted Abilene to throw the watch to him.
d. He loved Abilene and would miss her.
10. What was the first emotion that Edward felt when he landed on the ocean floor?
a. excited   b. cold   c. upset   d. afraid

	My favorite Scene [인상 깊은 장면]	My favorite Sentence [인상 깊은 문장]
My Favorite Scene & Sentence		[문장]
		[위 문장이 가장 마음에 든 이유]

제출일		점 수	

45

Worksheet 5 수행평가 사례 매주 2개 챕터를 읽고 리딩로그 작성하기

부분 발췌 : The Miraculous Journey of Edward Tulane의 Workbook (출판사: 롱테일북스)

Reading Log 2

영역	채점기준표								
	상		중		하		기본	
어휘	예문 포함 어휘 정리 10개 이상	5	예문 포함 어휘 정리 5개 이상	4	예문 포함 어휘 정리 1개 이상	2	어휘 정리 안함	0
내용이해	내용이해 확인 문제 90% 이상 정답	10	내용이해 확인 문제 70% 이상 정답	8	내용이해 확인 문제 60% 이상 정답	4	내용이해 확인 문제 60% 미만 정답	3
표현	가장 인상 깊은 장면을 그리고(채색포함) 가장 마음에 드는 문장을 이유와 함께 소개	10	가장 인상 깊은 장면을 그리거나(채색미포함) 가장 마음에 드는 문장을 이유와 함께 소개	8	그림 완성도가 떨어지거나 이유 없이 마음에 드는 문장만 작성	4	무엇이든 적으려고 노력	2

[공지] 원서 읽기 진도표에 따라 읽기를 진행하고 수업 시간에 수행평가지를 작성하여 마감일까지 최종 완성본을 제출하세요.

제출 마감일	Book Title	Chapter	Author
4/22	The Miraculous Journey of Edward Tulane	Ch.7 ~ Ch.12	Kate DiCamillo

Words & Expressions *새로 알게 된 어휘나 중요하다고 생각되는 표현을 적고 해당 문장을 적으면 됩니다.		word / expression	meaning	sentence
	1			
	2			
	3			
	4			
	5			
	6			
	7			
	8			
	9			
	10			

Comprehension Checkup Questions

1. Write down the TITLE(제목) of each chapter. (한글 가능)

Chapter 7	Chapter 8	Chapter 9

Chapter 10	Chapter 11	Chapter 12

2. [Ch.7] What came and made Edward escape from the ocean floor in the end? (1 word)

☞ _____

3. [Ch.2] Rosie 사건에서 Mrs. Tulane이 Edward를 "it"이라고 불렀을 때와 [Ch.7]에서 Fisherman이 "it"이라고 불렀을 때의 Edward의 반응의 차이를 설명하시오. (한글 가능)

Chapter 2	Chapter 7

4. [Ch.8] What is the name of fisherman's wife and what did she call Edward?

☞ _____

5. [Ch.8] What did Nellie say that confused Edward?

☞ _____

6. [Ch.9] Why was Edward surprised at himself?

☞ _____

7. [Ch.10] How did Edward feel when Lolly(daughter of Lawrence and Nellie) took him away?
   a. He felt glad that he was going somewhere new and exciting.
   b. He felt pain that he would be separated from Nellie and Lawrence.
   c. He felt that Lolly really cared for Nellie and Lawrence.
   d. He only felt annoyed that his clothes became dirty from the garbage can.

8. [Ch.11] Buried alive at the garbage dump, how did Edward's feeling change?

☞ ____hopeful____ ➜ _____ ➜ _____

9. [Ch.11] Why did Pellegrina say "You disappoint me." to Edward? Write down what Edward realized under the garbage dump. (한글 가능)

☞ _____

10. [Ch.12] Where did Bull and Lucy live?
    a. They were hoboes and had no home.
    b. They lived next door to Abilene.
    c. They lived in a hotel.
    d. They lived in a cabin in the forest.

	My favorite Scene [인상 깊은 장면]	**My favorite Sentence [인상 깊은 문장]**
My Favorite Scene & Sentence		[문장] [위 문장이 가장 마음에 든 이유]

제출일		점 수	

Worksheet 6 수행평가 사례 매주 2개 챕터를 읽고 리딩로그 작성하기

부분 발췌 : The Miraculous Journey of Edward Tulane의 Workbook (출판사: 롱테일북스)

Reading Log 3

영역	채점기준표							
	상		중		하		기본	
어휘	예문 포함 어휘 정리 8개 이상	5	예문 포함 어휘 정리 4개 이상	4	예문 포함 어휘 정리 1개 이상	2	어휘 정리 안함	0
내용 이해	내용이해 확인 문제 10개 이상 정답	10	내용이해 확인 문제 8개 이상 정답	8	내용이해 확인 문제 6개 이상 정답	4	내용이해 확인 문제 6개 미만 정답	3
표현	가장 인상 깊은 장면을 그리고(채색포함) 가장 마음에 드는 문장을 이유와 함께 소개	10	가장 인상 깊은 장면을 그리거나(채색미포함) 가장 마음에 드는 문장을 이유와 함께 소개	8	그림 완성도가 떨어지거나 이유 없이 마음에 드는 문장만 작성	4	무엇이든 적으려고 노력	2

[공지] 원서 읽기 진도표에 따라 읽기를 진행하고 수업 시간에 수행평가지를 작성하여 마감일까지 최종 완성본을 제출하세요.

제출 마감일	Book Title	Chapter	Author
5/27	The Miraculous Journey of Edward Tulane	Ch.13 ~ Ch.20	Kate DiCamillo

Words & Expressions *단어장에 표시된 단어를 적고 그 페이지와 문장을 찾아 적으세요.		page	word / expression	meaning	sentence
	1				
	2				
	3				
	4				
	5				
	6				
	7				
	8				

Comprehension Checkup Questions

1. Write down the TITLE(제목) of each chapter. (한글 가능)

Chapter 13	Chapter 14
Chapter 15	**Chapter 16**
Chapter 17	**Chapter 18**
Chapter 19	**Chapter 20**

2. [Ch.13] Write down the names of the people (including animals) who loved Edward.

☞ _____ , _____ , _____ , _____ ,

and _____

3. [Ch.13] (1) What did Bull make for Edward and (2) what did Bull say Edward looked like?

☞ (1) Bull made new _____ for Edward.

  (2) Bull said Edward looked like a _____(동물) _____ _____ _____(상태)

4. [Ch.14] What did the other hoboes whisper to Edward?

☞ They would whisper _____ _____ of their _____.

5. [Ch.14] How did Edward become separated from Bull and Lucy?
 a. Another hobo stole Edward while they both slept.
 b. Another dog carried Edward away just like Lucy had done with him.
 c. They simply forgot about Edward on day and left him behind.
 d. A man on a freight car kicked Edward out of the train.

6. [Ch.15] When the woman found Edward, what use did she have for him?
 a. She used Edward to comfort her son, Bryce.
 b. She used him for decoration on her farm.
 c. She put Edward on a post to scare away birds.
 d. She used him to entertain the local children.

7. [Ch.16] Who saved Edward from the old woman and how did Edward feel for being saved?

☞ _____ saved Edward and he felt _____(감정1) and _____(감정2) for being saved.

8. [Ch.1~17] Write down names of Edward by different owners.

Abilene		Nellie		Bull		Sarah Ruth
Edward	➡		➡		➡	

9. [Ch.18] If you were Edward, what would you wish for the streaking(falling) star? (한글 가능)

☞ _____

10. [Ch.20] How did Edward feel when he saw Pellegrina in the crowd?
 a. He wanted her to know that he missed Abilene.
 b. He wanted her to know that he hated her.
 c. He wanted her to know that he had learned to love.
 d. He wanted her to tell him the story of the princess again.

	My favorite Scene [인상 깊은 장면]	My favorite Sentence [인상 깊은 문장]
My Favorite Scene & Sentence		[문장]
		[위 문장이 가장 마음에 든 이유]

제출일		점 수	

Worksheet 7 [챕터 15~17]

소설 속 표현 이해해보기

1. 115쪽 끝에서 세 번째 문장
> There's a use for everything and everything has its use.

가. 문장의 뜻(해석): _____

나. 아주머니가 의도한 뜻:_____

2. 119쪽 끝에서 네 번째 문장
> You are down there alone, the stars seemed to say to him. And we are up here, in our constellations, together.
> I have been loved, Edward told the stars.
> So? said the stars. What difference does that make when you are all alone now?
> Edward could think of no answer to that question.

가. Edward는 왜 질문에 대답하지 못했을까요? _____
_____
_____

나. Edward처럼 과거와 현재를 비교하며 우울해졌던 자신의 경험이 있나요?
_____
_____
_____

3. 130쪽 끝에서 아홉 번째 문장
> What was clear was that he was being taken to a child to make up for the loss of a doll. A doll. How Edward loathed dolls. And to be thought of as a likely replacement for a doll offended him. But still, it was, he had to admit, a highly preferable alternative to hanging by his ears from the post.

가. Edward는 인형을 싫어하지만, 다른 인형의 대체품이 되는 것이 잘된 일이라고 생각하는 이유는?
_____
_____

나. 몹시 싫어하는 상황에 처했지만, 더 나쁜 상황과 비교하여 안도했던 경험이 있나요?
_____
_____
_____
_____

4. 챕터 15~17의 줄거리를 가장 잘 나타내는 표지 또는 가장 인상 깊은 장면을 그림으로 그리시오.

5. 해당 그림이 어떤 장면이지 설명하시오. (왜 그 내용이 인상 깊었는지 이유도 적으시오.)

_____

_____

_____

_____

_____

_____

_____

Edward Tulane 캐릭터 분석하기

1. Edward는 주인이 여러 번 바뀌면서 신체적(외모 및 의상), 성격적인 변화를 겪으며 성장했다. 특정 챕터(여러 챕터도 상관없음)를 정해서 Edward의 신체적(외모 및 의상 포함) 특징, 성격적 특징을 영어로 적으시오.

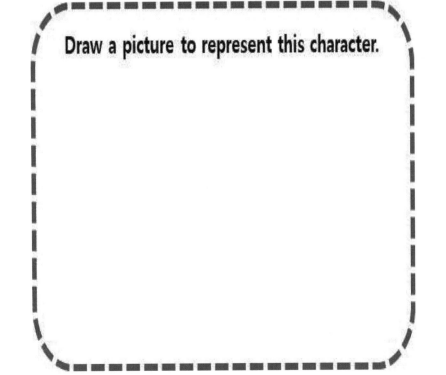

Physical characteristics

personality characteristics

2. 1번 답을 참고하여 Edward의 특징을 그림으로 묘사하시오.

Draw a picture to represent this character.

3. How has Edward's character changed throughout the novel?

Beginning

....

....

....

....

....

....

....

....

End

....

....

....

....

....

....

....

....

WORD SEARCH

Edward Tulane ch.22-24

C	N	D	U	L	A	E	D	U	O	M	U	I	U
M	T	C	D	W	D	M	I	U	K	D	A	K	T
W	O	N	D	T	T	B	B	N	L	E	A	L	N
D	D	D	U	S	K	I	S	N	I	O	D	E	O
L	N	G	T	O	L	M	S	L	C	L	E	E	L
E	D	W	A	R	D	N	L	L	K	N	T	I	L
L	O	S	D	N	S	B	N	O	T	L	L	I	G
A	S	N	N	D	U	S	T	D	E	U	D	A	O
R	E	T	E	E	L	S	D	M	I	O	U	T	K
E	U	E	M	K	U	C	G	B	T	L	N	A	I
T	W	O	G	B	C	K	S	M	M	U	N	N	G
I	N	T	E	N	D	R	O	O	N	N	G	G	T
L	N	S	L	N	E	U	O	W	T	G	L	I	N
A	K	L	D	L	N	N	D	R	E	D	A	E

INTEND
LITERAL
DUSK
EDWARD
MOON
LUNGE
DEAL
LICK
BUST
MEND

Play this puzzle online at : https://thewordsearch.com/puzzle/3594509/

*위 링크를 통해서 온라인으로 퍼즐을 풀 수 있음

Edward Tulane의 현대판 인물 되어 보기

학교를 마치고 집으로 가는 도중 당신은 우연히 토끼 인형을 주워서 집으로 데려오게 됩니다.
1) 인형의 이름을 지어주고 2) 자신을 소개하는 짧은 문장을 영작해 보세요.

01 Edward의 새 이름을 지어주세요.

1) Edward's new name: '_____ (English) '

2) Why do you name him like that?
   (in Korean or English)

   _____

   _____

   _____

02 여러분을 소개하는 문장을 영작하세요.

(예시) Mina: **A girl who** is warm-hearted and has a big dream.
Minsu: **A boy who** loves his family. He doesn't like school.

_____ : _____

나의 본캐 vs. 부캐 비교하기

소설 속에는 Edward의 다양한 부캐(다양한 캐릭터)와 주인들이 나온다. 가장 인상 깊은 캐릭터 번호를 고르고, 그 이유를 적으시오.

	캐릭터의 변화	주인의 변화
1	**본캐 : Edward**	첫 주인 부잣집 여자아이 Abilene
2	**부캐 : Susanna**	늙은 어부(Lawrence)와 아내(Nellie) 부부
3	**부캐 : Malone**	방랑자 Bull과 그의 개 Lucy
4	**부캐 : Clyde**	Edward를 허수아비로 쓴 여자
5	**부캐 : Jangles**	아픈 소녀 Sarah와 Edward와 공연 다니는 Bryce
6	**본캐 : Edward**	인형 가게 수리공과 새로운 주인 Maggie

1. 가장 인상 깊은 Edward의 캐릭터 번호 : _____
그 이유 : _____

_____

_____

2. 소설처럼 우리 각자는 다양한 성격(캐릭터)를 지니고 있다.
자신의 본캐와 부캐의 이름을 짓고 성격적, 외형적 특징을 영어로 적어보세요.

	캐릭터	이름 짓기	성격, 외모, 캐릭터 선정 이유
1	본캐 (진짜 나의 본캐)		· (성격) · (외모) · (이유)
2	부캐① (남들 앞에서 부캐)		· (성격) · (외모) · (이유)
3	부캐② (되고 싶은 부캐)		· (성격) · (외모) · (이유)

소설 속 주인공에게 편지쓰기

주인공 Edward는 다양한 인물이 되고, 다양한 사람들을 만나면서 성숙해져 갔다. Edward에게 자유롭게 하고 싶은 말을 영어 또는 우리말로 편지글 형식으로 적으시오.
(책을 읽고 느낀 점, Edward에게 당부하고 싶은 말 등)

'사랑' 과 관련된 명언(격언) 쓰기

사랑과 관련된 영어 명언(격언)을 조사한 후 마음에 드는 명언과 고른 이유를 적으시오.

예시)

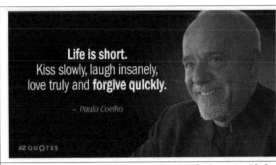	It is not in the stars to hold our destiny but in ourselves. - William Shakespeare
	Life is very simple. What I give out comes back to me. Today, I choose to give love. - Louise Hay

https://www.azquotes.com/ 사이트를 활용하여 Quote(명언) 중 TOPICS에서 'Love'에서 찾으면 많은 영어 명언을 찾을 수 있습니다.

마음에 드는 명언	
명언을 고른 이유	
명언과 관련된 그림 그리기	

The Miraculous Journey of Edward Tulane
(에드워드 툴레인의 신기한 여행)

정답 및 예시 답안

워크북 원고 (PDF)

2. 어휘 및 표현 (Words & Expressions) 정답

챕터	쪽수	어휘 및 표현	뜻	책에 제시된 문장
1	3	**be made of china** [tʃáinə]	도자기로 만들어지다	~, there lived a rabbit who **was made** almost entirely **of china.** 몸 대부분이 도자기로 된 토끼가 살고 있었어요. (글 도입부로 Edward의 생김새를 묘사하는 내용 중 일부)
	4	**exceptional** [iksépʃənl]	이례적일 정도로 우수한, 특출한	Edward Tulane felt himself to be an **exceptional specimen.** Edward Tulane은 자신이 특별하다고 생각했어요. (주인공 Edward는 스스로를 예외적인 존재로 보고 특별하다고 생각함)
	4	**specimen** [spésəmən]	견본, 표본	
2	15	**outrage** [áutreidʒ]	격노, 분노	Abilene's mother had referred to him as "it," and she was more **outraged** at the dog urine on her tablecloth than she was about the **indignities** that Edward had suffered at the jaws of Rosie. Abilene의 엄마는 그(Edward)를 '그거'라고 했거든요. 그녀는 Rosie(개)가 Edward를 입에 넣어서라기보다는 개가 식탁보에 오줌을 눈 것에 더 화가 나 있었어요. (Rosie라는 개가 Edward를 입에 물고 침 범벅이가 되자, Abilene의 엄마는 Edward보다 더러워진 식탁보 때문에 화가 난 모습. Edward의 주인인 여자아이 Abilene 외에는 가족들이 Edward를 Abilene만큼은 아끼지는 않는다는 것을 알 수 있는 대목임)
	15	**indignity** [indígnəti]	모욕, 치욕	
	16	**shove** [ʃʌv]	아무렇게나 놓다(넣다), (거칠게) 밀치다	~, she finally decided to **shove** him in among the dolls on a shelf in Abilene's bedroom. 그녀는 Abilene의 침실에 있는 선반의 다른 인형들 틈에 Edward를 쑤셔 넣기로 했어요. (가정부(she)가 집 안을 청소하다, Edward를 다른 인형들이 있는 선반에 넣음. 다른 사람들 눈에는 Edward는 하나의 인형에 지나지 않음을 의미하기도 함)

챕터	쪽수	어휘 및 표현	뜻	책에 제시된 문장
2	17	**leap** [liːp]	뛰다	~ Edward could feel her heart beating, **leaping** almost out of her chest **in** its **agitation.** Edward는 그녀(Abilene)의 심장 뛰는 소리도 들을 수 있었어요. 마치 심장이 튀어나올 것 같았죠. (Abilene은 학교에서 돌아온 뒤, 원래 있어야 할 곳에 Edward가 없자 사방팔방 찾다 그를 발견하자 꼭 껴안는 장면으로 Abilene이 Edward를 끔찍이 사랑한다는 것을 알 수 있음)
	17	**agitation** [ædʒitéiʃən]	불안, 동요	
	17	**in agitation**	흥분한 상태에서, 흥분한 나머지	
4	31	**consequence** [kάnsəkwèns]	(좋지 못한) 결과	You must help me or there will be **consequences.** 날 도와주지 않으면 당신에게 큰일이 생길 거예요. (Abilene의 할머니 Pellegrina가 손녀와 Edward에게 들려주는 이야기 속 공주가 마녀에게 한 말. 자신의 아버지가 왕이니 자신을 꼭 도와달라고 함)
	31	**warthog** [wɔ́ːrthὰːg, -hɔ̀ːg]	흑멧돼지	"And the beautiful princess was changed into a **warthog**." 그러자 아름다운 공주는 흑멧돼지로 변해 버렸어. (이야기 속 마녀가 공주에게 누구를 사랑한 적 있냐고 묻자 아무도 사랑하지 않는다는 대답에 마녀는 공주를 흑멧돼지로 변하게 함)
	32	**squeal** [skwiːl]	꽥꽥거리다, 꽤액 소리를 지르다	'What have you done to me?' **squealed** the princess. '나한테 무슨 짓을 한 거예요?'라고 공주가 꽥꽥거렸어. (흑멧돼지로 변한 공주가 돼지처럼 꽥꽥거리며 마녀에게 이야기함)
5	42	**grubby** [grʌbi]	(씻지 않아서) 더러운, 지저분한	It was much worse being tossed, in the same naked state, from the hands of one **grubby**, laughing boy to another. 벌거벗은 상태로, 한 더럽고 낄낄대고 있는 소년의 손에서 다른 소년의 손으로 던져진다는 것은 더 최악이었다. (배 위에서 두 소년에 의해 옷이 벗겨지고 이리저리 던져지고 있는 Edward)
	43	**overboard** [ou'vərbɔˌrd]	배 밖으로	Instead, Edward Tulane went **overboard**. 대신에 Edward는 배 밖으로 던져졌다. (배 위에서 아이들이 Edward를 던지고 놀다 결국 Edward는 배 밖으로 던져짐)

챕터	쪽수	어휘 및 표현	뜻	책에 제시된 문장
5	37	**cut a figure** [fígjər]	~한 인상을 주다, ~한 모습이다	Edward possessed a small trunk, and Abilene packed it for him, filling it with his finest suits and several of his best hats and three pairs of shoes, all so that he might **cut a fine figure** in London. Edward가 작은 트렁크를 소지하고 있었고, Abilene은 트렁크에 그가 가진 가장 좋은 정장들, 가장 좋은 모자 몇 개와 세 켤레의 신발을 넣어주었다. 이 모든 것은 Edward가 London에서 좋은 인상을 남길 수 있도록 하기 위해서이다. (Abilene이 영국으로 가는 항해를 위해 Edward의 짐에 넣은 물품들임. Abilene이 Edward를 아주 사랑하고 그를 단순한 인형 이상으로 대하는 모습을 엿볼 수 있음)
6	49	**tremendous** [triméndəs]	거대한, 엄청난, 어마무시한	And then Abilene disappeared from view and the rabbit hit the water with such **tremendous** force that his hat blew off his head. 그리고 나서 Abilene은 시야에서 사라졌고, Edward는 강하게 물에 부딪히며 모자가 머리에서 벗겨져 날라갔다. (Edward가 어린 남자 아이들의 장난으로 인해 배 밖으로 떨어진 후 바다에 떨어지면서 충돌의 충격으로 모자가 벗겨진 상황)
7	55	**ordeal** [ɔːrdíːəl]	호된 시련, 고된 체험	On the two hundred and ninety-seventh day of Edward's **ordeal**, a storm came. Edward의 297일째 시련의 날, 폭풍우가 왔다. (Edward가 바닷속에 빠진 지 297일째 되는 날로 시련이라고 표현함)
	55	**pummel** [pʌməl]	(연달아) 주먹으로 치다, 연타하다	The water **pummeled** him and lifted him up and **shoved** him back down. 물은 그를 연타하였고 들어 올렸다가 다시 바다 밑으로 가라앉게 했다. (폭풍우가 치는 바다에서 비바람에 의해 Edward가 이리저리 쓸려다니는 모습을 표현함)
	55	**shove** [ʃʌv]	밀다, 밀치다, 밀어넣다	

챕터	쪽수	어휘 및 표현	뜻	책에 제시된 문장
8	61	**callused** [kǽləst]	거칠고 못이 박힌, 굳은살이 박힌 **callus :** 못, 굳은살	~, placing a **callused** hand at Edward's back. Edward의 등에 투박한 손을 대면서 (어부의 고된 노동을 짐작하게 하는 동시에 따뜻한 마음이 느껴짐)
8	65	**discerning** [disə́:rniŋ]	안목이 있는	Edward felt immediately that Nellie was a very **discerning** woman. Edward는 Nellie가 매우 안목 있는 여성이라는 것을 바로 느꼈다. (어부의 부인 Nellie와 Edward의 첫 만남으로 Edward가 느끼는 Nellie의 첫인상)
9	69	**horrified** [hɔ́(:)rəfàid]	끔찍한, 충격을 받은	He was **horrified** at first. 그는 처음에 충격을 받았다. (Nellie가 만들어주는 여자 옷을 처음 접할 때의 Edward의 감정이 드러난 문장)
9	73	**constellation** [kɑ̀nstəléiʃən]	별자리	Edward loved looking up at the stars, and he loved the sounds of the **constellation** names. Edward는 하늘을 올려다보는 것이 좋았고 별자리 이름의 소리를 사랑했다. (Lawrence가 밤이 되면 별자리의 이름을 말해 주었고, Edward는 별들을 보고 별자리 이름을 듣는 것이 좋음)
10	78	**skivvy** [skívi]	하녀 **go skivvy :** 정신 나가다	Have you **gone skivvy**? 정신 나갔어요? (Nellie의 딸 Lolly가 옷을 입고 있는 Edward를 보고 한 말: 단어 자체로 따로 쓰이기보다 관용적으로 문장 전체로 사용됨)
10	80	**tremulous** [trémjuləs]	떨리는	"Oh," came Nellie's **tremulous** voice, 오, Nellie는 떨리는 목소리로 말했다. (Nellie는 딸이 Edward를 함부로 대하고 데려가는 것에 직접적인 반박을 하진 못 했지만, Edward와의 작별에 목소리에서 슬픔이 묻어남)

챕터	쪽수	어휘 및 표현	뜻	책에 제시된 문장
11	84	**exact** [igzǽkt]	(남에게 나쁜 일을) 가하다	What kept Edward going was thinking of how he would find Lolly and **exact** his **revenge**. Edward를 계속 살아가게 만든 것은 어떻게 하면 Lolly를 찾아서 복수를 실행할 것인지를 생각하는 것이었다.
	84	**revenge** [rivéndʒ]	복수	(Lawrence 부부와 조용하고 달콤했던 삶을 강제로 마감하고 Edward가 쓰레기 더미에 파묻힌 며칠 동안을 버티게 해 준 것은 Lolly에 대한 복수심 때문이었음)
	84	**despair** [dispέər]	절망 **give in to despair :** 절망에 굴복하다	Soon he gave up thinking about revenge and gave in to **despair.** 곧 그는 복수에 대한 생각을 포기하고 절망에 빠져들었다. (쓰레기 더미 속에서 아무런 희망도 없는 상태에 빠진 Edward의 심리상태를 그대로 묘사함)
12	89	**ferocity** [fərɑ́səti]	난폭한 행동	~, and shaken back and forth with a great deal of **ferocity.** 개가 Edward를 아주 사납게 앞뒤로 흔들었다. (쓰레기 더미 속에서 Edward를 발견한 개가 한 행동)
	90	**scraggly** [skrǽgli]	듬성듬성한, 엉성한	They crossed over the tracks, and there, underneath a **scraggly** tree, in a circle of bushes, Edward was dropped in front of a large pair of feet. 그들은 기찻길을 건너 수풀에 빙 둘러싸인 앙상한 나무 아래, 커다란 두 발 앞에 Edward를 떨어뜨렸어요. (Edward를 발견한 개 Lucy가 주인인 Bull에게 Edward를 데려다 놓는 장면)
13	97	**irony** [áiərəni]	아이러니, 역설적인 상황, 모순	That, my friend, is the **irony** of our constant movement. 그게, 친구, 그러니까 늘 어디로 간다는 게 아이러니한 거지. (Bull과 Lucy는 늘 이동하며 살아가는데 특정 장소를 정해서 이동하는 것이 아니어서 아이러니하다고 Bull이 Edward에게 말함)
	98	**muzzle** [mʌzl]	(개와 말의) 코와 주둥이 부분	~, she even rested her **muzzle** on his china stomach,~ 그녀(Lucy)는 심지어 Edward의 배 위에 주둥이를 올려놓기도 했다. (처음에 Lucy는 Edward가 먹는 것이 아닌 것에 실망했지만, 점점 익숙해하고 친숙해지는 모습을 보여줌)

챕터	쪽수	어휘 및 표현	뜻	책에 제시된 문장
14	106	**invaluable** [invǽljuəbl]	매우 귀중한	~, Edward's new and strange ability to sit very still and concentrate the whole of his being on the stories of another became **invaluable** around the hobo campfire. 가만히 앉아서 다른 사람의 이야기에 온전히 귀 기울일 수 있는 Edward의 새롭고 낯선 능력은 방랑자들의 모닥불 가에서 매우 귀중한 것이 되었다. (Edward의 존재 자체가 방랑자들에게 많은 위로가 됨을 보여주는 장면)
	107	**tramp** [træmp]	방랑자	~, some **tramp** would take Edward aside and whisper the names of his children in Edward's ear. 어떤 방랑자는 Edward를 옆에 데려가 귀에다 대고 자신의 아이들의 이름을 속삭이곤 했다. (자신들의 이야기에 귀 기울여 들어주는 것 같은 Edward에게 방랑자들은 소중한 자신의 아이들의 이름도 이야기함. 그만큼 Edward를 소중한 존재로 여김)
15	116	**hollowness** [hάlounis]	허무, 공허	The terrible ache he had felt the night before had gone away and had been replaced with a different feeling, one of **hollowness** and despair. 전날 밤 그가 느꼈던 극심한 고통은 없어지고 공허와 절망이라는 감정으로 교체되었다. (기차에서 던져진 Edward는 몸이 아픈 고통보다, 자신이 버려진 것에 대해 공허함과 절망감이 마음속에 자리 잡음)
	116	**in spite of** [spait]	자신도 모르게, ~에도 불구하고	Edward, **in spite of** himself, listened. Edward는 어쩔 수 없이 귀를 기울였어요. (Edward는 자신을 집어 든 아주머니의 말을 자신의 의지와 상관없이 들었다.)
16	124	**hoe** [hou]	괭이질을 하다	~, watching the old woman and Bryce weed and **hoe** the garden. (Edward는) 나이 많은 여자와 Bryce가 잡초를 뽑으며 정원에서 괭이질을 하는 걸 지켜보았죠. (Edward가 채소밭의 막대에 묶여서 사람들이 일하는 장면을 내려다봄)

챕터	쪽수	어휘 및 표현	뜻	책에 제시된 문장
16	126	**rush** [rʌʃ]	(강한 감정이 갑자기) 치밀어 오름[북받침]	~, the rabbit felt a **rush** of relief, ~ Edward는 마음이 놓였다. (Edward는 묶인 막대에서 구출되기 늦었다고 생각했지만 Bryce에 의해 구출된 후 안도감이 밀려옴)
17	130	**loathe** [louð]	몹시 싫어하다, 혐오하다	How Edward **loathed** dolls. Edward가 얼마나 인형을 싫어하는데요. (Bryce는 여동생 Sarah가 잃어버린 인형이 있는데, Edward를 가져가면 좋아할 거라는 말에, Edward는 그 인형 대신이라는 생각에 기분이 몹시 상함)
	133	**rock** [rak]	앞뒤 좌우로 흔들다	She **rocked** Edward back and forth and stared down at him and smiled. 그녀는 Edward를 앞뒤로 흔들며 가만히 내려다보고는 미소를 지었죠. (Sarah는 아기를 다루듯이 Edward를 안고 앞뒤로 흔들면서 사랑스러운 미소를 보내는 장면)
	135	**singular** [síŋgjulər]	특이한, 이상한	It was a **singular sensation** to be held so gently and yet so fiercely, to be stared down at with so much love.
	135	**sensation** [senséiʃən]	(자극을 받아서 느끼게 되는) 느낌, 기분	누군가 그렇게 넘치는 애정으로 자신을 내려다보니 한없이 뜨겁고 격렬한 감정이 생겨났어요. (Edward는 Sarah가 자신을 소중하고 사랑스럽게 대하는 상황이 낯설어 이상한 감정이 듦)
18	139	**frightened** [fráitnd]	겁먹은, 무서워하는	Edward, hanging by one ear, was **frightened.** 한쪽 귀로 매달린 Edward는 두려웠어요. (Bryce의 아버지가 집에 와서 Edward를 보고 한쪽 귀를 잡고 들어 올림)
	140	**sass** [sæs]	건방진 말대꾸를 하다	"Don't you **sass** me," said the father. He raised his hand and **slapped** Brace across his mouth and then he turned and left the house. "말대꾸하지 마." 그는 손을 들어 Brace의 입 주위를 후려치더니 돌아서서 집을 떠났어요. (Bryce가 아버지 말에 말대꾸하자, 아버지가 한 말과 행동으로 Bryce와 Sarah가 폭력적인 아버지 밑에서 자란 걸 알 수 있는 장면)
		slap [slæp]	찰싹 때리다	

챕터	쪽수	어휘 및 표현	뜻	책에 제시된 문장
18	140	**bully** [búli]	괴롭히는 사람	He ain't nothing but a **bully**. 그는 단지 깡패일 뿐이야. (아버지가 Bryce에게 주먹을 휘두르자, Bryce가 Edward에게 한 말)
	141	**intrusive** [intrúːsiv]	거슬리는	~, Edward would have found **intrusive**, **clingy** behavior of this sort very annoying, ~ Edward는 보통 이런 종류의 매우 짜증 나는 끈적거리는 행동을 무례하다고 생각했다.
		clingy [klíŋi]	점착성의, 들러붙어서 떨어지지 않는	(Sarah가 기침 발작을 할 때마다, Edward의 귀를 하나씩 빨기도 했는데, 예전의 Edward였다면 자기중심적이고 자신이 희생하는 것을 극도로 싫어했지만 지금은 아니라는 의미가 내포됨)
	141	**twine** [twain]	꼰 실, 엉클어짐	Bryce returned with a biscuit for Sarah Ruth and a ball of **twine** for Edward. Bryce는 Sarah가 먹을 비스킷과 Edward를 위한 털실 한 뭉치를 가지고 돌아왔어요. (일을 마치고 돌아온 Bryce가 Sarah와 Edward를 위해 챙겨온 것들)
	141	**tentative** [téntətiv]	머뭇거리는, 주저하는	Sarah Ruth held the biscuit in both hands and took small, **tentative** bites. Sarah Ruth는 두 손에 비스킷을 들고 조금씩 머뭇거리면서 베어 먹었어요. (오빠 Bryce가 챙겨온 비스킷을 먹고 있는 Sarah의 모습으로 몸이 안 좋아서 힘없게 먹고 있는 모습)
	142	**sway** [swei]	(전후좌우로 천천히) 흔들리다(흔들다)	And then, moving the strings with the sticks with his one hand, Bryce made Edward dance and drop and **sway**. 그러고 나서 Bryce는 한 손으로 막대에 매단 줄을 움직여서 Edward가 몸을 흔들며 춤을 추게 했어요. (Bryce가 동생 Sarah를 위해 Edward의 털실 끝에 나무 막대를 묶어 꼭두각시 인형을 만들고 흔드는 장면)
	143	**nasty** [nǽsti]	(아주 나빠서) 끔찍한, 형편없는	"Let's get you out of this **nasty** old air, huh?" 내가 이 나쁜 공기에서 널 빼내 줄게, 알겠지? (Bryce는 동생 Sarah가 기침을 하자, 바깥 공기를 쐬자며 다정하게 말함)

챕터	쪽수	어휘 및 표현	뜻	책에 제시된 문장
18	144	**streak** [striːk]	질주하다, (줄같이) 기다란 자국(흔적)을 내다	And she pointed to a star **streaking** through the night sky. 그녀는 밤하늘을 가로질러 휙 떨어지는 별을 가리켰어요. (Sarah가 밤하늘을 보며 별을 가리키는 장면)
19	147	**soggy** [sɑ́gi]	물에 잠긴, 흠뻑 젖은, 질척한	Edward's ears became **soggy** and he did not care. Edward는 귀에 힘이 없어졌지만 그는 신경 쓰지 않았어요. (Edward의 몸 상태가 안 좋음을 의미함)
	148	**ragged** [rǽgid]	(호흡이) 거친, (옷 등이) 누더기가 된, 다 해진	Her breathing became **ragged** and uncertain, ~ 그녀의 숨소리는 거칠고 불분명해졌어요. (Sarah의 건강이 나빠지는 모습)
	150	**prevail** [privéil]	우세하다, 만연하다, 승리하다	But the father was bigger and stronger, and he **prevailed**. 그러나 아버지는 더 크고 힘이 세서 아버지가 이겼어요. (아버지와 Bryce가 죽은 Sarah로 인해 고함지르고 싸웠는데, 결국 아버지가 자기 뜻대로 하게 됨)
20	155	**folk** [fouk]	사람들	**Folks put on** any kind of show right there on the street corner and people pay'em for it. 사람들이 거리 모퉁이에서 어떤 종류의 것이든 공연을 하니까 본 사람들이 돈을 주더라고. (Bryce는 Edward와 집 밖을 나와 공연으로 돈을 벌려는 마음을 표현함)
		put on	(무대에서) 상연하다, 몸에 걸치다	
	155	**scarecrow** [skǽrkrou]	허수아비	Edward tried to listen, but the terrible **scarecrow** feeling had come back, ~ Edward는 열심히 들으려고 했지만 자신이 끔찍한 허수아비였을 때가 생각났어요. (Bryce의 이야기를 Edward는 집중하려고 했지만, Edward는 끔찍했던 허수아비 역할을 했던 때가 생각이 남)
	156	**hollow** [hɑ́lou]	(속이) 빈, 공허한	And not only did Edward feel **hollow**; he ached. Edward는 공허할 뿐만 아니라 매우 아팠어요. (자신을 아껴주던 Sarah가 죽자 몸과 마음이 모두 아픈 Edward)

챕터	쪽수	어휘 및 표현	뜻	책에 제시된 문장
20	156	**shuffle** [ʃʌfl]	발을 (질질) 끌며 걷다, (어색하거나 당황해서 발을) 이리저리 움직이다	Bryce played his harmonica and moved Edward's strings, and Edward bowed and **shuffled** and swayed and people stopped to stare and point and laugh. Bryce는 하모니카를 연주하면서 Edward가 매달려 있는 줄을 움직였고 Edward는 절을 하고 발을 질질 끌며 몸을 흔들었어요. 그러자 사람들은 멈춰 서서 그 모습을 지켜보며 손짓을 하고 웃었어요. (Bryce가 Edward를 꼭두각시 익형처럼 흔들거리며 춤을 추게 하고 보는 사람들이 웃는 모습)
	157	**pavement** [péivmənt]	포장도로	Edward saw his tears land on the **pavement.** Edward는 Bryce의 눈물이 거리 위에 떨어지는 걸 보았어요. (길거리 공연을 마친 Bryce가 자신의 슬픈 처지에 눈물을 흘리는 모습을 Edward가 지켜 봄)
	158	**hobble** [hɑbl]	다리를 절다, 절뚝거리다	The old woman turned and **hobbled** away. 할머니가 돌아서더니 절뚝거리며 걸어 갔어요. (거리에서 춤을 추던 Edward를 유심히 바라보던 한 할머니가 돌아서는 장면)
21	162	**reckon** [rékən]	~라고 생각하다, 예상하다	"I **reckon** show business is hard work." "공연이 힘든가 보구나." (Bryce가 공연을 마치고 식당에서 허겁지겁 음식을 먹자 종업원이 한 말)
	163	**spatula** [spǽʧulə]	주걱	He was a large, red-haired, red-faced man who came out of the kitchen holding a **spatula** in one hand. 그는 몸집이 크고 머리가 빨갛고 얼굴이 붉은 사람이었는데 한 손에 주걱을 들고 부엌에서 나왔어요. (Bryce가 식사를 마치고 돈이 부족하자, 요리사이자 주인인 사람이 부엌에서 나옴)
	164	**thwack** [θwæk]	탁(찰싹) 때리는 소리	He brought the spatula down on the counter with a **thwack**. 그는 주걱을 꽝 하고 카운터에 내려놓았어요. (식당 주인이 Bryce에게 겁을 주려고 좀 더 과격한 행동을 하는 모습)

챕터	쪽수	어휘 및 표현	뜻	책에 제시된 문장
21	165	**string** [striŋ]	끈, 실	Bryce set Edward on the floor and started pulling the **strings** attached to his feet, making him do a slow shuffle. Bryce가 Edward를 바닥에 세워 놓고 Edward의 발과 이어져 있는 줄을 잡아 당겨서 천천히 움직이게 했어요. (식당 주인이 돈을 내라고 재촉하자 Bryce는 Edward에게 연결된 줄을 잡아당겨 움직이게 하여 상황을 모면하려고 한)
	165	**crack** [kræk]	균열, 찢어지는 듯한(날카로운) 소리, 갈라지다	There was a loud **crack**. 쨍그랑 하고 큰 소리가 났어요. (식당 주인이 Edward를 바닥에 던지자 Edward의 머리가 깨지는 소리)
22	169	**dusk** [dʌsk]	해질녘, 황혼, 땅거미	It was **dusk**, and Edward was walking down a sidewalk. 해질녘, Edward는 길(보도)을 따라 내려가고 있었다. (상상 속에서 Edward가 혼자서 길을 걷고 있는 장면)
	172	**lunge** [lʌndʒ]	돌진, 돌진(하다)	And with a terrific **lunge**, ~ 그리고 엄청난 돌진으로, ... (Bull이 Edward를 보낼 수 없다며 날아가는 그의 발을 달려가서 붙잡는 장면)
	173	**lick** [lik]	핥다	She **licked** his tears away. 그녀는 그의 눈물을 핥아주었다. (Lucy가 울고 있는 Edward의 눈물을 핥아주는 장면)
23	177	**deal** [diːl]	다루다, 처리하다	And dirt can **be dealt(수동태)** with. 그리고 먼지는 처리될 수 있지. (인형 수리공 Lucius가 상태가 엉망이지만 Edward를 보며 고칠 수 있다는 의미로 하는 말)
	178	**literally** [lítərəli]	문자(말) 그대로	It's my job, quite **literally.** 말 그대로 이게 내 일이야. (Edward를 고쳐주겠다는 말에 Edward가 고마움을 표했다고 생각하며 Lucius가 혼자 하는 말)
24	185	**mend** [mend]	고치다, 회복하다	And so Edward Tulane **was mended(수동태)**, 그래서 Edward Tulane은 고쳐졌다. (말끔히 수리된 Edward의 상태를 나타냄)

챕터	쪽수	어휘 및 표현	뜻	책에 제시된 문장
24	187	**moon over** [muːn]	~을 생각을 하면서 시간을 보내다	I cannot have you in my shop everyday **mooning over** what you lost. 날마다 잃어버린 걸 멍하니 보며 가게 안에 있게 할 수는 없으니까. (인형 가게에 Edward를 보러온 Bryce 에게 주인 Lucius가 하는 푸념)
	187	**bust** [bʌst]	부수다, 고장 내다	~, your head **was busted(수동태)** in and - 네 머리가 부서졌었어. 그리고 - (멋지게 고쳐진 Edward를 보며 Bryce 가 Edward의 깨진 머리를 떠올리며 이야기함)
25	191	**annoying** [ənɔ́iiŋ]	짜증스러운	He found them **annoying** and **self-centered, twittery** and **vain**. 그는 그들(dolls)을 짜증나고, 자기 중심적이고, 재잘거리고, 허영심이 많다고 생각했다. (Edward가 인형 가게에 함께 진열된 인형들을 좋아하지 않는 이유를 나열함)
	191	**self-centered** [sèlfséntərd]	자기중심적인	
	191	**twittery** [twítəri]	재잘거리는, 잘 지저귀는	
	191	**vain** [vein]	허영심이 많은	
	194	**pluck** [plʌk]	뽑다, 빼내다	And he **plucked** the doll from the shelf. 그는 선반에서 인형을 빼내었다. (인형 가게 주인(he)이 손님에게 줄 인형을 선반에서 빼내는 장면)
	194	**good riddance** [rídns]	속이 다 시원하다 **riddance** : 벗어남, 탈출	Goodbye and **good riddance**, thought Edward. '잘 가, 속이 시원하네' 라고 Edward는 생각했다. (인형 가게 선반에 함께 진열되어 있던 잘난 체하는 인형이 팔리자 Edward가 속으로 한 말)
26	197	**crack** [kræk]	(무엇이 갈라져 생긴) 금, 깨진 틈	Her face was, in fact, a web of **cracks**. 그녀의 얼굴은 사실 거미줄처럼 금이 가 있었다. (인형 가게에 새로 온 인형은 Edward 처럼 금이 간 얼굴을 하고 있음.)
	197	**acquaintance** [əkwéintəns]	아는 사람, 지인	"I am pleased to make your **acquaintance**." "널 알게 되어서 기뻐." (인형 가게에 Edward 옆 빈자리로 오 게 된 인형의 첫 인사말.)

챕터	쪽수	어휘 및 표현	뜻	책에 제시된 문장
26	198	**horrid** [hɔ́ːrid, hάr-]	지독한, 끔찍한	I have been in places that were heavenly and others that were **horrid**. 나는 천국 같은 곳에도 있었고, 지옥 같은 끔찍한 곳에도 있었어. (인형 가게에 새로 온 백 살 먹은 인형이 자신이 살아온 인생을 이야기함.)
27	208	**solemnly** [sάləmli]	엄숙히	~, the little girl walked around the store, stopping and staring **solemnly** at each doll and then moving on. 여자아이는 가게를 돌아다니며, 인형 하나하나 앞에 멈추어 서서 진지하게 쳐다본 후 다음 인형으로 발을 옮기곤 했다. (인형 가게에 인형을 사러 온 여자아이가 선반에 진열된 인형들을 신중하게 보며 고르는 모습.)
	208	**cradle** [kréidl]	부드럽게 안다, 아기 침대	She **cradled** him in her arms. 그녀는 Edward를 팔에 부드럽게 안았다. (인형 가게에서 Edward를 고른 여자아이가 그를 포근히 안은 모습.)
	209	**attend to** [əténd]	~에(게) 주의하다	"Could you please **attend to** your daughter?" "따님을 주의시켜 주시겠어요?" (인형 가게에서 여자아이가 Edward를 이리저리 만지자 가게 주인이 여자 손님에게 한 말.)

3. 내용 파악 문제 (Reading Comprehension) 정답

문항	정답 및 풀이
1	정답 : ③ scared 무서워하는, 겁먹은 **[풀이] 22쪽** Edward는 할머니 Pellegrina가 자신을 쳐다볼 때, She was looking at him in the way a hawk hanging lazily in the air might study a mouse on the ground. (마치 그녀가 하늘을 날아다니는 매가 땅 위의 쥐를 탐색하는 듯이 Edward를 바라본다) 하고고 느낌. 다음 문장에서는 for a shiver went through him (할머니의 눈빛에 Edward는 온몸이 두려움으로 전율이 느껴진다) 라고 표현하여 ③번 scared가 가장 자연스러움. ①번 interested 흥미 있어 하는, ②번 happy 행복한, ④번 gloomy 우울한, ⑤번 sad 슬픈
2	정답 : You must help me or there will be consequences. **[풀이] 31쪽** 이야기 속 공주가 숲에서 만난 마녀의 집 문을 두드리며, 배도 고픈데 집안으로 자신을 들여보내달라고 함. 마녀가 문을 열어주지 않자, 공주가 갑자기 'My father is a powerful king. You must help me or there will be consequences'라며 자신의 아버지는 강력한 힘을 가진 왕이고, 자신을 도와주지 않으면 큰 일(consequences)이 생긴다고 일종의 협박을 함. 그러자 마녀가 'Consequences?'라고 되물으며 공주에게 누구를 사랑하는지 질문 함. 아무도 사랑하지 않는다고 하자, 공주를 흑멧돼지(warthog)로 변하게 함.
3	정답 : ⑤ Edward를 만들게 주문한 사람은 Abilene의 아빠이다. **[풀이] 3쪽~34쪽** 3쪽 ①번 there lived a rabbit who was made almost entirely of china 문장을 통해 Edward는 도자기(china)로 만들어진 토끼 인형임을 알 수 있음. 6쪽 ②번 of all the seasons of the year, the rabbit most preferred winter 문장을 통해 가장 좋아하는 계절이 겨울임을 알 수 있음. 4쪽 ③번 In all, Edward Tulane felt himself to be an exceptional specimen 문장을 통해 자신이 특별하다고 생각한다는 것을 알 수 있음. 8쪽 ④번 It was Pellegrina who had given him as a gift to Abilene on her seventh birthday 문장을 통해 Pellegrina 할머니가 Abilene의 7번째 생일 선물로 Edward를 줬다는 것을 알 수 있음. 7쪽 ⑤번 It was Pellegrina was responsible for Edward's existence. It was she who had commissioned his making 문장을 통해 Edward를 태어나게 한 사람은 Abilene의 아빠가 아닌, 할머니 Pellegrina였다는 것을 알 수 있음.
4	정답 : ④번 두 남자아이가 Edward의 옷을 벗겼다. **[풀이] 37쪽~43쪽** ①번 Pellegrina 할머니가 Abilene이 Edward의 작은 트렁크 짐을 싸는데 도와주지는 않았음, ②번 여자아이들이 Edward를 안아봐도 되냐고 물을 정도로 안아 보고 싶어했음, ③번 나이 많은 부인이 목에 진주 목걸이를 세 줄을 둘렀지, Edward에게 주려고 하지는 않았음, ⑤번 Tulane 씨(Abilene의 엄마)가 두 남자아이의 무례함으로 화가 나지는 않았음.
5	정답 : ② 그는 두려웠다. **[풀이] 50쪽** Edward가 바닷속 깊이 가라앉을 때, Edward Tulane was afraid. 라는 문장으로 두렵다는 것을 알 수 있다. ①번 sad 슬픈, ③번 bored 지루한, ④번 hopeful 희망에 찬, ⑤번 satisfied 만족한
6	정답 : ③ 어부 **[풀이] 56쪽** 36쪽 넷째 줄 And then, suddenly, the great, wide net of a fisherman reached out and grabbed the rabbit. 문장을 통해 한 어부가 그물을 펼쳐서 Edward를 잡은 것을 알 수 있음.

문항	정답 및 풀이
7	정답 : (1) 여자(√) 　　　　(2) 이름 : 여자 이름으로 지으면 정답 인정 **[풀이] 65쪽** 지문에서 Nellie가 "She's beautiful."이라고 말한 것에서 알 수 있듯이 Edward를 여자 토끼 인형으로 생각한다는 것을 추측해 볼 수 있다. 또한 한 번도 자신을 여자 토끼라고 생각해 본 적이 없는 Edward가 Nellie의 말에 confused(당황스러워하는) 하고 있다.
8	정답 : ④ **[풀이] 84쪽** 처음의 감정은 he would find Lolly and exact his revenge라는 문장에서 알 수 있듯이 revengeful(복수심에 불탄) 하다가 and gave in to despair(절망에 빠졌다) 문장을 통해 절망에 빠져든 상태로 바뀜을 알 수 있다. hopeful 희망찬, revengeful 복수심에 가득한, despaired 절망한, thoughtful 생각에 잠긴
9	**[풀이] 97쪽~102쪽** **97쪽** (1) Bull was always careful to position the rabbit so that he was not looking down or up, but was, instead, forever looking behind him, at the road they had just traveled. (Bull은 Edward가 위나 아래를 보지 않고 지금 지나온 길을 계속 볼 수 있도록 늘 세심하게 자리를 잡아 주었죠.) **101쪽~102쪽** (2) Nellie가 만들어준 Edward의 옷이 누더기가 되어 있는 것을 보고 친절하게 새 옷을 만들어 줌.
10	예상 답안 : Edward는 자신이 사랑을 모르기 때문에 Pellegrina 할머니가 자신에게 이러한 시련을 겪게 만드는 마녀라고 생각하고 있다. **[풀이] 54쪽~55쪽, 98쪽** 챕터 7의 54쪽~55쪽 And then the rabbit thought about Pellegrina. He felt, in some way that he could not explain to himself, that she was responsible for what had happened to him. (중간 생략) She was like the witch in the story. No, she was the witch in the story. True, she did not turn him into a warthog, but just the same she was punishing him, although for what he could not say. 에서 알 수 있다. 즉 뭐라고 설명할 수는 없지만 자기에게 일어난 일이 할머니 때문이라고 느껴졌고, 이야기 속 마녀 같음. 할머니가 Edward를 흑멧돼지로 만들지는 않았지만 똑같이 벌을 주고 있다고 생각함.
11	정답 : Edward <u>realized</u> that he were loved by <u>Abilene</u>, <u>Nellie</u>, <u>Lawrence</u>, <u>Bull</u>, and <u>Lucy</u>. **[풀이] 98쪽** 밤에 Edward는 별자리를 올려다보며, 자신을 사랑해 주었던 사람들의 이름을 말하며 사랑받았던 존재라는 사실을 깨달음.
12	정답 : children (or kids) **[풀이] 107쪽** 107쪽 9번째 줄에 방랑자(tramp)들이 Edward의 귀에 자기 아이들의 이름을 속삭인다고 적혀있음.
13	정답 : 화물기차를 타고 다른 지역으로 이동하던 중, 기차 승무원에게 무임승차를 들켜 승무원이 발길질하여 기차 밖으로 떨어졌다. **[풀이] 109쪽~110쪽** 109쪽 끝 문장부터 He looked down at Edward. "No free rides for rabbits." He turned and flung open the door of the railcar, and then he turned back and with one swift kick, he sent Edward sailing out into the darkness.

문항	정답 및 풀이
14	정답 : To scare crows off 또는 a scarecrow **[풀이] 117쪽** The old woman clapped her hands again. "Get to work, Clyde," she said. "Scare them birds off." 나이 많은 여자는 손뼉을 치며, Edward를 Clyde라고 ˝부르면서 까마귀(새)를 쫓아 버리라고 말하고 있다. 즉, 새들을 쫓아내는 허수아비 (scarecrow) 역할을 하길 바라고 있다.
15	정답 : (1) 날개 　　　(2) 지금까지의 위기 상황에서 쉽게 탈출할 수 있었을 테고 그런 상황을 만든 사람들에게 자신이 당한 만큼 되갚아 줄 수 있을 거라고 생각함. **[풀이] 124쪽~125쪽** If he had had wings when he was tossed overboard, ~ and laugh at the man: Caw, caw, caw.
16	정답 : (1) Bryce, (2) Jangles, (3) Sarah Ruth **[풀이] 129쪽~136쪽** (1) Edward를 오두막집으로 데려간 사람은 Bryce임. (2) Edward를 Jangles라고 여동생 Sarah가 지음. (3) Edward를 아기처럼 앞뒤로 흔들어 준 사람은 Sarah Ruth임.
17	정답 : ④ **[풀이] 139쪽** (A) '~할 때' 의미의 시간부사 when이 적절함. what은 뒤에 완전한 절(문장)이 나오므로, 관계대명사 what이 쓰일 수 없음. (B) Edward는 두려움을 느끼는 상태이므로 과거분사 frightened (겁먹은, 무서워하는)이 맞음. Edward가 무서움을 주는 존재는 아니므로 frightening(무서운)은 적절하지 않음. (C) belong 동사는 '~에 속하다' 구동사로 쓰일시 'belong to 명사'를 씀.
18	정답 : ⑤ 그녀는 Edward를 무릎 위에 올려놓고 단추가 가득 든 상자를 가지고 놀았음. **[풀이] 140쪽** 140쪽 끝에서 셋째 줄에 Bryce went out to work and Sarah Ruth spent the day in bed, holding Edward in her lap and playing with a box filled with buttons. 라고 적혀있음. ①번 그녀가 요리하고 집을 청소함, ②번 온종일 Edward를 안고 침대에서 잠, ③번 도자기 인형을 만들어서 어린아이들에게 팜, ④번 Bryce의 하모니카를 연주하며 Edward와 춤을 춤.
19	정답 : He makes Edward look like <u>dancing</u> with a ball of <u>twine</u> and sticks of <u>wood</u>. **[풀이] 142쪽** Bryce는 아픈 Sarah를 놀라게 해주고자, Edward의 팔과 발에 털실(twine)을 묶고 털실 끝을 나무 막대(sticks of wood)에 묶어서 Edward의 몸을 흔들며 춤을 추게 함.
20	정답 : prevailed **[풀이] 150쪽** Sarah의 죽음으로 인해 Bryce와 아버지가 서로 고함을 질렀고, 아버지는 Sarah를 데려가서 묻겠다고 하자 Bryce는 데려가지 말라고 소리쳤음. But the father was bigger and stronger 하므로 he prevailed (아버지가 이겼다, 우세했다) 는 표현이 가장 자연스러움. lost (졌다), approved (찬성했다), recognized (인정했다)

문항	정답 및 풀이
21	정답 : (E) **[풀이] 157쪽~158쪽** 문장 "나는 더 이상 울지 않을 거야."라고 말 한 뒤, Bryce wiped his nose and his eyes with the back of his hand. (Bryce는 손등으로 눈과 코를 닦았다.) 행동이 가장 자연스러우므로 (E)가 정답임.
22	정답 : Bryce가 하모니카를 연주하고 Edward가 매달려 있는 줄을 Bryce가 움직여 Edward를 춤을 추게 하는 공연 **[풀이] 164쪽~165쪽** 164쪽 끝 문장부터 Bryce set Edward on the floor and started pulling the strings attached to his feet, making him do a slow shuffle. He put his harmonica in his mouth and played a sad song that went along with the dance. 문장을 통해 알 수 있음.
23	정답 : (1) Abilene → (b) 　　　(2) Pellegrina → (a) 　　　(3) Sarah Ruth → (e) 　　　(4) Bryce → (d) 　　　(5) Bull → (c) **[풀이]** (1) b. Edward와 배를 함께 탄 작은 여자 아이는 Abilene, (2) a. Edward에게 무서운 이야기를 해준 Abilene의 할머니는 Pellegrina, (3) e. Edward를 아기처럼 흔들어 준 Bryce의 여동생은 Sarah Ruth, (4) d. 밭에서 일하고, 하모니카를 연주하는 Sarah의 오빠는 Bryce, (5) c. Edward를 잘 돌보고, Lucy라는 개가 있는 Bull.
24	정답 : ④ **[풀이] 177쪽~181쪽** 180쪽 끝에서 네 번째 문장부터 I will restore you to what I perceive to be your former glory. You shall have rabbit-fur ears and a rabbit-fur tail. Your whiskers will be repaired and replaced,~ 문장을 통해 ④번 Lucius가 Edward에게 새로운 귀, 꼬리, 수염을 만들어주겠다고 말한 것을 알 수 있음. ①번 178쪽 Your head, young sir, was in twenty-one pieces 문장을 통해 Edward의 머리는 스물한 조각으로 부서졌다는 것을 알 수 있음. ②번 Lucius Clarke는 인형 수선공으로 Bryce가 인형 가게에 다친 Edward를 데려와서 처음 봄. ③번 Bryce는 돈이 없어서 Lucius에게 Edward를 고쳐달라고 맡기기만 하고 되찾아 올 수는 없었음. 179쪽 He was not wearing a red suit. 문장을 통해 ⑤번 Edward는 지금 빨간 양복을 입고 있지 않다는 것을 알 수 있음.
25	정답 : Don't go. thought Edward. I won't be able to bear it if you go. **[풀이] 188쪽** Bryce가 "Good-bye"라고 말하자, Edward는 이어서 '가지마! 네가 가면 참지 못할 것 같아!'라고 속으로 외침.
26	정답 : 1) a) choice, 2) d) soft **[풀이]** 1) option의 뜻은 '선택'으로 choice가 유의어임. power (힘), setting (배경), nation (국가) 2) tinkle의 뜻은 '쨍그랑(짤랑/딸랑)하는 소리가 나다'로 jingle, ring, chime 모두 '울리다' 의미를 내포하고 있으나 soft는 '부드러운' 의미로 유의어가 아님.

문항	정답 및 풀이
27	정답 : ③ self-centered **[풀이] 191쪽** Edward는 인형들을 annoying(성가시고), self-centered(자기중심적인), twittery(재잘거리는), vain(허영심이 많은) 하다고 생각함.
28	정답 : ④ snobbish 콧대 높은, 우월감에 젖어 있는 **[풀이] 192쪽** 인형은 인형 가게에 오는 손님들은 자기와 같은 우아한 인형을 원한다고 말함. 즉 자기애가 강하고 남보다 자신이 우월하다고 생각함. ①번 open-minded 마음이 열린, ②번 timid 소심한, ③번 humble 겸손한, ⑤번 easy-going 느긋한
29	정답 : ⑤ 배 갑판 위에서 Edward의 스카프, 재킷, 바지를 뜯은 Martin ① Edward를 아기처럼 흔들어 주었고 결국 죽게 된 Sarah Ruth ② Edward 옷을 입혀주고 아침마다 금 회중시계의 태엽을 감아 준 Abilene ③ Edward에게 여자 옷을 몇 벌 지어 준 어부의 아내 Nellie ④ 오갈 데가 없어 걸어서 여행하는 Bull과 그의 개 Lucy
30	정답 : ④ 여자아이와 엄마는 우산이 없어서 인형 가게에서 우산을 빌렸다. **[풀이] 197쪽~210쪽** 208쪽 ~ her mother struggled to close a blue umbrella,~(엄마는 인형 가게 들어올 때 파란 우산을 접으려고 애를 썼다)는 문장이 나와서 ④번 문장이 틀림, ①번 198쪽 "I have lived one hundred years."로 인형의 나이가 100살임을 알 수 있음, ②번 201쪽 The first customer was a little girl with her father. 첫 고객이 나이 많은 인형을 샀다고 언급됨, ③번 209쪽 마지막 문장부터 ~ 210쪽 It was a watch, a pocket watch. 문장을 통해 여자아이의 엄마가 회중시계를 목에 두르고 있다고 적혀 있음, ⑤번 207쪽 Edward Tulane waited. The seasons turned into years. Edward Tulane waited. 문장을 통해 Edward는 계절이 바뀌고 해가 바뀌어도 누군가 올 거라는 희망을 잃지 않았다는 것을 알 수 있음.

4. 인상 깊은 문장 (Impressive Sentences) 예시 답안

챕터	인상 깊은 문장
2	~ but it was his ego that had suffered the most damage. Abilene's mother had referred to him as "it," ~ (갑자기 집 안으로 개 한 마리가 들어와서 Edward를 입에 물고 거칠게 흔들며 그가 입은 값비싼 옷이 침 범벅이가 됨. Edward가 가장 상처 입은 것은 몸이 더러워진 것이 아니라 그의 '자존심(ego)'이 상함. 그 이유가 Abilene의 엄마가 자신을 Edward라고 부르지 않고 'it(그것)'이라고 표현했기 때문. Edward는 자신이 특별한 존재로 대우받지 않는다고 느껴 자존심이 상했음. 자기애가 넘치는 Edward의 성격을 엿 볼 수 있음.)
4	But answer me this: how can a story end happily if there is no love? (Pellegrina 할머니가 Abilence과 Edward에게 이야기를 들려주있는데, 결말이 행복하게 끝나지 않아서 Abilence이 할머니에게 이야기가 이렇게 끝날 리가 없다고 반박함. 그러자 할머니는 이야기 속 공주가 '사랑'을 느끼지 못하는 주인공인데, 어떻게 행복하게 결말이 날 수 있겠냐고 되물음. 이 문장을 통해 이 소설의 전체적인 주제가 사랑과 연관되어 있을 거라는 느낌을 주는 문장임.)
5	The ship pulled away from the dock. Pellegrina waved to Abilene. "Goodbye, lady," she called "goodbye." Edward felt something damp in his ears. Abilene's tears, he supposed. He wished that she would not hold him so tight. To be clutched so fiercely often resulted in wrinkled clothing. (여행을 떠나가 전 Edward의 성격을 잘 드러난 문장으로 할머니와 헤어지는 슬픔에 울고 있는 Abilene의 마음을 이해하지 못하고, Abilene이 자신을 꼭 안자 옷이 구겨지는 것만 걱정하고 있음.)
6	Far above him, the ocean liner, with Abilene aboard it, sailed blithely on; and the china rabbit landed, finally, on the ocean floor, face down; and there, with his head in the muck, he experienced his first genuine and true emotion. Edward Tulane was afraid. (감정이라는 것을 느끼지 못하던 Edward가 바닷속으로 떨어진 후 심해로 가라앉으면서 처음 두려움이라는 감정을 느낀 상황.)
7	In fact, Edward Tulane was so happy to be back among the living that he did not even take umbrage at being refereed to as "it." (Edward는 바닷속에 있다가 밖으로 나오게 되었다는 사실만으로 너무 행복해서 "그것(it)"으로 물건으로 취급되는 것에 더이상 화를 느끼지 않고 있는 상황.)
11	It was worse, much worse, than being buried at sea. It was worse because Edward was a different rabbit now. He couldn't say how he was different; he just knew that he was. (Edward는 바닷속, 쓰레기더미 속에 버려진 경험을 통해 어떻게 변했는지 말로 표현할 수는 없지만, 자신이 달라졌음을 느낌.)
11	On his one hundred and eightieth day at the dump, salvation arrived for Edward in a most unusual form. (Lawrence와 Nellie와의 이별 후 쓰레기 더미에서 절망의 나날을 보내던 Edward에게 다시 살 수 있는 기회(구원 salvation)가 생각지도 못한 방식으로 오게 됨.)

챕터	인상 깊은 문장
12	Yes, Abilene had loved him. (남부러울 것 없이 과분한 사랑을 받고 살던 때에는 미처 느끼지 못했던 '사랑'이라는 감정을, 온갖 시련과 풍파를 겪으면서 알아가는 Edward의 모습에서, 내가 가지지 못한 것을 부러워하기보다 내 곁에 있는 소중한 사람들을 한 번 더 생각해 보는 계기가 되면 좋을 것 같다.)
13	That, my friend, is the irony of our constant movement. (자세히는 나와 있지 않으나 사연이 있는 방랑자 Bull. 늘 어디론가 가지만 사실 목적지가 있지는 않아 한곳에서 정착하지 못하고 늘 헤매야 하는 사람. 그도 Edward처럼 사랑하는 사람을 만나기 위한 여행 아닌 여행을 하는 건 아닌가 하는 생각이 든다.)
14	How many times, Edward wondered, would he have to leave without getting the chance to say goodbye? (사랑하는 사람과의 이별도 슬프지만, 뜻하지 않게(예기치 않게) 갑작스럽게 이별하는 것은 너무 가슴 아픈 일이다.)
15	You are down there alone, the stars seemed to say to him. And we are up here, in our constellations, together. I have been loved. Edward told the stars. So? said the stars. What difference does that make when you are all alone now? Edward could think of no answer to that question. (Edward는 감기지 않는 눈으로 밤하늘의 별을 바라보는 것을 즐겼고, 신기한 여행을 통해 드디어 사랑을 서서히 배우게 됩니다. 자신이 충분히 사랑받고 있을 때는 미처 그 사실을 몰랐고 사랑을 알게 된 지금은 깜깜한 세상에 버려져 있다는 사실이 사랑의 소중함을 더 느끼게 해준다.)
16	If he had had wings when he was tossed overboard, he would not have sunk to the bottom of the sea. Instead, he would have flown in the opposite direction, up, into the deep, bright blue sky. (Edward는 자신에게 날개가 있었다면 처음부터 바다 밑바닥에 가라앉지 않았을 거고, 하늘로 날아갔을 거라는 문장으로 자신의 처지와 다른 상황을 가정하는 가정법이 매우 적절하게 잘 쓰여져 있음.)
17	It was a singular sensation to be held so gently and yet so fiercely, to be stared down at with so much love. Edward felt the whole of his china body flood with warmth. (아기처럼 안겨본 적이 없다는 내용이 나오고 애정이 듬뿍 담긴 눈빛을 통해 낯선 감정을 느꼈다는 표현이 나와서 처음 느껴본 감정을 이렇게 표현할 수 있다는 점이 인상적이었고 공감이 됨. 또한 차가운(cold) 도자기로 되어 있는 Edward의 몸이 따뜻함(warmth)으로 가득 찼다는 표현이 대조를 이루어 인상적임.)
18	"Make a wish, honey," Bryce said, his voice high and tight. "That's your star. You make you a wish for anything you want." And even though it was Sarah Ruth's star, Edward wished on it too. (몸이 아픈 Sarah가 Bryce와 별을 보며 기도할 때, Edward도 옆에서 소원을 비는 모습. 사랑을 받고 있다는 것을 깨달은 Edward가 Sarah를 위해 소원을 빌지 않았을까 하는 생각이 들었음.)

챕터	인상 깊은 문장
22	Lucy came running out of the front door of the house, barking and jumping and wagging her tail. (연관된 문장) Lucy bent her face to Edward's. She licked his tears away. (개 Lucy가 Edward를 사랑한 사람들이 모두 모여있는 곳에서 제일 먼저 뛰어나와 Edward를 반겨주는 장면이 참 따뜻했고 눈물을 핥아주는 장면도 뭉클함.)
26	You must be filled with expectancy. You must be awash in hope. You must wonder who will love you, whom you will love next. (나이 많은 인형이 Edward에게 한 말. 100살 먹은 인형은 Edward가 자신을 데려갈 사람을 기다리지 않고 기대도 하지 않는다는 말에, 기대(expectancy)와 희망(hope)을 품고 누가 사랑을 줄지, 누구를 사랑할지를 궁금해하라고 함. 사랑에 상처를 받기도 하지만, 계속해서 사랑을 통해 삶을 기대와 희망으로 살아가라는 메시지를 담은 말로 느껴짐.)
26	If you have no intention of loving or being loved, then the whole journey is pointless. (Edward에게 나이 많은 인형이 한 말. 인생이라는 여정(journey)에 사랑이 없다면 인생이 무의미(pointless)하다고 표현함. 인생에서 사랑은 빠져서는 안 될 삶의 존재 이유로 표현됨.)
26	"Open your heart," she said gently. "Someone will come. Someone will come for you. But first you must open your heart." (Edward에게 나이 많은 인형이 한 말. 사랑을 주고받기 위해서는 먼저 마음의 문을 열라고 조언함.)

5. 토의 주제 (Discussion Topics) 예시 답안

문항	예시 답안
1	예시 답안 1) Pellegrina 할머니는 Edward를 직접 제작한 사람으로 이야기 속의 주인공 공주 캐릭터와 Edward를 매우 비슷하다고 생각함. 즉, 자신만 알고 타인을 사랑하지 못하는 이기적인 존재로 판단하여 Edward에게도 이야기 속 마녀가 공주에게 말한 똑같은 문장을 Edward에게 말함으로써 '타인을 사랑하라'는 깨달음과 경각심을 주려고 했다고 볼 수 있음. 예시 답안 2) 책의 전체적인 맥락으로 봤을 때, Pellegrina의 "넌 날 실망시키는구나."의 의미는 Edward가 자신만을 사랑하고, 다른 사람이 자신을 사랑하는 것을 느끼지 못 하는(또한 남을 사랑하지도 않음) 것을 꿰뚫어 보고 한 말임. Edward가 이후 고난을 겪으면서 자신을 사랑하는 사람들을 진정으로 사랑하게 되면서 이 말을 여러 차례 곱씹음.
2~3	생략
4	(교사를 꿈꾸는 학생의 답) 능숙하게 학생들과 소통하고 지도하는 선생님을 보면서 나도 저런 선생님이 되고 싶음. 교사가 되면 수업 연구도 열심히 하고 학생들과도 친밀하고 지속적인 소통을 통해 내가 닮고 싶은 선생님처럼 되도록 노력해야겠다고 생각함.
5	Abilene의 사랑과 보살핌을 받으며 편한 삶을 살고 있었던 Edward는 신기한 모험 속에서, 길을 잃고 헤매면서, 자신을 돌보기도 힘든 사람들의 사랑을 받으며 결국 사랑을 배운다. 한때 자신만을 생각하고 때때로 다른 사람의 마음을 이해하지 못한 Edward를 Pellegrina 할머니가 걱정하신 것을 Edward는 알고 낯선 할머니를 보며 Pellegrina 할머니를 떠올렸을 것 같음.
6	Edward가 머리가 깨져 사람으로 치면 혼수상태에 있는 상황에서 소중한 사람들이 무의식 중에 떠오른 것 같음. 그리고 하늘로 날아가려는 것이 죽음에 닿으려 하는 것처럼 보이고 주변 인물들이 Edward를 살 수 있게 붙잡으려고 하는데, Edward가 다시 한번 사랑할 수 있는 마지막 기회를 주려고 하는 것 같음.
7~8	생략
9	인형 가게로 오기 전 Edward는 많은 주인들과 함께 생활해왔다. 결국 Edward는 매번 버림을 받게 되었는데 그 상처로 인해 사랑하지 않을 것이고, 사랑은 고통스럽다고 말을 함.
10	예시 답안 1) Abilene이 맞다. 왜냐하면 인형 가게에 전시된 이쁘고 상처 없는 인형들도 많은데, 단번에 Edward를 선반에서 내려서 꼭 오랜만에 다시 만난 것처럼 포근히 안음. 그리고 함께 온 엄마의 목에는 Edward가 Abilene과 함께 살 때 항상 주머니에 차고 있던 회중시계를 목걸이처럼 차고 들어와서 Edward는 깜짝 놀람. 예시 답안 2) 새로운 손님 Maggie이다. Edward가 수년간의 세월이 지나서 결국 인형 가게에 왔는데 Maggie라는 여자아이는 5살 정도 되어 보이는 아주 어린 여자아이로, Abilene이었다면 나이가 더 들었을 것이다. 그리고 Edward를 보자마자 바로 'Edward'라고 자신의 이름을 불렀을 텐데, 그냥 자신을 "A rabbit"으로 불렀음. 즉, Abilene이 연상될 만큼 유사한 손님이 등장한 것임. 첫 주인인 Abilene을 만약 다시 만나면 최선을 다해 사랑하겠다는 Edward의 마음이 투영되었다고 볼 수 있음.

6. 활동지 (Worksheet) 정답 및 예시 답안

등장인물	성격 (형용사, 동명사)	성격을 나타내 주는 문장 찾아 쓰기
Edward	· self-centered (자기중심적인)	(4쪽) Edward Tulane felt himself to be an exceptional specimen.
	· narcissistic (자기도취에 빠진)	(6쪽) Edward never ceased to be amazed at his own fineness.
	· snobbish (고상한 체하는, 우월감에 젖어 있는)	(15쪽) Edward did not care at all for the word *bunny*. He found it derogatory in the extreme.
Abilene	· devoted, committed (헌신적인, 열성적인)	(4쪽) Each morning after she dressed herself for school, Abilene dressed Edward.
	· lovely (사랑스러운)	(8쪽) "I love you, Edward," Abilene said each night after Pellegrina had left.
	· sensitive (감수성이 풍부한)	(17쪽) "oh, Edward. I love you. I never want you to be away from me."
Abilene's mom & Abilene's dad	· affectionate to their daughter (딸에게 다정한, 애정 어린)	(6쪽) Abilene's parents found it charming that Abilene considered Edward real.
	· pretending to be well-mannered (교양 있는 척함)	(18쪽) ~ it was returned to him by Abilene's father, who presented it with a mocking bow.
	· being obsessed with material things (물질적인 것에 집착하는)	(15쪽) ~ she was more outraged at the dog urine on her tablecloth than she was about the indignities that Edward had suffered at the jaws of Rosie.
Pellegrina	· eccentric (기이한, 별난)	(22쪽) She was looking at him in the way a hawk hanging lazily in the air might study a mouse on the ground.
	· mysterious (신비스러운)	(27쪽) She stared deep into his painted-on eyes, and again, Edward felt a shiver go through him.
The maid	· hard-working (열심히 일하는)	(16쪽) And in her zeal to clean him, she vacuumed Edward's gold pocket watch right off his lap.
	· careless (부주의한, 조심성 없는)	(17쪽) She left Edward on the shelf at a most awkward and inhuman angle.

	〈Workbook 3〉 예시 답안
1	**1. horrified** [장면묘사] 69쪽 - Nellie가 Edward에게 옷을 만들어 입혀줌. 특별한 날에 입을 프린 달린 원피스, 평상복으로 입을 소박하고 헐렁한 꽃무늬 원피스, 잠자리에서 입을 갈고 하얀 면 잠옷을 지어 줌. - 조금밖에 안 남은 귀를 떼어 내고 새로운 귀를 달아 줌. - Edward는 원래 남자 토끼여서 처음에는 여자 옷을 입고 싶지 않음. - 그런 감정을 He was horrified at first. 라고 표현함. **2. sweet** [장면묘사] 70쪽 - Edward는 작은 녹색 집에서 어부와 그의 아내와 사는 것이 즐겁다(sweet)고 표현함. - Nellie가 부엌에서 빵을 구우면, Edward를 조리대 위 밀가루 통에 기대어 놓음. - Nellie는 빵 반죽을 하며 Edward에게 이런저런 이야기를 하는데, Edward가 자기 말을 잘 들을 수 있도록 귀를 자기 쪽으로 구부려 놓음.
2	(1) Lawrence, Nellie와 갑작스럽게 작별을 해야 하는 상황에서 Edward는 감정을 말로 표현하기는 어렵지만, 사랑하는 사람과 헤어지는 것이 슬프다는 감정을 가슴 깊은 곳 어딘가가 쑤시듯이 아프다고(a sharp pain) 표현하였다. (2) 생략

	〈Workbook 4〉 정답
1	정답 : d **[풀이] 6쪽** Edward가 가장 좋아하는 계절은 겨울이다. Of all the seasons of the year, the rabbit most preferred winter, for the sun set early then and the dining-room windows became dark and Edward could see his own reflection in the glass. (Edward는 사계절 중에서 겨울을 가장 좋아했어요. 해가 일찍 지고 거실 창문들이 어두워지면 자기 모습이 유리에 비쳤거든요.)
2	정답 : b **[풀이] 3쪽~4쪽** Edward의 첫 주인의 이름은 Abilene이고 이집트 거리의 어느 집에서 살았다. Once, in a house on Egypt Street (이하 생략), there lived a rabbit. Edward's mistress(주인) was a ten-year-old, dark-haired girl named Abilene Tulane, (이하 생략) 문장에서 알 수 있다.
3	정답 : c **[풀이] 15쪽** Edward의 관점에서, 이웃 개 Rosie에게 집에서 공격당했을 때 가장 많이 상처를 입은 건 자존심(ego)이었다. Edward's silk suit was stained with drool and his head ached for several days afterward, but it was his ego that had suffered the most damage. (Edward의 비단 정장은 Rosie의 침으로 범벅이 되었고 Edward는 그 후 며칠 동안 머리가 지끈거렸어요. 하지만 가장 많이 상처를 입은 건 바로 자존심이었다.) 문장에서 알 수 있다. a. His china head(그의 도자기 머리), b. His silk suit (그의 실크 옷), d. The tablecloth (식탁보)

4	정답 : a **[풀이] 17쪽** Edward는 Abilene이 자신을 다시 찾은 뒤, 어떤 감정을 느꼈느냐면 가정부가 그를 물건처럼 대해서 짜증이(annoyed) 났다. The rabbit, too, was experiencing a great emotion. But it was not love. It was annoyance that he had been so mightily inconvenienced, that he had been handled by the maid as cavalierly as an inanimate object – a serving bowl, say, or a teapot. (Edward도 흥분된 감정을 느꼈어요. 하지만 그건 사랑이 아니었죠. Edward는 가정부가 자기를 생명이 없는 물건으로 여기고 함부로 다룬 것과 그렇게 불편하게 놓아두었던 것에 화가 많이 나 있었어요. 가정부는 자기를 마친 그릇이나 찻주전자처럼 대했잖아요.) b. Abilene이 그를 찾는데, 시간이 오래 걸린 것에 대해 화가 났다. c. 다른 인형들이 그를 괴롭힌 것 때문에 화가 났다. d. Abilene이 자신을 보고 싶어 해서 사랑을 느꼈다.
5	정답 : a **[풀이] 21쪽** Edward는 으레 저녁 식탁에서 Abilene 가족들의 대화를 듣지 않았다. Edward, of course, was not listening. He found the talk around the dinner table excruciatingly dull; in fact, he made a point of *not* listening if he could help it. (Edward는 이야기를 듣고 있지 않았어요. 저녁 식탁에서 하는 이야기는 몹시 지루했거든요. 그래서 할 수만 있다면, 으레 습관처럼 듣지 않으려 했죠.) b. 그는 대화의 모든 말을 주의를 기울이며 경청했다. c. 그는 모두에게 뭔가를 말할 기회를 기다렸다. d. 그는 Abilene이 말하는 것만 귀 기울여 들었다.
6	정답 : c **[풀이] 29쪽** Pellegrina 할머니가 들려준 이야기에서 공주는 왕자가 준 반지를 삼켰다. "She swallowed the ring. She took it from her finger and swallowed it. She said, 'That is what I think of love.' And she ran from the prince. (이하 생략)" (공주는 반지를 꿀꺽 삼켜 버렸단다. 손가락에서 반지를 빼서 그냥 삼켜 버렸어. 그러고는 이렇게 말했지. '이게 바로 내가 생각하는 사랑이에요.' 그리고 공주는 왕자에게서 달아났어.) a. 그녀는 반지를 보호하고자 여왕에게 주었다. b. 그녀는 반지를 왕자에게 되돌려주었다. d. 그녀는 반지를 손가락에서 빼서 던져버렸다.
7	정답 : c **[풀이] 39쪽~41쪽** Martin과 Amos 남자아이들은 선상에서 Edward에게 짓궂은 행동을 했다. c. 그들이 Edward의 귀와 손을 뒤로 꺾는 내용은 언급되지 않았다. 40쪽 a. 그들은 태엽과 같은 것을 Edward에게 감아 주는지 물다. "Does he wind up somewhere?" asked Amos. ("무슨 태엽 같은 걸 감아 줘야 하는 거야?"라고 Amos가 물었나) 41쪽 b. 그들은 그의 옷을 벗겼다. It came as a total surprise to him when he was grabbed off the deckchair and first his scarf, and then his jacket and trousers, were ripped from his body. (그때 누군가가 지기를 움켜쥐어 Edward는 순간 깜짝 놀랐어요. 처음에는 스카프가, 그다음에는 재킷과 바지가 몸에서 뜯겨 나갔어요.) 42쪽 d. 그들은 Edward를 왔다 갔다 던졌다. Martin threw Edward. (Martin은 Edward를 던졌어요.)

8	정답 : c **[풀이] 42쪽~43쪽** Abilene이 남자아이들이 Edward를 선상에서 던지고 받는 장난을 막으려고 할 때, 뜻하지 않게(accidentally) Edward가 배 밖으로(overboard) 던져졌다. Amos raised his arm, but just as he was getting ready to throw Edward, Abilene tackled him, shoving her head into his stomach, and upsetting the boy's aim. So it was that Edward did not go flying back into the dirty hands of Martin. Instead, Edward Tulane went overboard. (Amos가 팔을 들어 올려 Edward를 막 던지려고 할 때였어요. Abilene이 그것을 막으려고 Amos를 붙잡고 자신의 머리로 Amos의 배를 받았어요. 그래서 Edward는 더러운 Martin의 손에 돌아가지 못했지요. 대신 배 밖으로 던져졌답니다.) a. 그들은 Edward를 그녀의 머리 위로 들어 올렸다. b. 그들은 Edward를 배 갑판에 던졌다. d. 그들은 Edward의 옷을 다시 입혔다.
9	정답 : b **[풀이] 49쪽** Edward는 Abilene이 그의 금빛 회중시계를 들고 있는 모습을 물속에 가라앉으며 보았을 때 느낀 감정은 My pocket watch, he thought. I need that. (내 회중시계. 난 저게 필요해.) 문장에 잘 나타나 있다. a. 그는 Abilene이 시계를 잃어버릴 수 있다고 생각했다. c. 그는 Abilene이 그에게 시계를 던져주길 원했다. d. 그는 Abilene을 사랑했고 그리워할 것이다.
10	정답 : d **[풀이] 50쪽** Edward가 바다 밑바닥에 도착했을 때 느낀 첫 감정은 Edward Tulane was afraid. (Edward Tulane은 두려웠답니다.)에서 잘 나타난다. a. excited (흥분한), b. cold (추운), c upset (화가 난)

Chapter 7	**Chapter 8**	**Chapter 9**
Edward's Second Life Edward의 두 번째 삶	Edward Becomes Susanna Edward, Susanna가 되다	Sweet Life 행복한 삶
Chapter 10	**Chapter 11**	**Chapter 12**
Goodbye Again 또다시 안녕	Life at the Dump 쓰레기장에서의 삶	Hit the Road 여행길에 오르다

1

2

정답 : storm

[풀이] 55쪽

고요한 바다에 어느 날 폭풍(storm)이 불어서 바닷속 바닥에서 떠오를 수 있었다. On the two hundred and ninety-seventh day of Edward's ordeal, a storm came. The storm was so powerful that it lifted Edward off the ocean floor ~. (Edward가 호된 벌을 받은 지 이백구십칠 일이 되는 날, 폭풍이 불어왔어요. 폭풍이 어찌나 힘이 센지 Edward를 바다 밑바닥에서 들어 올렸어요 ~)

3

Chapter 2 (15쪽)	**Chapter 7 (63쪽)**
- His ego suffered. (그의 자존심이 상처를 입었다.) - Abilene의 엄마가 개 Rosie가 자신을 입에 물고 있을 때, "Drop it! (그거 내려놓아!)"라는 말에 자신을 이름이 아닌, 단순한 '그거'라고 표현하여 자존심에 상처를 입었다.	- He was so happy to be back among the living that he did not even take umbrage at being referred to as "it." (사실 Edward는 살아 있는 것들 속으로 돌아와서 너무 기쁜 나머지 '저것'이라고 불려도 전혀 화나지 않았답니다.)

4

정답 : Her name is Nellie and called Edward 'Susanna'.

5

예상 답안 : Nellie referred to him as a girl instead of a boy.

[풀이] 65쪽

Edward를 처음 본 Nellie는 "She's beautiful," 이라고 말했다. For a moment, Edward was confused. Was there some other object of beauty in the room? 이때 Edward는 자신을 가리키는 말인지, 아니면 방에 다른 아름다운 물건이 있는지 헷갈린다고 했다. 즉, Nellie가 Edward를 여자(she)로 부른 것에 혼란스러워했다.

6

예상 답안 : He was surprised to discover that he was listening what Nellie said.

[풀이] 71쪽

Edward는 자신이 Nellie가 하는 말에 귀 기울여 듣고 있다는 걸을 깨닫고는 깜짝 놀랐다. Before, when Abilene talked to him, everything had seemed so boring, so pointless. But now, the stories Nellie told struck him as the most important thing in the world and he listened as if his life depended on what she said. (전에 Abilene이 이야기할 때는 모든 게 아주 지루하고 쓸모없이 느껴졌다. 하지만 지금 Nellie가 들려주는 이야기는 세상에서 가장 중요한 일처럼 느껴져서 마치 자기 인생이 Nellie가 하는 말에 달려 있기라도 한 듯이 열심히 들었다) 문장을 통해 알 수 있다.

7	정답 : b **[풀이] 80쪽** Edward는 Lolly가 자신을 데려갈 때, 마음이 아팠(a sharp pain)다. Edward felt a sharp pain somewhere deep inside his china chest. For the first time, his heart called out to him. It said two words: Nellie. Lawrence. (도자기로 만들어진 Edward의 가슴 깊은 곳 어딘가가 쑤시듯이 아팠어요. 처음으로 Edward의 가슴이 소리쳤어요. 단 두 마디 말이었죠. Nellie. Lawrence.) 문장을 통해 알 수 있다. a. 그는 새로운 어딘가로 가서 기쁘고 흥분되었다. c. 그는 Lolly가 Nellie와 Lawrence를 정말 아낀다고 생각했다. d. 그는 쓰레기통에 들어가서 그의 옷이 더러워진 것에 단지 짜증이 났다.
8	예상 답안 : <u>hopeful (희망에 찬)</u> → <u>revengeful (복수심에 불타는)</u> → <u>despairing (절망한)</u> **[풀이] 83쪽~84쪽** 83쪽 The first night, he was at the top of the garbage heap, and so he was able to look up at the stars and find comfort in their light. 문장을 통해 Edward가 처음 쓰레기장에 갔을 때는 쓰레기 더미 맨 꼭대기에서 별을 올려다보고 별빛 속에서 위안을 찾으며 여기서 벗어날 수 있다는 희망을 품었(hopeful)다는 것을 알 수 있다. 84쪽 하지만 둘째 날부터 자기 몸 위로 쓰레기가 쏟아지고, 계속 쓰레기 더미에 묻힐 때 Edward가 버틸 수 있었던 것은 어떻게든 자신을 쓰레기장에 버린 Lolly를 찾아내어 복수하겠다는 생각 덕분이었다. What kept Edward going, was gave him hope, was thinking of how he would find Lolly and exact his revenge(복수). 문장을 통해 알 수 있다. 84쪽 하지만 시간이 흐르고 계속해서 쓰레기 무게와 냄새에 짓눌리며 아래로 파묻히면서, 복수 같은 건 포기하고 결국 절망에 빠져 버렸다. He gave up thinking about revenge and gave in to despair(절망).
9	정답 : It was because he had not loved Abilene enough. (Edward가 Abilene을 충분히 사랑하지 않았기 때문이다.) **[풀이] 85쪽**
10	정답 : a **[풀이] 93쪽** And so it was that Edward took to the road with a tramp and his dog. (그렇게 해서 Edward는 부랑자(tramp)와 그의 개와 함께 길을 나서게 되었다.) 문장을 통해 Bull과 개 Lucy는 집 없이 떠돌이(hoboes, hobo의 복수형) 생활을 한다는 것을 유추할 수 있다. b. 그들은 Abilene 옆집에 살았다. c. 그들은 호텔에 살았다. d. 그들은 숲속 오두막집에 살았다.

\<Workbook 6\> 정답 및 예시 답안	

<table>
<tr><td colspan="2" style="text-align:center">

Chapter 13	**Chapter 14**
Edward, on the Road (여행 중인 Edward)	Happiness and Farewell (행복 그리고 작별)
Chapter 15	**Chapter 16**
Becoming a Scarecrow (허수아비가 되다)	A Lifesaver, Bryce (목숨을 구해 준 Bryce)
Chapter 17	**Chapter 18**
A China Doll with Warmth (온기로 찬 도자기 인형)	Dancing Edward for Sarah (Sarah를 위해 춤을 추는 Edward)
Chapter 19	**Chapter 20**
Sarah, Became a Star (Sarah 별이 되다)	Dancing Edward for a living (밥벌이로 춤을 주는 Edward)

</td></tr>
</table>

1

2

정답 : Abilene, Nellie, Lawrence, Bull, and Lucy
[풀이] 98쪽
Edward가 별자리를 올려다보며 자기를 사랑해 주었던 사람들의 이름을 말하는 내용이 나옴.

3

정답 : (1) Bull made new <u>clothes</u> for Edward.
(2) Bull said Edward looked like a <u>rabbit</u>(동물) <u>on</u> <u>the</u> <u>run</u> (상태)
[풀이] 101쪽~102쪽
(1) He took his own knit stocking cap and cut a big hole in the top of it and two small holes ~. (Bull은 털실로 짠 모자를 꺼내서 위에 큰 구멍을 내고 양옆에 작은 구멍을 내었다~) 문장과 The pants Bull made himself, ~ (바지도 Bull이 만들었다)를 통해 Bull이 Edward를 위해 옷을 만들어줬다는 것을 알 수 있다.
(2) Bull은 새로운 옷을 입은 Edward를 보며 "Now you look like a rabbit on the run." (꼭 도망자 토끼 같아.) 라고 표현하였다.

4

정답 : They would whisper <u>the</u> <u>names</u> of their <u>children</u>.
[풀이] 107쪽
방랑자들(hoboes)은 Edward가 다른 사람들의 이야기를 귀 기울여 듣는다는 사실에, 자신들의 아이들(children) 이름을 Edward의 귀에 속삭이곤 했다.

5

정답 : d
[풀이] 109쪽~110쪽
"No free rides for rabbits." He turned and flung open the door of the railcar, and then he turned back and with one swift kick, he sent Edward sailing out into the darkness. ("토끼는 무료로 타면 안 돼." 그는 돌아서서 객차의 문을 활짝 열더니 재빨리 Edward를 발로 차 어둠 속으로 날려버렸어요.) 라는 문장을 통해 d. 화물차에 탄 한 남자가 Edward를 기차 밖으로 발로 찼다. 가 정답임을 알 수 있다.

a. 한 방랑자가 그들이 자는 동안 Edward를 훔쳤다.
b. Lucy가 Edward에게 했던 것처럼 다른 개가 Edward를 데려갔다.
c. 그들은 어느 날 Edward를 잊어버리고 남겨눈 재 떠났나.

6	정답 : c **[풀이] 116쪽** The old woman found a use for him. She hung him from a pole in her vegetable garden. ~ "Ain't a doubt in my mind that you can scare them off," the old lady said. Scare who off? Edward wondered. (여자가 Edward의 쓰임새를 찾아냈어요. 바로 채소밭에 있는 막대에 매달아 놓은 거였죠. ~ "네가 그놈들을 쫓아 버릴 수 있으면 좋겠어." 누구를 쫓아 버린다고? Edward는 궁금했어요.) 문장을 통해 c. 나이 많은 여자는 새들을 내쫓기 위해 Edward를 막대에 매달아 놓았다는 것을 알 수 있다. a. 그녀는 그녀의 아들 Bryce를 위로해 주려고 Edward를 사용했다. b. 그녀는 밭을 꾸밀 용도로 Edward를 사용했다. d. 그녀는 She used him to entertain the local children.
7	정답 : <u>Bryce</u> saved Edward and he felt <u>relief</u>(감정1) and <u>joy</u>(감정2) for being saved. **[풀이] 126쪽** Too late, thought Edward as Bryce climbed the pole and worked at the wires that were tied around his wrists. (너무 늦었다고 Edward는 생각했어요. Bryce는 막대에 기어올라 Edward의 팔목을 묶고 있던 철사를 풀어 주었어요.) ~ But when the last nail was out and he fell forward into Bryce's arms, the rabbit felt a rush of relief, and the feeling of relief was followed by one of joy. (하지만 마지막 못이 빠지고 Bryce의 품으로 떨어지자 Edward는 마음이 놓였고 즐거움도 느꼈어요.) 위 문장을 통해 Edward를 Bryce가 구해주었고 Edward는 안도감(relief)과 즐거움(joy)을 느낀 것을 알 수 있다.
8	정답 : | **Abilene**	→	**Nellie**	→	**Bull**	→	**Sarah Ruth**
---	---	---	---	---	---	---
Edward		Susanna		Malone		Jangles	
9	생략
10	정답 : c **[풀이] 157쪽~158쪽** Pellegrina? thought the dancing rabbit. She nodded at him. Look at me, he said to her. His arms and legs jerked. Look at me. You got your wish. I have learned how to love. (Pellegrina 할머니? Edward는 춤추며 생각했어요. 할머니가 고개를 끄덕였어요. Edward가 속으로 말했어요. '날 보세요.' Edward의 팔다리가 움직였어요. '날 보세요. 할머니가 소원을 빌었잖아요. 난 사랑하는 법을 배웠어요.') 문장을 통해 c. 그는 그녀가 그가 사랑하는 법을 배운 것을 알길 원했다가 가장 적절함. a. 그는 자신이 Abilene을 그리워했다는 것을 그녀가 알길 원했다. b. 그는 자신이 그녀를 싫어했다는 것을 그녀가 알길 원했다. d. 그는 다시 공주의 이야기를 그녀가 들려주길 원했다.

When You Trap a Tiger
(호랑이를 덫에 가두면)

워크북

워크북 원고 (PDF)

When You Trap a Tiger
(호랑이가 덫에 걸리면)

Author	Reading age	Print length	Lexile	Publication date
Tae Keller	9+ years	304 pages	590L	January 28, 2020

Winner of the 2021 Newbery Medal, New York Times Bestseller
Winner of the Asian/Pacific American Award for Children's Literature

한국계 미국인 작가 태 켈러, 2021 뉴베리 수상작
어머니 옥자 켈러를 잇는 이야기꾼의 탄생

When Lily and her family move in with her sick grandmother, a magical tiger straight out of her halmoni's Korean folktales arrives, prompting Lily to unravel a secret family history. Long, long ago, Halmoni stole something from the tigers. Now they want it back. And when one of the tigers approaches Lily with a deal—return what her grandmother stole in exchange for Halmoni's health--Lily is tempted to agree. But deals with tigers are never what they seem! With the help of her sister and her new friend Ricky, Lily must find her voice...and the courage to face a tiger.

(내용 출처 : amazon.com)

　　"할머니, 이야기 하나 해 주세요." 할머니는 웃음을 머금고 깊은 숨을 한 번 쉰 다음, 한국식 "옛날 옛날에"로 이야기를 시작했다. "옛날 옛날에, 호랑이가 사람처럼 걷던 시절에……" '조아여'(조용한 아시아 여자애) 릴리, 병든 할머니를 위해 '마법 호랑이'와 대결하다!
　　한국계 여성 작가 태 켈러(27)가 쓴 2021년 뉴베리상 대상 수상작 『호랑이를 덫에 가두면』(원제: When You Trap a Tiger, 2020)이 돌베개에서 출간되었다. 이미 한국에도 출간된 데뷔작 『깨지기 쉬운 것들의 과학』이 그랬듯, 태 켈러는 이번에도 사랑하는 가족을 위해 모험에 뛰어드는 한국계 미국 소녀를 주인공으로 등장시킨다.
　　릴리네 가족은 병에 걸린 외할머니를 돌보기 위해 캘리포니아에서 워싱턴주로 이사한다. 어느 날, 할머니의 「해님 달님」 이야기에서 튀어나온 것만 같은 호랑이가 릴리 앞에 나타나 솔깃한 제안을 한다. 옛날 옛날에 네 할머니가 훔쳐 간 것을 돌려주면 할머니를 낫게 해 주마. 릴리는 온 힘을 다해 달리기 시작한다. 할머니를 구하기 위해서, 사랑하는 가족을 지키기 위해서. 그러나 호랑이가 사람의 소원을 순순히 들어줄 리가!
　　『호랑이를 덫에 가두면』은 자신을 '투명 인간'이라고 정의하고, 언니로부터는 '조아여'(조용한 아시아 여자애)라고 불리는 릴리가 '마법 호랑이'와 밀고 당기는 줄다리기를 하는 과정 속에서, 마음 깊숙이 숨겨 둔 고통과 슬픔, 분노와 욕망, 드러내기 힘든 진실과 마주할 용기를 깨닫는 이야기다. 한편으로는 이야기의 힘, 가족의 마법, 자아 정체성 탐구, 강인한 한국 여성들에 관해 말한다.

(내용 출처 : yes24.com)

1. 주요 내용 (Main Points)

챕터	주요 내용
1	- 주인공 Lily, 언니 Sam, 엄마는 비가 내리는 와중에 할머니가 계시는 선빔 (Sunbeam)으로 운전해서 가고 있음. - 엄마와 Sam이 차 안에서 말다툼을 하는 동안 Sam은 창 밖을 쳐다보는데 호랑이 한 마리가 도로 앞에 앉아 있는 것을 봄. - 마치 할머니(Halmoni)가 자주 들려주는 이야기 속 호랑이 같아 보였음. - Lily 눈에만 호랑이가 보이고, 엄마와 Sam의 눈에는 보이지 않음.
2	- 할머니가 Lily가 사는 캘리포니아 집에 오면 호랑이 이야기를 해주었음. - Lily와 Sam은 할머니의 이야기를 듣는 것을 좋아함. - Lily, Sam, 엄마는 차를 세우고 비를 맞으며 할머니 집에 도착함. - 할머니는 집에 안 계심.
3	- 엄마는 할머니 집 문을 주먹으로 쳐서 문을 열었음. - 아빠가 자동차 사고로 돌아가시고, 3년간 할머니 집에서 식구들이 할머니와 함께 살았다는 사실이 언급됨. - 할머니 집에는 지하로 내려가는 계단이 있는데, 뭔가가 잔뜩 쌓여 있어서 입구를 막아 놓음. 엄마는 이상하다고 함. - 언니 Sam은 쌓여 있는 박스를 옆으로 밀고 다락방으로 올라가고 Lily도 따라 올라감. 둘이 대화를 나누는데 Sam은 갑자기 할머니가 사는 곳으로 이사를 와서 불만이 많음.
4	- 할머니가 장을 보시고 전보다 야위었지만 멋있는 차림으로 돌아오심. - 엄마는 할머니가 연락이 안 되어 걱정했다고 하고 빗속에서 운전하지 말라며 계속 해서 할머니에게 잔소리함. - 할머니는 Lily를 해님(sun)으로, Sam을 달님(moon)으로 애칭을 부르며 반갑게 맞이함. - 할머니는 돌아가신 분(아빠로 추정)을 위해 음식을 차리고 고사(kosa)를 지낼 준비를 함. - Lily가 할머니에게 호랑이를 봤다고 말하자, 할머니는 호랑이들이 자신을 찾고 있으며 과거 어린 시절에 자신이 호랑이에게서 무엇을 빼앗아 갔다고 말함.
5	- 할머니가 옛날 전래동화인 '해와 달이 된 오누이' 내용과 유사한 이야기를 들려줌. - (이야기 내용) 호랑이가 떡을 들고 있는 할머니에게 나타나 떡을 달라고 함. 떡을 다 주니 할머니를 먹고 두 여자아이(자매)에게 나타나 할머니 흉내를 냄. - 호랑이임을 눈치챈 자매는 도망가다가 하늘 신에게 살려달라고 빎. - 하늘 신이 하늘 왕국으로 자매를 올라오게 했지만, 일해야 한다는 조건으로 결국 언니는 달이 되고, 동생은 해가 됨.
6	- Lily는 자다가 깨어서 김치(kimchi)를 먹으려 계단을 내려가는데, 지하실 문을 가로 막았던 상자들이 옆으로 옮겨져 있고 지하실 문이 열려있는 점을 이상하게 여김. - 혼자서 어두운 지하실을 달빛만 보며 내려감. - 지하실에는 아무것도 없었음. 동물이 으르렁거리는 것 같은 낮은 소리에 놀라 급히 계단을 뛰어 올라 지하실을 빠져 나감. - 그 소리는 화장실에서 할머니가 내는 소리였음.
7	- 할머니가 화장실에서 구토하는 소리였음. - 할머니는 Lily에게 지난번에 말하려다가 말았던 호랑이에게서 자신이 훔친 것이 무 엇인지 이야기를 해주겠다고 함.
8	- Lily는 할머니 침실에 누워 할머니가 들려주는 옛날 이야기를 들음. - 할머니는 이야기들이 별로 만들어졌다고 하고 호랑이들이 갖고 싶어 한다고 함. - 할머니는 어린 시절 한국에 있을 때, 슬픈 한국 역사 이야기, 슬픈 이야기를 들으면서 좋은 결말만 있는 이야기만 있으면 좋겠다고 생각하게 됨. - 할머니는 나쁜 이야기라고 생각한 하늘의 별들을 유리 단지(jar)에 넣고 호랑이들이 못 쫓아오게 호랑이들이 자고 있는 동굴 입구에 바위를 쌓았다고 함. - 할머니의 그런 행동(별을 훔친 것)에 호랑이들이 화가 나서 할머니를 잡으러 미국 까지 왔다고 함.

챕터	주요 내용
9	- 할머니 이야기를 듣고, Lily는 자신이 도로에서 본 호랑이가 할머니를 쫓는 호랑이라고 생각하고, 할머니를 보호할 계획이 필요하다고 생각함. - 엄마는 할머니는 미국에 이민 와서 떡을 파셨다고 하고 할머니의 엄마를 찾아보려고 했는데 못 찾으셨다고 함. - 엄마는 면접을 보러간다고 하고, Lily에게 도서관에 가 보라고 함. - Lily는 도서관에 가서 호랑이에 관한 자료를 찾고 할머니를, 우리를 지킬 방법을 찾기로 다짐함.
10	- 도서관 안내 데스크에 앉아 있는 노년의 남자 Joe는 Lily에게 할머니(애자)는 좋은 분이고 자신이 빚을 졌다고 이야기를 함. - Lily가 도서관에서 호랑이에 관한 책을 찾는다고 하자, Jensen이라는 언니가 도서관도 구경시켜 주고 책 찾는 것을 도와준다고 하며 이야기를 나눔. - 도서관 직원 휴게실에서 Jensen은 Joe가 만든 초콜릿 컵케이크를 Lily에게 건내 주기도 함. - 도서관에서는 Lily가 찾는 호랑이에 관한 옛날 이야기 책을 발견하지 못함.
11	- Lily와 부딪친 백인 남자 아이 Ricky를 Jensen이 소개시켜 줌. - Ricky는 자신은 만화 중 슈퍼맨 시리즈를 좋아한다고 함. - Lily가 호랑이 책을 찾고 있다고 하자, Ricky는 자신의 증조할아버지가 호랑이 사냥꾼이셨다고 말함. - 도서관에서 Lily는 호랑이를 분명히 보았다고 생각함.
12	- (할머니 집) 점심도 거르고 주무시는 할머니를 깨운 Lily는 할머니에게 호랑이를 또 봤다고 하자, 할머니는 Lily에게 약초 한 다발을 주고 주머니에 넣고다니면 Lily를 지켜 준다고 말함. - 할머니는 진주 펜던트가 달린 목걸이를 풀어서 Lily의 목에 걸어 주기도 함. - 할머니는 장을 보러 가자고 하시며 나쁜 영혼들이 우리에게 못 오게 하자고 함. - 할머니, Sam, Lily는 마트에 도착하자, 할머니를 아는 사람들이 와서 할머니와 이야기를 나눔. - Lily는 언니 Sam에게 할머니에게서 들은 호랑이 이야기(할머니가 호랑이들의 이야기 '별'을 훔쳐서 단지에 숨겼고 호랑이들이 화가 남)를 들려줌. - 마트에서 Ricky를 만난 Lily는 몰래 선반 쪽에 숨어서 Ricky와 Ricky 아버지의 대화를 엿듣다가 진열된 상자들이 무너져서 Ricky 가족들 앞으로 넘어짐. - 이때 할머니가 Ricky 아버지와 인사를 나누며 쓰러진 선반과 상자들을 함께 정리함.
13	- 할머니가 운전을 하고 집으로 돌아가는 길에 비가 내리기 시작함. - 할머니가 운전하시면서 기침을 하고 몸을 떨며 창백해 보임. - 이때 Lily는 할머니가 보는 쪽에 호랑이가 서 있는 것을 봄. 할머니는 차를 급히 세우고 기침을 하시고 차 문을 열고 구토를 함. - Sam이 엄마에게 전화를 걸자 엄마가 급히 달려옴. - 엄마는 가방에서 알약을 꺼내 할머니에게 먹임.
14	- (할머니 집) 한밤중에 잠에서 깬 Lily는 아래층으로 내려감. - Lily를 호랑이와 마주하게 됨. 꿈이라고 하기에는 너무 생생하다고 Lily는 생각함. - 호랑이는 할머니가 훔친 별들을 찾으러 왔고 그것만 돌려주면 할머니는 건강해 질 거라는 거래를 제안함.
15	- 다음날 Lily는 할머니와 엄마의 대화를 우연히 엿듣게 됨. - 엄마는 치료를 받고 포기하지 말자고 할머니에게 이야기하며 눈물을 흘리고 있음. - 엄마가 우는 모습에 Lily는 할머니가 심각한 병에 걸렸다는 것을 알게 됨. - 엄마는 Lily는 발견하고는 할머니가 뇌종양이 있으시고, 환각 증세(꿈과 현실을 혼동), 메스꺼움 등 증상이 있다는 것을 이야기함. - Lily는 호랑이를 만나 할머니를 낫게 해야겠다고 생각함.

챕터	주요 내용
16	- Lily는 언니 Sam에게 할머니를 낫게 할 수 있는 방법으로 호랑이 이야기를 꺼내자 Sam은 현실도 힘든데 호랑이 이야기를 그만 좀 하라고 날카롭게 말함. - Lily는 엄마가 멈춰 세우려 했지만 도서관으로 달려감 - 도서관에서 근무하는 Joe는 Lily에게 컵케이크 빵 바자를 해서 기금을 모으는 아이디어를 제공해줘서 좋은 아이디어라고 이야기함. - Lily는 Ricky와 Jensen을 도서관에서 만남. Ricky는 Jensen에게 과외수업을 듣고 있었음. - Lily는 Ricky의 증조할아버지가 호랑이 사냥꾼이었다는 것을 언급하며 어떻게 하면 호랑이를 잡을 수 있는지 Ricky에게 물어봄. - Ricky는 호랑이를 잡을 덫을 만들자고 하고, 만화책에서 많이 배웠다며 자기도 함께 호랑이를 잡는데 동참하겠다고 함. Ricky는 Lily의 집에 준비물을 챙겨서 가겠다고 함
17	- Lily를 잡으러 도서관에 온 Sam은 Jensen과 인사를 나눔. - Sam과 Jensen은 초등학교를 같이 다닌 친구였음. Jensen과 Sam은 서로 연락처를 주고받음. - Ricky와 Lily도 전화번호를 몰래 교환함. - 언니 Sam은 Lily에게 말하다가 갑자기 집을 나가서 미안하다고 사과함.
18	-(할머니 집) Ricky는 Lily의 집에 도착하는데 호랑이 덫으로 사용할 긴 밧줄, 위장 전투복, 위장용 모자를 쓰고 옴. - Sam은 엄마에게 허락도 받지 않고 Ricky가 집으로 와서 걱정이 되었는데, 비밀로 해주기로 함. - Ricky와 Lily는 지하실에 호랑이 덫을 놓기로 하고 지하실로 내려감. - Ricky는 지하 입구에 쌓여 있는 상자들을 밧줄로 묶어서 호랑이를 잡자고 함. - Lily와 Ricky는 종이 박스를 지하로 옮기기 시작함. 이때 Ricky가 무거운 상자를 들고 옮기다 상자가 바닥에 떨어지고 뭔가가 깨지는 소리가 남. - 부서진 것은 없고 프라이팬끼리 부딪친 소리였음. - 상자 속 냄비들을 정리하다 Lily는 할머니가 이야기하시던 유리 단지(jar)를 발견함.
19	- Lily는 '별이든 단지'라고 부르며 유리 단지 3개를 박스에서 꺼냄. - Lily는 Ricky에게 호랑이 덫을 만드는 이유가 할머니가 아프신데 호랑이를 무서워하셔서 기분을 나아지게 돕고 싶다는 정도로 이야기를 함. - Ricky는 호랑이를 유인하기 위해서는 소고기 미끼가 필요하다고 했음. Lily는 가상의 덫이라서 그건 안 할 거라고 말함. - Lily는 유리 단지들을 다락방의 침대 밑에 숨김.
20	- 언니 Sam은 Lily에게 Ricky와 무슨 사이냐고 물어보며 좋아하는 사람 있으면 머리하는 법 좀 배우라고 머리를 다시 묶어 줌. - Sam과 Lily는 '해와 달이 된 오누이' 이야기 속 주인공 이야기를 나눔. - Sam은 해와 달이 되어서 서로가 영영 함께 할 수 없는 '슬픈 이야기'라고 했고, Lily는 호랑이에게 잡아 먹히지 않고 하늘에 같이 영원히 있을 수 있게 되어 결말이 해피엔딩이라고 이야기함.
21	- Lily는 늦은 밤 유리 단지를 들고 지하로 내려가서 호랑이를 기다림. - 잠시 잠에 들었다가 깨어보니 호랑이가 상자에 둘러싸인 채 덫에 걸려있음. - 호랑이는 Lily를 시험해 본다고 하고 덫에 있었다고 말함. - 호랑이는 유리 단지 뚜껑을 열면 할머니가 나을 거라는 제안을 다시 이야기함. - Lily는 결국 단지의 뚜껑을 엶.

챕터	주요 내용
22	- 호랑이는 단지의 뚜껑이 열리자 입을 벌려 별들을 흡입하고 난 뒤, Lily가 할머니에게서 듣지 못했던 호랑이 이야기를 들려줌. - (호랑이가 들려주는 이야기) 두 세계(호랑이, 사람)를 품은 여자아이가 태어났고 호랑이에서 사람으로, 사람에서 호랑이로 마음대로 변할 수 있음. - 여자아이는 두 세계 어디에도 제대로 속하지 못하고 아이를 낳게 됨. 낳은 딸도 엄마와 똑같이 두 세계를 품는 마법(저주)을 물려받음. - 여자는 자신의 딸은 둘로 쪼개진 삶을 살게 하지 않게 해달라고 하늘 신에게 빌었음. - 하늘 신은 여자에게 하늘 공주로 살면 소원을 들어주겠다고 함. - 여자가 딸과 헤어지기 전에 울었던 눈물방울이 진주가 되었고, 그 진주가 아이의 목걸이 펜던트가 됨. - Lily는 할머니가 자신에게 준 펜던트 목걸이를 만지고 혹시 할머니 이야기인지 호랑이에게 물어봄. - 호랑이는 옛날이야기이고 누구 이야기였는지는 중요하지 않다고 대답함. - 호랑이는 내일 다른 단지를 들고 오라고 함. 떡도 들고 오라고 했음.
23	- 다음날 Lily는 할머니에게 떡을 만들자고 말함. - 엄마는 할머니가 오늘 컨디션이 좋다고 하자 Sam은 점심때 다 같이 외식을 하러 나가자고 함. - 아시아 음식점에 도착한 가족들은 종업원에게 음식 주문을 함. - 할머니는 손녀들에게 엄마가 어릴 적에 남자친구가 많았다고 함. 엄마는 할머니가 아빠에게 준 밀크쉐이크에 진흙을 넣어서 줬다고 함. - 할머니는 아빠가 엄마를 뺏어갔다는 표현을 쓰며 엄마가 철이 없다고 말함. - 종업원이 요리를 들고 와서 다 같이 먹으려고 하자 할머니가 고사를 지내야 한다며 돌아가신 아빠(Andy)를 찾고 알아들을 수 없는 한국말을 함. - 옆 테이블에 가서 한국 자장가를 부르며 손님의 접시를 들기도 하고, 식당 전체가 소란스러워 짐. 그러다 할머니가 어떤 손님의 접시를 바닥에 떨어뜨려 깨짐. - 엄마와 가족들 모두 식당을 급히 나옴.
24	- 집으로 돌아오는 차 안에서 엄마는 할머니 증세가 좋지 않고 남은 시간이 몇 달, 또는 몇 주일 수 있으니 할머니와 좋은 시간을 보내려고 이사를 왔다고 딸들에게 이야기함. - 치료 방법이 있는데 할머니가 거부한다고 하자, Sam은 할머니가 어떻게든 치료받게 하자고 말했지만 엄마는 하늘의 뜻에 맡기고 할머니 의견을 존중하자고 말함. - Lily는 집에 돌아와서 엄마에게 오늘 꼭 떡을 만들자고 했으나 엄마는 내일 만들자고 함. - Lily는 Ricky에게 전화를 걸어 집에 가도 되냐고 물어봄.
25	- Lily가 엄마에게 Ricky 집에 간다고 하니 차로 데려다 줌. - Ricky네 집은 큰 저택으로 부유함. - 엄마는 Ricky 아버지와 서로 아는 사이이며 문 앞에서 인사를 나눔. - Ricky는 Lily가 도서관에서 열리는 빵 바자회를 위해 떡을 만들자고 전화한 줄 알고 있음. Lily는 그렇다고 대답함. - Lily와 Ricky는 부엌에 들어가서 떡 만드는 방법을 검색한 뒤 집에 있는 재료로 호랑이에게 줄 떡을 만듦.
26	- (할머니 집) 새벽에 Lily는 호랑이를 만나기 위해 준비한 떡과 유리 단지를 들고 지하실로 내려가려던 참에 언니 Sam이 무언가를 만지작거리는 모습에 멈춤. - Sam은 침대 틀에 밧줄을 묶음. - Sam은 아침 전에 돌아온다고 하며 배낭을 챙겨서 밧줄을 타고 창문 밖으로 내려감. - Sam은 어디로 가는지 이야기하지 않았고, Lily 역시 아래층에 내려가려는 이유를 말하지 않음. - 둘은 자매간 새끼손가락을 걸고 각자의 일을 비밀로 하기로 함.

챕터	주요 내용
27	- 호랑이와 마주한 Lily는 호랑이에게 자신이 만든 떡을 주고, 유리 단지를 열자 호랑이가 이야기를 시작함. - (호랑이가 들려주는 이야기) 옛날에 바닷가에서 할머니와 함께 살던 여자아이는 할머니가 불러주는 노래를 들으며 엄마에게 물려받은 진주 목걸이를 만지작거림. - 어느 밤, 할머니의 손녀(여자아이)가 차를 따르다가 찻잔이 손에 미끄러져서 찻잔이 깨어지고 난 뒤, 손녀의 손이 호랑이 털로 변하더니 서서히 소녀는 반은 인간, 반은 호랑이로 모습이 변함. - 결국 할머니의 딸이 걸렸던 저주와 똑같은 저주에 손녀도 걸림. - 호랑이가 된 손녀는 결국 할머니를 떠났고, 할머니는 손녀가 그리워서 보름달이 뜨는 밤마다 선반에 있는 단지를 꺼내 그 속에 마음을 속삭이게 됨. - 할머니는 한 달에 한 번씩 단지를 넓은 바다로 띄워 보내며 손녀에게 자신의 사랑이 닿을 기리고 믿음. - Lily는 이 손녀가 호랑이가 말해 준 첫 번째 이야기에 나온 호랑이 여인의 딸이냐고 묻자, 호랑이는 그런 것 같다고 말함. - 호랑이는 내일 만날 때 마지막 3번째 유리 단지를 들고 오라고 함.
28	- Lily는 호랑이와 만나고 난 뒤, 단지를 손에 들고 조용히 다락방으로 올라가려는데, 소파에서 자고 있던 엄마가 깸. - 엄마는 냉장고 속 김치를 꺼내어 Lily에게 김치를 건네줌. - 엄마는 Lily가 들고 있는 유리 단지를 보고 어디서 찾았냐고 묻자, Lily는 할머니 옛날 물건 사이에서 찾았다고 함. - 엄마는 더 이상 이야기를 하지 않고 다시 잠을 청함.
29	- 늦잠을 잔 Lily가 1층으로 내려가는 계단에 생쌀이 계단에 흩뿌려져 있음. - 내려가 보니 엄마, 할머니, 언니 Sam이 함께 맛있는 한국 요리를 즐거운 분위기 속에서 만들고 있음. - 할머니는 Lily에게 영혼들이 말한다며 '조심해'라고 이야기를 함. - 할머니는 Lily의 진주 목걸이를 보며 갑자기 누가 준 거냐고 묻고, Lily를 '호랑이'라고 말함. 할머니는 순간 Lily를 기억하지 못함. - 다시 정신이 든 할머니는 방에 쉬러 들어감. - Sam은 도서관에 가야 한다며 Lily에게 같이 가자고 함.
30	- 도서관에 Sam과 Lily가 도착하니 Ricky는 두 남자아이와 함께 있고, Jensen이 둘을 반갑게 맞이함. - 도서관에 근무하는 Joe가 걱정스러운 표정의 Lily를 보고 무슨 일인지 물어봄. - Ricky는 자기 친구들 2명을 Lily에게 소개시켜 줌. - Ricky의 친구 중 한 명이 Lily의 할머니를 미친 마녀 할머니라고 말하자, Lily는 Ricky가 자신을 변호해 주지 않아서 속상함. - 오히려 Ricky가 할머니가 아파서 환각이 보인다고 하여 Lily의 마음을 더 불편하게 함. - Lily는 푸딩을 먹고 싶어 하는 Ricky의 친구를 대신해서 가져오겠다고 하고 그 자리에서 나옴.
31	- Lily는 할머니를 마녀라고 한 Ricky의 친구들을 말리지 않은 Ricky에게 복수를 하기로 결심함. - Lily는 비가 내리는 도서관 밖에 나와서 Ricky의 푸딩에 진흙을 넣음. - Lily 앞에 호랑이가 나타나서 Lily가 진흙을 넣는 모습을 보고 Lily 마음속에도 호랑이가 있다고 말하고는 사라짐. - 푸딩을 건네받은 Ricky는 맛이 이상하다고 하자 Lily가 진흙을 넣었다고 말하고는 도서관을 뛰쳐나감.

챕터	주요 내용
32	- 할머니 집으로 돌아간 Lily는 엄마가 울어서 빨개진 눈으로 할머니에게 드릴 쌀을 찾고 계신 모습을 봄. - Sam은 곧이어 집으로 들어오며 Lily가 진흙을 넣은 푸딩을 Ricky에게 건넨 사실을 엄마에게 알림. - 엄마는 Lily에게 그러지 말라고 하며, Ricky의 아버지가 운영하는 공장에 일자리가 생겨서 안도했다고 말하며 아쉬워함. - Lily는 친구들이 할머니를 마녀라고 해서 그런 행동을 했다고 하자, 엄마가 Lily에게 자신도 어릴 때 할머니는 특이하고 이상하다는 소리를 듣고 자랐다고 말하며 그런 할머니 모습도 받아들여야 한다고 이야기함. - 엄마는 어릴 때 혼자서 할머니가 자신을 키우셔서 함께 많은 시간을 못 보낸 것이 그때는 힘들었지만, 지금은 엄마와 할머니와의 관계도 변했다고 말하며 Lily를 위로해 줌.
33	- 다락방으로 올라간 Lily에게 Sam은 왜 Ricky에게 진흙을 먹게 했는지 재차 물음. - Lily는 그 이유를 말하지 않음. - Sam은 자신도 할머니가 죽어가는 이 상황이 너무 싫다고 말함. - 언니 Sam이 잠자리에 들자, Lily는 3번째 유리 단지를 들고 지하실로 내려가서 호랑이를 기다림. - 아무리 불러도 호랑이는 나타나지 않음.
34	- 다음 날 아침 엄마는 Lily에게 Ricky네 집에 사과를 하러 가자고 함. - 엄마는 Lily가 주머니에서 약초를 만지작거리는 것을 보고 할머니가 복용하는 약초라며 그 약초가 유독 생생한 꿈이나 악몽을 일으킨다고 보는 사람들도 있다고 말함. - Lily는 속으로 자신이 본 호랑이는 진짜라고 말함. - Ricky네 집에 도착한 Lily는 Ricky에게 진흙이 들어간 푸딩을 줘서 미안하다고 하자 Ricky도 할머니를 마녀라고 하고 할머니가 아픈 것을 친구들에게 알려서 미안하다고 하며 서로 웃으면서 화해함. - Ricky와 Lily는 호랑이 사냥에 관해 이야기 나누며 Ricky는 다음번 호랑이 사냥에 자신을 데리고 가달라고 말함.
35	- Lily는 지하실에 내려가서 호랑이를 기다렸지만, 호랑이는 나타나지 않음. - Lily가 지하실에 올라와서 화장실에서 나는 소리에 문을 젖히자 할머니가 구토하고 난 뒤였음. - 할머니는 변기 뚜껑에 앉아서 Lily에게 호랑이에 관한 이야기를 해줌. - 할머니는 한국에서 가난하게 살던 어린 시절 이야기를 해주며 슬프고 화나는 이야기들이 많아서 이야기를 전해 주고 싶지 않은 것들도 있다고 함. - Lily는 자신이 만난 호랑이가 별을 담은 유리 단지를 다 열면 할머니가 괜찮아 질 거라고 말했다고 할머니에게 전달함. - 할머니는 그 유리 단지들은 할머니가 지금 살고 있는 Sunbeam(선빔)에서 열린 벼룩 시장에서 산 싸구려 단지라고 말함. - 이 말을 듣고 Lily는 처음에는 할머니의 말을 믿지 않고 할머니가 기억을 잃어버리셨을 수도 있다고 생각하고 재차 어디서 단지를 구했는지 물음. - Lily는 할머니에게 그동안 호랑이와 있었던 일을 이야기를 하고 나머지 단지 1개만 열면 할머니가 나을 거라고 하자 할머니는 그렇게 하지 말라고 하며, 여기가 끝이라고 말하고 이제는 때가 되었다는 이야기를 함. - Lily는 아직 때가 되지 않았다며 할머니에게 병에 맞서 강해지시라고 말함. 할머니는 이제는 그럴 기운이 없고 더는 싸우기 싫다고 함.

챕터	주요 내용
36	- Lily는 마지막 남은 유리 단지를 손에 쥐고 다락방으로 올라감. - 아직 Sam은 집에 오지 않음. - Lily는 유리 단지 3개를 품에 안고 침대에 누움. - Lily는 혼잣말로 호랑이에게 왜 안 나타나냐고 소리를 지름. - 이때 Sam이 밧줄을 타고 창문을 통해 들어옴. - Lily는 갑자기 첫 번째, 두 번째 유리 단지를 벽에 던져 깸. 후련한 기분을 느낌. - Lily는 자신이 쑥을 먹고 꾼 꿈이나 스트레스 때문에, 또는 너무 할머니를 살리고 싶은 간절함 때문에 스스로 만들어 낸 이야기일지도 모른다는 생각을 하며 세 번째 유리 단지까지 깨뜨림.
37	- Lily가 유리 단지를 다 깨뜨렸을 때 엄마와 언니가 달려옴. - 엄마는 Lily를 감싸 안고 할머니는 Lily의 모습을 보고 쓰러짐.
38	- 할머니가 쓰러져서 119를 부르고 엄마는 할머니와 함께 병원에 감. - Sam과 Lily는 집에 남아서 미처 말하지 못한 이야기를 나눔. - Sam이 밤에 쌀을 집안 계단에 뿌리고 다녔는데 그러면 가족이 안전할 거라는 할머니 말을 듣고 했다고 말함. - Sam이 쌀 뿌리는 일을 도서관에서 만난 Jensen이 함께 도와주었다고도 함. - Sam과 Lily는 할머니가 있는 병원으로 가기 위해 Sam이 운전을 하기로 하고 폭풍우가 내리는 밖으로 나감.
39	- 집 밖은 비가 억수같이 쏟아지고 있음. - Sam은 운전을 하다 운전하기 두려워서 떨기 시작함. 결국 차를 갓길에 세움. - Sam은 처음으로 아빠에 대한 기억, 추억에 대해 Lily에게 이야기를 해줌. - Sam은 아빠가 매워서 눈물을 흘리면서도 김치를 먹고, 자기 전에 아빠가 좋아하는 그림책을 매번 읽어주던 기억 등을 이야기함. - Sam은 이런 아빠와의 기억을 동생 Lily에게 이야기하면 그런 기억들이 사라져 버릴까봐 이야기를 하지 않았다고 하며 울기 시작함. - Lily는 호랑이가 자신 앞에 계속 나타났다고 말하며, 어쩌면 Sam 말처럼 정신적으로 스트레스를 많이 받아서 그랬을 수도 있다고 말함. - 그러자 Sam은 Lily가 할머니를 살릴 마법을 포기 안 하는 것이 대단하다고 말하며, 앞으로는 함께 어려움을 맞서자고 말함. - 이때 Lily는 비가 와서 운전을 제대로 할 수도 없는 상황에서 좋은 생각이 하나 떠오름.
40	- Lily가 달려간 곳은 호랑이가 좋아하는 장소인 도서관이었음. - Lily는 Sam에게 차 안에서 잠시 기다리라고 하고, 도서관 창문을 통해 도서관 안으로 들어감. - Lily 앞에 결국 호랑이는 나타났고, 호랑이는 자신을 따라오라고 하며 도서관 밖으로 나감. - Lily는 다시 차에 타고 Sam과 함께 호랑이를 천천히 따라감. - 호랑이가 있는 주위는 비가 안 오고, 다른 곳은 세찬 비가 내림. - Sam이 자신의 눈에는 호랑이가 보이지 않는다고 말하자, Lily는 할머니가 자신에게 준 목걸이를 목에서 풀어서 Sam에게 걸어 줌.
41	- 호랑이는 Lily와 Sam을 할머니가 계신 병원으로 데리고 감. - 할머니는 병실 침대에 누워 계심. - 할머니는 Sam에게 먼저 따로 이야기하고 싶다고 해서 Lily와 엄마는 병실 밖을 나옴. - Lily는 엄마 몰래 병원 입구 쪽으로 가서 호랑이를 만남. - Lily는 자신이 단지를 다 깨서 할머니를 못 살린다고 말하자, 호랑이는 그렇지 않다고 말하며 할머니의 이름인 '애자'와 '우리 가족'이라는 말을 함. - Lily는 호랑이에게 할머니의 엄마냐고 묻자, 호랑이는 대답하지 않고 사라짐.

챕터	주요 내용
42	- Lily가 할머니가 누워계신 병실에 들어가자 할머니는 자신의 엄마가 보이고 드디어 자신을 찾으러 왔다고 말함. - Lily도 할머니 엄마를 본 것 같다고 말함. - 할머니는 자신은 (떠날) 준비가 되었다고 말하며, 엄마와 할머니가 병실로 들어옴. - 할머니는 Lily에게 이야기를 하나 해달라고 함.
43	- Lily는 '해와 달이 된 오누이' 내용을 자신만의 이야기로 각색해서 할머니에게 이야기해 줌. - (Lily의 이야기) 두 소녀가 할머니와 함께 사는데, 할머니가 평소보다 늦게 집에 와서 문을 열어 달라고 함. - 두 자매는 할머니가 아닌 다른 모습에 두려워하자, 하늘 신이 두 자매를 하늘로 올라오게 함. - 두 자매는 하늘 신의 증손녀였음. 하늘 신, 즉 하늘 호랑이는 유리 단지를 보여주며, 열어 보라고 함. - 유리 단지를 열자 수많은 다양한 이야기들이 흘러나옴. - 하늘 신은 이제 자매의 이야기를 해 보라고 함. - 자매는 할머니 이야기를 함.
44	- 할머니는 이야기를 다 듣고 미소를 띠며 눈을 감음.
45	- 할머니가 돌아가시고 일주일이 지나자 Lily는 도서관에서 열 예정인 바자회가 떠오름. - Lily는 엄마와 Sam에게 도서관 바자회에서 할머니가 하는 고사(gosa)처럼 먹을 것을 차리고 사람들과 함께 나누자고 함. - 엄마는 그렇게 하자고 하며, 분주히 바자회에 들고 갈 음식들을 반죽하기 시작함.
46	- 할머니 고사가 도서관에서 열림. - 할머니와 인연을 맺은 사람들이 조의를 표하고 이야기를 나눔. - Ricky와 Jensen도 도와줌. - Sam은 Lily 곁에 나란히 앉아서 이야기를 하나 해달라고 함. - Lily가 옛날이야기를 하는 것으로 글은 마무리 됨.

2. 어휘 및 표현 (Words & Expressions)

책에 제시된 문장을 읽고 **밑줄 친 어휘 및 표현**의 뜻을 유추해서 적으시오.

챕터	쪽수	어휘 및 표현	뜻	책에 제시된 문장
1	1	**invisible** [invízəbl]		I can turn **invisible.** 나는 투명인간이 될 수 있다. (주인공 Lily가 자신을 보이지 않는 존재로 변신할 수 있다고 말함)
	2	**invisibility** [invìzəbíləti]		I wrap myself in **invisibility.** 나는 내 몸을 투명함에 감싼다.
	2	**come in handy**		And the truth is, my power can **come in handy**. 그리고 이 능력이 실제로 가끔 쓸모가 있다 (Lily가 존재감이 없는 자신이 사실은 도움이 될 때도 있다고 표현함)
1	3	**be all edges**		Mom **is all edges.** 엄마는 몹시 초조해한다. (언니 Sam이 엄마에게 아주 불손하게 하자 엄마가 기분이 나빠진 상태)
	4	**creature** [kríːʧər]		There's a **creature** lying on the road ahead. 길 앞에 엎드려 있는 생명체가 있다. (Lily가 도로에서 갑자기 호랑이를 보게 되는 데 그 호랑이를 말함)
2	8	**shiver** [ʃívər]		Every time I heard them, they'd give me **shivers.** 내가 그 이야기들을 들을 때마다 나에게 떨림을 주곤 했다. (할머니가 이야기를 시작할 때마다 '옛날, 옛날에 호랑이가 사람처럼 걸어 다녔을 때'라고 시작을 했기 때문에 그 소리를 들을 때마다 오싹하게 한다는 말)
	11	**infinity** [infínəti]		I want to take this moment and stretch it to **infinity.** 나는 이 순간을 잡아서 영원히 가져가고 싶다. (엄마가 할머니 집으로 비를 맞으면서 뛰어가는 모습을 보고 Sam과 Lily는 마주 보며 웃는 그 순간이 좋아서 하는 말)
3	14	**sneak out** [sniːk]		She probably **snuck out** to party with her friends. 그녀는 아마도 친구들과 파티에 갈려고 몰래 빠져나왔을 거야. (엄마가 할머니 집 문이 잠기자, 창문으로 들어가는 것을 보고 Sam이 한 말)

챕터	쪽수	어휘 및 표현	뜻	책에 제시된 문장
3	20	**QAG** **(Quiet Asian Girl)**		You're being a **QAG.** 너는 QAG이다. (언니 Sam이 말이 없는 동생 Lily에게 하는 말)
	21	**rock the boat** [bout]		You don't have to be so afraid to **rock the boat,** you know. 있잖니! 너는 소란을 일으키는 것에 대해 그렇게 두려워할 필요가 없어 (언니 Sam이 동생 Lily에게 마음을 표현해도 된다는 말을 하기 위해 하는 말)
4	25	**gravity** [grǽvəti]		She's like **gravity.** 그녀는 중력과 같다. (할머니는 남들이 모두 그녀를 좋아하게 만들기 때문에 물체를 끌어 당기는 '중력'과 같다는 표현을 씀)
	28	**auspicious** [ɔːspíʃəs]		Today is not **auspicious** day. 오늘은 길일이 아니다. (엄마가 지하실 문 앞에 있는 물건들을 옮기자고 하니 할머니가 하는 말)
	29	**kosa**		I want to hear about that, but first, time for **kosa.** 나는 그것에 대해 듣길 원해, 그러나 먼저 고사 지낼 시간이야. (Lily가 할머니에게 할 말이 있다고 하자, 먼저 고사를 지내자고 하심)
5	37	**gobble** [gɑ́bl]		But Halmoni was out of treats, so he **gobbled her up**, swallowed her whole, like a rice cake. 그러나 할머니는 줄 음식이 없었고 그러자 그(호랑이)는 할머니를 먹어 치웠다. (언덕에서 호랑이를 만난 할머니는 호랑이에게 떡을 주었으나 떡이 다 사라지자 호랑이가 할머니를 잡아먹는다.)
	39	**banish** [bǽniʃ]		He didn't want to hear a tiger's story, so the tiger was **banished.** 그(하늘의 신)는 호랑이의 이야기를 듣고 싶어하지 않았고 그래서 호랑이는 추방되었다. (할머니를 잡아먹고 두 자매를 뒤쫓던 호랑이는 신에 의해 제거된 상황.)

챕터	쪽수	어휘 및 표현	뜻	책에 제시된 문장
6	40	**railing** [réiliŋ]		I walk out of my room and down the stairs, gripping the **railing, squinting** in the dark, trying to see through the shadows. 나는 방에서 나와 계단을 내려가며 난간을 꼭 잡고 어둠 속에서 보려고 눈을 찡그렸다. (어둠 속에서 잠이 깬 Lily가 이층 방에서 조용히 아래층으로 내려가면서 어둠 속에서 무엇인가를 보려고 눈을 찡그리는 모습)
	40	**squint** [skwint]		
7	45	**get in the way of**		Nothing **gets in the way of** beauty sleep. 아무것도 미용을 위한 잠을 방해할 수 있는 것은 없다. (할머니는 12시간 정도로 잠을 많이 자는 편이고 아무것도 그녀의 미용을 위한 잠을 방해할 수 있는 것이 없을 정도로 잠을 중요시했음을 의미함)
	47	**stomach flu** ['stəmək] [fluː]		Everybody gets the **stomach flu**, even halmonis. 위장염은 누구나 앓을 수 있다. 할머니들도 앓을 수 있다.
8	49	**soothe** [suːð]		She used to this when I was little, to **soothe** me during the scary parts of her stories. 내가 어릴 때, 할머니는 이야기의 무서운 부분에서 나를 안심시키기 위해 이렇게 하곤 했다. (할머니가 이야기를 하면서 무서운 부분이 나오면 손녀들을 안심시키기 위해 손녀들의 손을 잡고 손의 생명선을 손가락으로 그어주곤 한 상황)
	51	**shudder** ['ʃʌdər]		I **shudder**, imagining the tigers **clawing** on the other side. 나는 (벽의) 반대편을 발톱으로 긁는 호랑이들을 상상하며 몸을 떨었다.
		claw [klɔː]		
9	54	**sneak up (on)** [sniːk]		You're so quiet, always **sneaking up on** me. 너는 너무 조용히 항상 살금살금 다가오잖아 (Lily는 자신의 의도와는 달리 너무 조용히 다가가서 엄마를 놀라게 하는 경우가 종종 있다고 엄마가 한 말)

챕터	쪽수	어휘 및 표현	뜻	책에 제시된 문장
9	58	shove down [ʃʌv]		A flash of annoyance flares up in me, but I **shove** it **down.** 순간 짜증이 치밀어 올랐지만 나는 꿀꺽 삼켰다. (엄마가 자신이 차를 싫어한다는 것을 모르는 상황에 화가 났지만 참는 모습을 표현)
10	64	jealousy [dʒéləsi]		The **jealousy** that bubbles up startles me. 부풀어 오르는 질투가 나를 깜짝 놀라게 한다. (Lily는 할머니가 많은 사람으로부터 사랑을 받는다는 말을 듣고 갑자기 일어난 질투라는 감정에 당황해함)
	69	flick [flik]		I catch a **flick** of a tiger tail. 나는 호랑이 꼬리가 휙 움직이는 것을 본다. (도서관에서 만난 Jensen과 이야기 도중 호랑이의 움직임을 포착한 Lily)
11	71	sticky [stíki]		I can tell he's one of those **sticky** people. 나는 그에게 사람들이 잘 붙을 것이라는 것을 알 수 있다. (Lily는 Ricky를 도서관에서 처음 보자마자 그의 외모와 말투를 통해 외향적이고 친구들이 많을 것이라고 느낌)
	72	chime in [tʃaim]		Thankfully, Jensen **chimes in.** 고맙게도 Jensen이 대화에 끼어들었다. (도서관에서 처음 만난 Ricky가 Lily에게 계속 말을 걸자, Jensen이 끼어들며 대화를 마무리해 준 장면)
12	76	wobble [wάbl]		She smiles, but her words **wobble.** 그녀는 미소 짓지만, 말소리가 떨린다. (Lily의 불안을 잠재우기 위해 할머니는 미소 짓지만 말은 떨림)
	83	for some reason		**For some reason**, I don't stop myself. 어째서인지 나는 나 자신을 멈추지 못했다. (어떤 이유에서인지, 계속 엿듣고 있는 Lily 자신을 가리키는 말)
13	89	sarcasm [sάːrkæzm]		"Thanks," I say with **sarcasm** I learned from her. "고마워" 나는 그녀에게서 배운 빈정거리는 말투로 말했다. (Lily는 고맙지 않은데 고맙다는 반어법을 써서 언니 특유의 비꼬는 말투를 따라함)

챕터	쪽수	어휘 및 표현	뜻	책에 제시된 문장
13	89	**hunch (over)** [hʌntʃ]		Halmoni, who's **hunched over** and **squinting** at the road ahead. 구부리고 앉아 눈을 가늘게 뜨고 길을 보고 있는 할머니 (비가 내리는 도로 위 차 안에서 불안해하며 창밖을 응시하는 할머니를 묘사함)
	89	**squint** [skwint]		
14	95	**can't stand ~ing**		And I **can't stand** not know**ing**. 그리고 나는 모르는 것을 견딜 수가 없다. I **can't stand** feel**ing** helpless- 난 아무것도 못하는 기분을 견딜 수가 없다. (Lily는 할머니가 쓰러져서 병원에 가셨는데 자신이 아무것도 할 수 없음에 힘들어하는 모습)
15	100	**persist** [pərsíst]		The sound **persists**, and I lean forward. 그 소리는 계속되었고 나는 앞으로 (몸을) 기울였다. (호랑이를 처음 마주한 뒤, Lily는 아래층에서 이상한 소리가 들려서 위층에서 귀 기울여 듣는 모습)
	100	**accept** [əkˈsept]		I have to **accept** her offer. 나는 그녀의 제안을 받아들여야 한다.
16	108	**assume** [əsúːm]		I **assume** he doesn't want to talk. 나는 그가 이야기하고 싶지 않다고 추정한다(생각한다). (도서관에 근무하는 Joe가 Lily와의 대화에 관심이 없을 줄 알았는데 먼저 말을 걸어서 Lily는 의외라는 생각을 가짐)
	109	**bother** [bɑ́ðər]		Uncomfortable things don't **bother** him. 불편한 일들이 신경 쓰이지 않는다. (Ricky는 어색한 상황이 생겨도 개의치 않고 Lily에게 밝게 인사하는 모습을 빗댐)
17	118	**kerplunk** [kərplʌ́ŋk]		The words **kerplunk** at my feet. 내 말이 발치에 툭 떨어진다. (Lily가 Sam과 대화 도중 갑자기 도서관에 가자, Sam이 변명의 말을 하면서 말을 겨우(얼버무릴 때) 쓰인 표현)
	119	**distracted** [distrǽktid]		Pass me your number while they're **distracted**. 그들이 지금 신경 안 쓸 때, 네 전화번호를 줘. (Lily는 언니 Sam과 Jensen이 이야기 나누는 동안 Ricky에게 전화번호를 달라는 신호를 함)

챕터	쪽수	어휘 및 표현	뜻	책에 제시된 문장
17	119	**antsy** [ǽntsi]		I start to feel **antsy**. 나는 좀이 쑤시기 시작한다. (언니 Sam과 Jensen이 처음 만나 이야기 나누는 동안 Lily는 다른 일로 마음이 초조한 상태임)
	119	**supersubtle** [sjùːpərsʌ́tl]		Give me your number now, **supersubtle**. 네 전화번호를 지금 줘, 티 안 나게. (Lily는 Ricky와 호랑이 잡기 작전을 위해 자연스럽게 전화번호를 받으려고 하는 장면)
18	125	**unconvincingly** [ʌnkənvínsiŋli]		I lie, **unconvincingly**. 나는 별 설득력 없이 거짓말을 한다. (언니 Sam이 갑자기 밧줄을 들고 집으로 온 Ricky를 보고 수상히 여기자 Lily가 별일 아니라고 거짓말을 함)
	127	**maneuver** [mənúːvər]		(생략) **maneuvering** a particularly heavy one down the stairs,~ 유독 무거운 상자 하나를 (지하) 계단 아래로 나르면서~ (Lily와 Ricky가 함께 지하실로 상자를 옮기는 모습)
	128	**snag** [snæg]		my mind **snags** on the ***used to***. 리키가 엄마와의 일을 과거처럼 말했다는 것이 마음에 걸린다. (집을 나간 엄마와의 추억을 Ricky가 과거형으로 이야기를 해서 Lily는 마음이 쓰임)
		used to		
20	139	**smirk** [sməːrk]		She raises an eyebrow, and her lips lift that *I know something you don't* **smirk**. 언니는 눈썹하나를 치켜올리고 마치 '난 네가 모르는 걸 알고 있지,' 하듯 씨익 웃는다. (호랑이를 잡기 위해 도우러 온 Ricky를 본 언니 Sam은 Lily와 Ricky 둘의 관계를 호기심 있게 지켜보며 질문 함)
	139	**jitteriness** [dʒítərinis]		my **jitteriness** fades. (이하 생략) 나의 초조함이 희미해진다. (언니 Sam이 헝클어진 Lily 머리를 묶어주는 동안 호랑이 잡는 일의 긴장감이 조금 사그라든 주인공 Lily의 마음 상태)
21	144	**clasp** [klæsp]		I **clasp** Halmoni's pendant around my neck. (=grasp) 나는 할머니의 목걸이를 목에 매단다(건다). (Lily는 호랑이를 만나기 위해 지하실로 가기 전 할머니의 기운을 받고자 할머니께 받은 목걸이를 목에 거는 장면)

챕터	쪽수	어휘 및 표현	뜻	책에 제시된 문장
21	146	hallucination [həlùːsənéiʃən]		But this is not a dream and it's not a **hallucination**. 이것은 꿈도 환각도 아니다. (지하실에서 눈을 떠보니, 눈앞에 호랑이가 나타난 것에 Lily가 놀람)
	147	menace [ménis]		Her voice is more curious than **menacing**, somewhere between a growl and a whisper. (=threaten) 호랑이의 목소리는 위협적이기 보다는 호기심 어린 목소리다. 으르렁거림과 속삭임 사이쯤. (호랑이가 Lily에게 거래를 제안할 때의 목소리는 예상했던 위협적인 목소리가 아님)
22	150	smack [smæk]		She steps back, **smacking** her lips. 호랑이는 입을 쩝쩝거리면서 뒤로 물러난다. (할머니를 살리고자 Lily는 할머니의 유리 단지 마개를 열자 호랑이가 음식을 먹듯 별 가루를 들이마심)
	154	savor [séivər]		Her eyes close, as if she's **savor**ing it. 호랑이는 맛을 음미하듯이 두 눈을 감는다. (호랑이는 Lily에게 옛날 이야기를 해준 후, 유리 단지의 별 가루 맛을 음미하는 듯 눈을 감음)
23	160	fixate [fíkseit]		I'm **fixated** on the painting right above the hostess stand. 나는 입구의 안내 직원 자리 위에 있는 그림에서 눈을 뗄 수 없었다. (Lily네 가족은 다 같이 미국의 한인 식당에 갔는데, 입구에 걸린 호랑이 그림이 Lily의 시선을 사로잡음)
	166	fumble ['fʌmbl]		Mom **fumbles** with the car door handle before **thunking** her head against the window. 엄마는 차 문손잡이를 더듬다 차창에 스스로 머리를 찧으며 중얼거린다. (할머니가 한인 식당에서 갑자기 이상한 행동과 말을 하여 엄마가 차 문을 열면서 정신이 없는 상황을 묘사)
	166	thunk [θʌŋk]		
24	171	scoot [skuːt]		I **scoot** closer to Halmoni and **curl** my fingers into hers. 나는 할머니에게 좀 더 붙어 앉아 할머니 손을 잡는다. (할머니가 식당에서 이상한 행동 후, Lily는 집으로 돌아오는 차 안에서 할머니가 걱정되어 가까이 앉아 손을 잡음)
	171	curl [kəːrl]		

챕터	쪽수	어휘 및 표현	뜻	책에 제시된 문장
24	172	budge [bʌdʒ]		I don't understand how making rice cakes would upset Halmoni, but Mom won't **budge**. 떡 만드는 게 어째서 할머니에게 불편하다는 것인지 이해가 가지 않지만, 엄마는 완고하다. (Lily는 호랑이에게 줄 떡을 만들기 위해 엄마에게 떡을 만들자고 하자, 아픈 할머니가 신경 쓰실까 봐 못 하게 하심)
25	174	putter ['pʌtər]		Our car **putters** into the long **driveway**, past **bushes** shaped like rabbits and cats. 우리 차는 토끼와 고양이 모양으로 다듬어진 나무들을 지나 긴 진입로로 부르릉거리며 들어선다. (엄마와 Lily는 Ricky 집으로 들어서는데, 집 진입로에 화려하게 나무들이 다듬어져 있음.)
	174	driveway ['draivwei]		
	174	bushes [búʃiz]		
	174	stuffy ['stʌfi]		If Halmoni's house is a witch at the top of the hill, this house is a **stuffy** lady who works in a fancy museum and says *shush and Don't touch and step back.* 할머니 집을 언덕 위의 마녀라고 한다면 이 집은 화려한 박물관에 일하면서 '조용히 하세요.', '손 대지 마세요.', '물러서세요.' 같은 말을 하는 엄격한 여인이다. (Lily는 Ricky의 집과 할머니 집을 비교하게 됨. Ricky 집이 부유함을 의미함)
	175	disguise [disgáiz]		He doesn't seem like a bad person, but maybe he's in **disguise**. 그는 나쁜 사람 같지는 않지만 어쩌면 꾸며낸 모습일 수도 있다. (Lily에게 Ricky 아버지가 웃으며 인사를 하자 Lily는 마트에서 Ricky를 혼내는 Ricky 아버지 모습이 떠오름)
	175	grimace-smile [gríməs]		She **grimace-smiles** and **hunches** her shoulders, which is **weird** for her. 그녀는 찌푸린 미소를 짓고 어깨를 웅크리는데 그 모습이 낯설다. (Ricky 아버지를 만나 인사 나누는 Lily의 엄마는 평소와는 다르게 불편한 미소와 구부린 어깨가 Lily에게는 낯섦)
	175	hunch [hʌntʃ]		
	175	weird [wiərd]		

챕터	쪽수	어휘 및 표현	뜻	책에 제시된 문장
25	176	**stilt** [stilt]		Her voice **stilted** and **overly** formal. 그녀의 목소리는 부자연스럽고 너무 점잖은 빼는 것 같다.
	176	**overly** [óuvərli]		
	178	**filling** [fíliŋ]		Ricky doesn't have adzuki bean paste for the **filling**, so we **improvise** with grape jelly. 리키네 집에는 팥소가 없어서 우리는 거기에 있는 포도 잼으로 만든다. (Ricky의 부엌에서 떡을 만들려고 하니, 떡 안에 넣을 팥소가 마땅치 않아 포도 잼을 대신 떡 속에 넣음)
	178	**improvise** [ímprəvàiz]		
26	181	**interrogate** [intérəgèit]		I pause, waiting for her to **interrogate** me further, but she doesn't. 더 추궁받으리란 생각에 나는 잠시 서 있지만 언니는 제 일로 바쁘다. (호랑이를 만나려고 새벽 알람을 켜 놓았는데 언니 Sam이 알람을 듣고 Lily 알람이냐고 묻자 아니라고 거짓말을 함)
	182	**suffocating** [sʌfəkèitiŋ]		This house is **suffocating**. 이 집이 숨 막혀. (언니 Sam이 몰래 집 2층 창문 밖으로 밧줄을 타고 내려가기 전에 한 말)
	184	**descend** [disénd]		She grabs the rope and climbs out of the window, **descending** into the **unknown**. 그녀는 밧줄을 잡고 창 넘어 미지의 세계로 내려간다. (언니 Sam이 집 2층 창문 밖으로 밧줄을 타고 내려감. 전래동화 속 오누이가 동아줄을 타고 하늘로 올라가는 장면 이야기가 이어져 나옴)
	184	**unknown** [ʌnˈnoun]		
27	186	**roar** [rɔːr]		*Long, long ago, when man **roared** like tiger* (이하 생략) 옛날 옛날 사람이 호랑이처럼 으르렁거리던 시절에 (지하실에 있는 호랑이에게 떡과 유리 단지 뚜껑을 열어 '이야기'를 마시게 하자, 호랑이가 이야기를 시작함)
	187	**steep** [stiːp]		As the tea **steeped**, the girl **longed for** the stars. 차가 우러날 때 그 소녀는 그 별들을 그리워 했어. (호랑이가 들려주는 이야기 속 손녀는 하늘의 별에 마음이 많이 끌렸음)
	187	**long for** [lɔːŋ]		

챕터	쪽수	어휘 및 표현	뜻	책에 제시된 문장
27	188	roll [roul]		She **rolled** her terrible eyes and **gnashed** her terrible teeth. 그녀는 끔찍한 두 눈을 사납게 뜨고 그녀의 끔찍한 이빨을 갈았어. (호랑이 이야기 속의 손녀는 반인간, 반호랑이로 변하고 있음)
	188	gnash [næʃ]		
	189	curse [kəːrs]		She couldn't have been **cursed**. 그녀는 저주에 걸리지 않았어야 해. (Lily는 이야기 속 손녀가 할머니에게로 돌아가지 못하고 반인간, 반호랑이 저주에 걸린 것에 안타까워 함)
	190	burst [bəːrst]		I have this strange feeling of fullness, like I'm going to **burst**. 내가 터질 것 같이 가슴 속 꽉 차는 이상한 느낌이 난다. (호랑이가 전해준 이야기가 우리와 할머니에게 필요한 이야기라는 말을 듣고 Lily의 마음속에 어떤 감정이 솟음)
28	192	clink [kliŋk]		It **clinks** as I set it down. 그것은 내가 내려놓을 때 쨍그랑 소리를 낸다. (Lily가 호랑이에게 준 떡 접시를 부엌에 내려놓을 때 소리가 남)
	195	stutter [ˈstʌtər]		My heart **stutters**. 내 심장이 버벅댄다. (Lily는 엄마가 유리 단지를 어디서 찾았는지 물어보자 호랑이를 만난 것이 들킬까봐 심장이 두근거림)
29	196	braid [breid]		I get dressed and **braided** my hair. 나는 옷을 입고 머리를 땋았다.
	197	hum [hʌm]		Sam helps Halmoni, **humming** to herself. Sam은 콧노래를 부르며 할머니를 돕는다. (할머니와 가족들이 오붓하게 음식 요리를 하며 화기애애함)
	197	savor [séivər]		When Halmoni cooks, the house seems to expand, like it's taking a deep breath, **savoring** the smell of her food. 할머니가 요리를 할 때, 이 집은 팽창하는 것 같다, 마치 할머니의 음식 냄새를 음미하기 위해 집이 깊은 숨을 들이쉬는 것처럼. (할머니가 부엌에서 한국 요리 할 때 집안이 풍미로운 음식 냄새로 가득함)

챕터	쪽수	어휘 및 표현	뜻	책에 제시된 문장
29	197	**rumble** [ˈrʌmbl]		The ceiling seems higher, the walls seem wider, and the floorboards **rumble** like an empty stomach as I walk into the kitchen to join her. 천장은 더 높아 보이고, 벽은 더 넓어보이고, 내가 할머니를 돕기 위해 부엌으로 가면서 디디는 마룻바닥은 배고픈 위처럼 우르릉거리는 소리를 낸다. (할머니가 부엌에서 요리 할 때 집안의 활기 넘치는 분위기를 묘사함)
	198	**duck** [dʌk]		Mom protests, **ducking** her head away from the meat, but Halmoni insists, trying to **shove** it into her mouth. 엄마는 고개를 뒤로 **빼지만** 할머니는 물러서지 않고 고기를 들이민다. (할머니가 갈비를 만들고 엄마 입에 한 입 넣어주는 장면)
	198	**shove** [ʃʌv]		
	198	**startled** [stɑ́ːrtld]		She runs to the other side of the living room, so **startled** that she laughs. 엄마는 너무 놀라서 웃음까지 내뱉으며 거실 저쪽까지 달려간다. (할머니가 갈비를 입에 억지로 넣어주려고 하자 엄마가 도망가는 코믹한 장면)
	198	**dangle** [dǽŋgl]		Kalbi **dangles** from her fingertips. 할머니의 손끝에서 갈비가 달랑거린다. (할머니가 손에 갈비를 들고 안 먹으려는 엄마를 쫓아감)
	199	**pinch** [pinʧ]		Mom's eyebrows **pinch**. 엄마가 눈썹을 찌푸린다. (엄마는 눈썹을 찌푸리며 할머니가 자신의 건강 걱정을 그만하라는 이야기를 듣고 있음)
	199	**prep** [prep]		"Halmoni," I say, trying to distract her, "what else should we do to **prep** the food?" 나는 할머니의 관심을 돌리려고 말한다. "할머니, 우리가 음식 준비하는데 더 도울 일이 있을까요?" (Lily는 할머니가 '영혼' 이야기를 하니 엄마가 어이없어 하자, 관심을 돌리고자 음식 이야기를 이어감)
	199	**shuffle** [ˈʃʌfl]		Halmoni turns and **shuffles** across the room, grabs me by the wrists. 할머니는 뒤돌아서 발을 끌며 거실을 가로질러 걸어왔고 내 손목을 잡는다. (할머니에게 Lily가 질문을 하자 걸어가서 Lily의 손목을 잡는 장면)

챕터	쪽수	어휘 및 표현	뜻	책에 제시된 문장
29	199	**lean** [liːn]		Halmoni **leans** closer, and her eyes fall to my neck, to the pendant **hovering** right above my heart. 할머니는 몸을 기울이더니, 할머니의 눈이 내 심장 바로 위에 매달려있는 펜던트가 있는 내 목에 머무른다. (할머니는 자신이 Lily에게 준 목걸이를 빤히 쳐다봄)
	199	**hover** [hʌ́vər]		
	200	**streak** [striːk]		Halmoni runs her finger over Sam's white **streak**. 할머니는 언니의 흰 머리카락을 손가락으로 쓰다듬는다. (Sam이 탈색한 흰 머리카락을 쓰다듬는 할머니 모습)
	201	**flinch** [flintʃ]		She kisses me on the forehead and I **flinch**. 할머니는 내 이마에 키스를 하고 나는 움찔한다. (할머니가 순간적으로 Lily를 알아보지 못하고 어색하게 키스를 하자 Lily가 할머니의 행동을 받아들이지 못함)
30	203	**disorient** [disɔ́ːriènt]		The change of atmosphere is **disorienting**. 분위기의 변화는 어리둥절하게 한다. (Lily는 할머니의 병세가 악화하여 무거운 집안 분위기에서 음악과 웃음소리가 들리는 도서관에 들어서자 분위기에 적응이 잘 안 됨)
	204	**parentheses** [pərénθisis]		Her smile is so big it makes double **parentheses** on her cheeks. 그녀의 미소는 너무 커서 그것이 그녀의 양 볼에 괄호가 두 겹 생긴다. (도서관에서 알게 된 Jensen이 Sam과 Lily를 발견하고 반가워서 활짝 웃는 모습)
	205	**clamp** [klæmp]		I **clamp** my lips shut. 나는 입을 꾹 다문다. (도서관 사서 Joe에게 Lily가 너무 많은 자신의 감정을 이야기한 것 같아 대화가 끝나고 입을 다문 모습)
	208	**crinkle** [kríŋkl]		He turns to me and his eyes **crinkle**. 그는 나를 돌아보더니 잔주름을 지으며 눈웃음을 짓는다. (Lily가 Ricky의 친구들과 처음 만나 이야기를 나누는데 이들 중 Adam이 Lily와 눈이 마주치자 눈웃음을 지음)

챕터	쪽수	어휘 및 표현	뜻	책에 제시된 문장
31	214	**prickle** [príkl]		The back of my neck **prickles.** 내 목덜미의 털이 곤두선다. (도서관에서 호랑이와 마주한 Lily는 호랑이와 대화하며 오싹함을 느낌)
	214	**flick** [flik]		I spin to face her, and she sits, watching me as her tail **flicks.** 나는 호랑이를 마주하기 위해서 돌았고 호랑이는 꼬리를 탁탁 치며 나를 쳐다보면서 앉는다. (호랑이가 꼬리를 휘두르는 모습)
	214	**tsk** [tisk]		She **tsks**, a sharp sound that **scrapes** against her teeth. 호랑이는 쯧쯧 혀를 찬다. 이빨을 긁는 날카로운 소리이다.
	214	**scrape** [skreip]		
	216	**blurt** [bləːrt]		"It was just mud!" I **blurt.** "그건 그냥 진흙이야!" 나는 불쑥 말한다. (Ricky 친구들이 할머니를 마녀라고 놀리자, Lily는 Ricky가 먹는 푸딩에 진흙을 넣어 복수한 사실을 고백함)
32	218	**hiss** [his]		"Sam!" I **hiss** as the betrayal **whips through** me. "Sam!" 배신감이 나를 스쳐 지나가면서 나는 쉿 하는 소리를 낸다.
	218	**whip** [hwip]		
	218	**whip through** [θruː]		
	220	**skritch** (사전에도 없는 문학적 요소 단어)		I **skritch** my nails against the table. 나는 손톱을 식탁에 쓰르륵 긁는다. (Lily는 부엌에서 엄마와 대화를 나누며 한 행동)
	223	**momentary** [móuməntèri]		Those **momentary lapses** are the illness, not her. 그런 순간적인 기억 실수들은 할머니 자체가 아니고 할머니의 병이야. (엄마가 Lily에게 할머니가 병으로 인해 낯선 모습일 뿐, 할머니의 사랑은 변하지 않았다고 이야기함)
		lapse [læps]		
33	225	**curl up** [kəːrl]		I **curl up** in bed and pull the blankets over my head. 나는 침대에 몸을 웅크리고 머리 끝까지 담요를 덮는다. (Lily는 언니 Sam과 대화를 나누기 싫다는 것을 행동으로 표현함)

챕터	쪽수	어휘 및 표현	뜻	책에 제시된 문장
33	226	**sneak** [sniːk]		When she's snoring, when **the coast is clear**, I **sneak** downstairs to deliver the third star jar to the tiger. 언니가 코를 골며 잘 때, 들킬 위험이 없을 때, 나는 세 번째 유리 단지를 호랑이에게 전하러 살금살금 아래로 내려간다.
	226	**the coast** [koust] **is clear** [kliər]		(언니는 주인공 Lily가 호랑이에게 유리 단지를 주는 것을 모르기 때문에, Lily는 언니가 잘 때까지 기다린 뒤 몰래 호랑이를 만나러 내려가는 모습)
34	232	**clear one's throat** [θrout]		I **clear my throat** multiple times. 나는 몇 번이나 목을 가다듬는다. (말하기 전에, 목을 가다듬을 때 상황)
	237	**veto** [víːtou]		"Okay, I know you **vetoed** the whole raw meat thing, but **hear me out**-" 그래, 너가 생고기를 안 쓰겠다고 한거 알지만, 내 말 좀 들어봐.
	237	**hear me out** [hiər]		(Sam이 Lily에게 호랑이를 잡으려면 생고기가 있어야 된다고 했는데, 그 의견에 대해 Lily가 난색을 표하자 다시 설득하려는 상황임)
35	240	**flush the toilet** [flʌʃ]		She's sick again, but she **flushes the toilet**, lowers the lid, and sits on top of it. 할머니는 또 아프시다. 물을 내리고 변기 뚜껑을 닫은 후 그 위에 앉는다. (할머니가 화장실에서 구토하신 뒤 Lily와 대화를 나누기 위해 준비하는 장면)
	242	**crinkle** [kríŋkl]		Her forehead **crinkles**. "What you saying, 'star jar'?" 할머니의 이마에 주름이 진다. "무슨 말이야 '별 단지'?" (손녀 Lily가 할머니의 단지를 호랑이에게 열어주면 할머니가 괜찮아진다고 하자 할머니가 도대체 무슨 말인지 이해를 못하겠다는 신체 반응으로 이마에 주름이 진 모습)
36	246	**sling** [sliŋ]		She **slings** her backpack off her shoulders, **dumping** it onto the floor. 언니는 배낭을 어깨에서 벗어 바닥에 내려놓는다.
	246	**dump** [dʌmp]		(언니가 밤늦게 몰래 방으로 들어 온 뒤 어깨엔 맨 배낭을 바닥에 내려놓는 모습)

챕터	쪽수	어휘 및 표현	뜻	책에 제시된 문장
38	251	**crumble** ['krʌmbl]		It's more of a **crumbling.** 그보다는 무너져 내리는 것 같다. (할머니가 구급차에 실려가는 모습을 지켜보는 Lily의 심정)
	253	**knock on wood** [nak]　　[wud]		I didn't **knock on wood.** 나는 나무를 두드리지 않았어. (문화 : 불길한 일이 일어나지 않길 바라는 마음에서 하는 말 또는 행동)
39	255	**relentless** [riléntlis]		The rain is **relentless.** 비가 무자비하게 내린다. (세 모녀가 Sunbeam으로 이사 오는 날도 비가 내렸고, 이 날도 비가 내린다. 호랑이를 만나는 날에는 비가 온다. 호랑이를 만날 것을 암시하듯이.)
	258	**filled-up** [fíld　ʌp]		I get that **filled-up** feeling. 나는 가득 차오르는 느낌이 든다. (비록 빗속에 갇힌 해님과 달님 같은 자매지만 서로 각자의 비밀을 터놓고 해결 방법을 찾으려 한다.)
41	264	**sting** [stiŋ]		The smell of rubbing alcohol **stings** my nose, like it's trying to **disinfect** my **nostrils**. 소독용 알코올 냄새가 마치 내 콧속까지 살균할 듯 코를 찌른다. (할머니가 계신 병원에 언니와 Lily가 도착하자 맡은 병원 특유의 냄새)
	264	**disinfect** [dìsinfékt]		
	264	**nostril** [nάstrəl]		
	266	**dizzy** [dízi]		I follow her out, but the bright lights and the smell of the hospital make me **dizzy**. 나는 엄마를 뒤따르지만 병원의 밝은 빛과 냄새 때문에 어지럽다. (할머니가 누워 계신 병원)
	266	**opposite** [άpəzit]		They made me want all these **opposite** things at the same time. 그 이야기들이 정반대인 것들을 동시에 원하고 느끼게 했어. (Lily는 호랑이가 들려준 이야기들이 자신이 할머니가 오래 살길 바라면서도, 더 이상 아파서 힘드시지 않길 바라는 정반대의 것을 원하게 했다고 말함)
42	269	**swirl** [swə:rl]		My mind **swirls** with the tiger's words. 내 마음은 호랑이가 한 말들로 소용돌이 친다. (Lily는 할머니와 마지막 대화를 하기 전, 호랑이와의 대화가 계속 머릿속에 맴돎)

챕 터	쪽 수	어휘 및 표현	뜻	책에 제시된 문장
42	270	**squeeze** [skwiːz]		My chest hurts, but I **squeeze** her hand, tracing her life line with my thumb. 가슴은 아리지만, 나는 할머니의 손을 꼭 잡고 엄지 손가락으로 그녀의 생명선을 어루만진다. (Lily는 할머니와 마지막 대화를 나누며 할머니 손을 잡음)
	271	**fraction** [frǽkʃən]		For a **fraction** of a second, I see a flash of a tiger's face beneath her **expression**. 찰나의 순간, 할머니의 표정 아래로 호랑이의 얼굴이 스친다.
	271	**expression** [ikspréʃən]		(할머니가 더 이상 호랑이가 안 무섭고, 죽음이 무섭지 않다고 말하자, Lily의 눈에는 할머니의 표정에 호랑이가 스쳐지나감)
43	274	**scatter** [skǽtər]		Unya **scattered** the rice, and Eggi spilled the stars. 언니야는 쌀을 뿌리고 애기는 별을 쏟았어요. (할머니를 살리기 위해 언니 Sam은 쌀을 뿌리고, Lily는 별이 든 단지의 뚜껑을 열었음)
44	277	**flutter** ['flʌtər]		Her eyes are closed and her pulse **flutters**, barely anything anymore. 할머니의 눈은 감겨 있고, 맥박은 있는 듯 없는 듯 희미하다. (할머니가 죽음 직전의 모습을 Lily가 옆에서 보며 표현함)
	278	**unclasp** [ʌn'klæsp] (↔ clasp)		Sam reaches up to **unclasp** the pendant. 언니가 자기 목에서 목걸이를 푼다 (할머니가 돌아가시자, Sam이 할머니가 준 목걸이 펜던트를 푸는 장면임)
	278	**clench** [klenʧ]		I watch them, my heart **clenching** tight like a little fist. 심장이 작은 주먹을 쥐듯 조이는 것을 느끼면서 나는 그 빛들을 바라본다. (여기서 them은 light(불빛)을 가리킴. Sam은 할머니가 돌아가신 병실 창문 너머 깜빡이는 빛을 보며 또 다른 깨달음을 얻고 있는 장면임)

챕터	쪽수	어휘 및 표현	뜻	책에 제시된 문장
45	281	**remind A of B** [rimáind]		But his text **reminds** me of something. An important date **rattles around in my head.** 하지만 그 문자로 인해 무언가가 기억나려 한다. 어떤 중요한 날짜가 머릿속을 맴돈다.
45	281	**rattle around** [rǽtl]		(Ricky가 Lily에게 먹고 싶은 음식으로 'rice cake'라는 문자를 보내었을 때, Lily의 머릿속에 약속된 일(빵 바자회 열기)이 떠오름)
46	285	**perk up** [pəːrk]		A small part of me **perks up**, smiles. 내 안의 작은 부분이 생기를 띠며 조금 웃는다. (일종의 할머니 장례식(고사)을 치루면서 Ricky가 Lily에게 장난을 치자 Lily의 우울한 감정이 조금씩 사라짐)
46	285	**infinite** [ínfənət]		Right now, I feel **infinite**. 나는 나에게 한계가 없다고 느낀다. (주인공 Lily가 할머니를 위해 호랑이에게도 맞서고, 자신의 한계, 두려움을 계속 극복하면서 스스로 한 단계 성장함)

3. 내용 파악 문제 (Reading Comprehension)

[챕터 1~2] 1. Which one is correct?
① The tiger was hit by car.
② Only Lily saw the tiger on the road.
③ Halmoni was at home when they arrived.
④ Sam is kind to Lily when she talks to her.
⑤ Halmoni will move to California with Lily's family.

[챕터 1] 2. What did Lily see on their way to Halmon's?
→ _____

[챕터 2] 3. 할머니가 들려주는 옛날이야기 속에는 어떤 캐릭터(인물)가 많이 나오는가? 그리고 해당 캐릭터는 어떻게 묘사되고 있나?
→ _____
_____

[챕터 4] 4. 엄마가 장시간 운전을 하고 난 뒤, 피곤한 몸 상태를 묘사한 문장을 <11쪽>에서 찾아 적으시오.
→ _____

[챕터 4] 5. Lily가 이사 후 할머니를 처음 만났을 때 할머니를 묘사한 문장을 <챕터 4>에서 찾아 적으시오.
→ _____
_____
_____

[챕터 1~4] 6. 주인공들의 생김새, 복장을 묘사한 문장을 읽고 해당 주인공의 이름을 적으시오.

1) It's huge, as big as our car. The orange in its coat glows, and the black is as dark as moonless night.　　　　　　　　　답 : _____

2) Her colorful silk tunic and white pants hang looser than usual. Her jewel pendant rests in the U-shaped dip between her collarbones, deeper than before.
　　　　　　　　　답 : _____

[챕터 4] 7. Lily가 할머니를 정말 좋아하고 따른다는 것을 알 수 있는 연속된 2문장을 <25쪽>에서 찾아 적으시오.
→ _____
_____

[챕터 5] 8. Which one is correct in the tiger story?
① Two little girls lived in a cottage with roses around the door.
② The tiger disguised himself as a Halmoni when he went to the cottage.
③ The older sister ran to the front door and opened it.
④ The sky god sent two magic ropes from the sky for the girls.
⑤ The two girls begged the sky god to punish the tiger.

[챕터 6] 9. Which one is correct?
① Lily woke up and walked down the stairs for water.
② Lily moved the boxes over to the wall.
③ Lily didn't go into the basement alone.
④ The basement was full of stuff and wet.
⑤ Sam and Lily used to play in the basement.

[챕터 7] 10. 밑줄 친 단어과 같은 의미를 가진 단어는?

> Kids get sick all the time. Sam always tells me, You kids are made of germs. But she's not wrong. Because grown-ups aren't supposed to throw up. And Halmoni, especially, isn't supposed to throw up. Halmoni is so glamorous, and this is so ... **gross**.

① elegant   ② attractive   ③ disgusting   ④ appealing   ⑤ charming

[챕터 8] 11. 단어와 뜻의 연결이 어색한 것은?
① "Yes, yes. Now listen." She **shushes** me and continues.
  •shush : 밀치다
② I wonder what it would feel like to hold stars in my hands – if they would crumble like dust or **shatter** like glass.
  •shatter : 산산이 부서지다
③ I look out the window at the **inky** black, and I shiver.
  •inky : 잉크의, 잉크같은
④ "I am the little girl in the littlest village, and I am **sneaky**.
  •sneaky : 엉큼한, 교활한
⑤ I take rocks from the forest, one by one, and **stack** them at the mouth of the cave, until they make a wall.
  •stack : (물건을) 쌓다, 포개다

[챕터 9] 12. 'I'의 심경으로 가장 알맞은 것은?
I guess she's forgotten about that.
A flash of annoyance flares up in me, but I shove it down. "Yeah, okay."
Mom looks relieved. "That's great, Lily. You're the best. Have I told you you're the best?" She sets the tea in front of me and ruffles my hair. "Have fun at the library, okay?"
She leave, slamming the front door behind her, and I sip the tea I don't really want. It burns my tongue and tastes like earth, but it sends fire down my throat and wakes me up.

① excited   ② perplexed   ③ brave   ④ annoyed   ⑤ fascinated

[챕터 10] 13. 글의 맥락으로 보아 빈칸 ⓐ에 들어갈 알맞은 표현을 쓰시오.

An older man, sitting at the front desk, looks up from an ancient computer. Thin wire-framed glasses perch on his nose, and a thick white mustache twitches between his pink cheeks. If he weren't frowning so hard, he might look a little like Santa Claus.

"_____ⓐ_____?" he asks, in a way that says he doesn't really want to help me. He crosses his arms over his chest, wrinkling his cable-knit sweater.

[챕터 13] 14. What did Lily find when she followed Halmoni's gaze?

→ _____

[챕터 13] 15. 할머니가 기침을 심하게 하고 잔디에 구토를 하자, Lily와 Sam이 다음으로 한 행동은?

→ _____

[챕터 13] 16. Sam이 할머니의 몸 상태에 충격을 받아 불안한 감정을 느낄 수 있는 문장을 <챕터 13>에서 2개 이상 찾아 쓰시오.

→ _____

_____

[챕터 14] 17. 글의 분위기를 가장 잘 묘사할 수 있는 단어를 고르시오.

As I do, the house groans, shattering the silent night. Shadows dance around me.

① hopeful　② relaxed　③ upset　④ relieved　⑤ haunted

[챕터 14] 18. Lily's Halmoni stole something from the tiger and The tiger wants them back. What are these?

→ _____

[챕터 15] 19. Where is the place that Mom and Halmoni have a conversation?

→ _____

[챕터 15] 20. 본문의 내용과 일치하지 않는 것을 고르시오.
① 할머니는 엄마의 얼굴 주름을 걱정해 준다.
② Lily는 엄마가 우는 모습이 낯설다.
③ 할머니는 아프셔서 메스꺼움, 편집증, 환각 증세를 보기도 한다.
④ 엄마는 일자리를 구하고 있고 할머니 치료비로 받은 돈을 쓸 계획이다.
⑤ 엄마는 Lily와 Sam의 교육을 위해 할머니가 계신 곳으로 이사를 왔다.

[챕터 16] 21. 주어진 단어의 올바른 영영풀이를 <보기>에서 찾아 기호를 적으시오.

(1) impossible　_____
(2) nervous　_____
(3) socialize　_____
(4) guilty　_____

――――――― <보기> ―――――――
a. responsible for doing something bad or wrong
b. very difficult, unable to be done or to happen
c. having or showing feelings of being worried and afraid
d. to talk to and do things with other people in a friendly way

[챕터 16] 22. 주어진 문장이 사실이면 'T', 거짓이면 'F'를 쓰시오.
(1) Lily and Sam have an argument about the tiger things and Lily goes out because she thinks she doesn't need Sam's help. (   )
(2) Jensen is Ricky's tutor and she wants to be a journalist. (   )
(3) Ricky is afraid to make a trap to hunt a tiger. (   )

[챕터 18] 23. What did Lily pull out of the bubble wrap?
① hats   ② jars   ③ pots   ④ pans   ⑤ stars

[챕터 23] 24. 다음 중 옳은 문장을 고르시오.
① Lily 가족들은 중국 음식점에 가서 요리를 시켜 먹는다.
② 음식점 입구에 큰 고양이 그림 한 마리가 걸려있다.
③ 엄마는 여기 음식점을 처음 방문했다.
④ 음식점 손님이 할머니 앞에 놓인 접시를 바닥에 떨어뜨려 접시가 깨졌다.
⑤ 음식점 종업원이 음식을 포장해서 건네주었다.

[챕터 26] 25. 다음 글을 읽고 <보기>에 들어갈 단어를 골라 적으시오.
 Sam grabs her backpack and hoists herself up so she's sitting on the (1)_____, her back to the open air. Watching her makes my stomach twist-if she leaned back, she'd (2)_____ out the window.
 I feel a tug in my chest now. The tiger is downstairs, I can tell. she's waiting. She's (3)_____. She's hungry.
 But I don't want to leave Sam, and I don't want Sam to leave me. "Where are you going?" I ask.
 "Where are you going?" she shoots back. "I saw you sneaking downstairs."
 We stare at each other, both wanting to know, but neither wanting to give up our (4)_____.
 She shakes her head. "Let's just agree not to tell Mom." I hesitate. "Promise you'll be okay?"
 "I'll be fine. I'll be back before morning." Her eyes soften. "And you, too?"
 I extend my (5)_____. A pinky promise.

< 보기 >
pinky   secrets   windowsill   tumble   impatient

[챕터 27] 26. 다음 <보기> 문장이 들어갈 가장 자연스러운 곳을 (A)~(D) 중에서 고르시오.
 (A) *Long, long ago, when man roared like tiger, ten thousand days and ten thousand nights after a shape-shifter climbed into the sky and created the stars - a young girl lived with her halmoni in a little cottage by the sea.* (B) They lived alone, just the two of them, and they led a quiet life.
 Every evening, the halmoni would try to tell the girl the story of their family. (C) *The stories felt like darkness, the kind that had under her bed and lurked beneath the stairs.* (D) No, Halmoni, *she said.* Tell me later. Sing to me instead.

<보기>
But the girl was afraid.

[챕터 30] **27. 다음 글을 읽고 빈칸에 들어갈 공통된 단어를 <보기>에서 골라 적으시오.

Adam, of the freckles, shakes his head. "Dude, chill." He turns to me and his eyes crinkle. He looks familiar, though I'm not sure why. "So, Lily, where are you from?"

My brain goes blank for a second. Then I say, "I'm from across the street."

For some reason, I feel like that wasn't the answer he was looking for, but he gives me half a nod—a quick jerk of his chin. "You mean the house on the hill? With that lady?"

"She's my grandma."

Connor's eyebrows go high. "The (　　　　) witch lady is your grandma?"

I want to tell him, (　　　) is not a thinking word. But my mouth feels dry.

Connor keeps talking, "That's so cool. I heard she, like, does spells and curses people. Did she teach you how? Can you put a curse on someone?"

| ─────────── <보기> ─────────── |
| hilarious　　humorous　　crazy　　passionate　　patient |

[챕터 30] **28.** What is classic QAG behavior for Lily?

→ _____

_____

[챕터 30~31] **29.** 빈칸에 들어갈 가장 적절한 단어를 고르시오.

Lily pulls the foil lid off the pudding cup and dumps some of the pudding onto the ground and scoops mud inside and she gives it back to Ricky because she is upset about Ricky's _____.

① kindness　　② bravery　　③ rudeness　　④ sadness　　⑤ happiness

[챕터 32] **30.** Which one is wrong?

① Sam takes some of nut crackers and enters Halmoni's room.

② Ricky's father offered Mom an accounting position at Everett Mills.

③ Ricky's father fired Mom because she puts mud on Ricky's pudding.

④ Mom thinks Halmoni is eccentric and strange and not everybody understands her personality.

⑤ Halmoni was a single mom and had to raised Mom alone.

[챕터 34] **31.** Why does Lily apologize to Ricky?

① She spread rumors that his mom died of cancer.

② She ignored him because he is not good at math.

③ She made a fool of him in front of his close friends.

④ She put some mud on Ricky's pudding and he ate it.

⑤ She broke his arm when they tried to hunt for a tiger.

[챕터 34] **32.** What did Lily take with her when she visited Ricky's house?

① mud (진흙)

② mugwort (쑥)

③ rice cake (떡)

④ Kimchi (김치)

⑤ brownie (브라우니)

[챕터 34] 33. Which is correct about Ricky?
① He doesn't want to apologize to Lily.
② He lives with his mother and father.
③ He thinks that Lily's halmoni is a witch.
④ He lives in a small house with one room.
⑤ His great-grandfather used to go on hunting for tigers.

[챕터 37] 34. What happened to Halmoni?
① She got better after Lily shattered the jar.
② She collapsed in the doorway.
③ She got really angry with the shattered jar.
④ She squeezed Lily tight.
⑤ She went out to meet the Tiger.

[챕터 38] 35. Why does Sam think that it is her fault on Halmoni's collapse?
→ Because _____

[챕터 38] 36. What did Sam do to undo her wish for Halmoni?
→ _____

[챕터 39] 37. Lily가 더 이상 QAG, 또는 invisible한 마음 상태가 아니라는 것을 나타내는 부분을 <257쪽>에서 찾아 적으시오.
→ _____
_____

[챕터 40] 38. Where did Lily find the tiger?
① on the street
② in the hospital
③ in the supermarket
④ in the attic room
⑤ in the library

[챕터 41] 39. Why does Lily expect anger from Mom?
→ _____
_____

[챕터 41] 40. What did Lily see in the rain when she went outside the hospital entrance?
→ _____

[챕터 41] 41. Lily가 자신과 tiger가 서로 닮았다는 것을 깨닫는 두 문장을 <266쪽>에서 찾아 적으시오.
→ _____

[챕터 41] 42. 아래의 글을 읽고 Lily의 심경을 가장 잘 나타내는 단어를 고르시오.
"I messed it up. I didn't know if it was real or not, and I was angry, and I broke the jar. The final story is gone, and now Halmoni won't even have that."
① indifferent   ② surprised   ③ pleased   ④ regretful   ⑤ lonely

[챕터 42] 43. Who is Halmoni's umma(mother) in the story?
→ It's the tiger.

[챕터 43] 44. 주어진 단어의 올바른 영영풀이를 <보기>에서 찾아 기호를 적으시오.

(1) transform   _____
(2) scatter   _____
(3) pity   _____
(4) generation   _____

―――――――――――― <보기> ――――――――――――
a. the people in a family born and living during the same time
b. to change (something) completely and usually in a good way
c. to cause (things or people) to separate and go in different directions
d. a strong feeling of sadness or sympathy for someone or something

[챕터 44] 45. 다음은 할머니의 임종(죽음)을 앞두고 엄마와 Lily가 나눈 대화의 일부이다. 빈칸에 공통으로 들어갈 가장 적절한 단어를 <보기>에서 골라 쓰시오.

―――――――― <챕터 44 일부> (결말 부분) ――――――――
"The _____ was(were) supposed to save her." I say in a small voice.

Mom makes a noise, and when I look at her, there are tears in her eyes. "_____ did save her, Lily. _____ reminded her that the world is big. That she could be anything. That she was everything to us."

―――――――――― <보기> ――――――――――
stars / library / story / rain / Kimchi

[챕터 45] 46. What event was originally supposed to be held in the library?
① book talk (북 토크)
② bake sale (빵 바자회)
③ Kosa (고사)
④ book sale (책 바자회)
⑤ cooking class (요리 수업)

4. 인상 깊은 문장 (Impressive Sentences)

챕터 별로 **인상 깊은 문장과 그 이유**를 자유롭게 적으시오.

챕터	인상 깊은 문장
1	
2	
3	
4	
5	
6	
7	

챕터	인상 깊은 문장
8	
9	
10	
11	
12	
13	
14	
15	

챕터	인상 깊은 문장
16	
17	
18	
19	
20	
21	
22	
23	

챕터	인상 깊은 문장
24	
25	
26	
27	
28	
29	
30	
31	

챕터	인상 깊은 문장
32	
33	
34	
35	
36	
37	
38	
39	

챕터	인상 깊은 문장
40	
41	
42	
43	
44	
45	
46	

5. 토의 주제 (Discussion Topics)

문항	챕터	토의 주제
1	전체	주인공 앞에만 나타나는 '호랑이'가 상징(뜻)하는 것은 무엇인가요?
2	전체	호랑이의 등장으로 인해 주인공 Lily의 성격은 어떻게 변화하였나요?
3	전체	할머니는 실일(좋은 날)에 물건을 옮겨야 한다고 하며 물건을 함부로 옮기지 못 하게 하고, 고사나 영혼의 존재 등을 믿는다. 이처럼 부모님 또는 조부모님과 전통이나 미신에 대해 다른 견해 차이를 경험한 적이 있다면 이야기 나누어 보자.
4	1~4	Lily는 소설 초반에 전형적인 존재감이 없는 아이로 묘사되었다. 이런 소극적이고 존재감 없는 친구들이 같은 학급에 있을 때 어떻게 대하는 것이 좋을까?
5	13~16	QAG로 표현되는 Lily의 조용하고 자신을 잘 표현하지 않는 성격은 어떤 면에서 좋고, 나쁜가?
6	전체	여러분이 소설 속 주인공 Lily이고 호랑이가 이야기 단지를 주면 할머니를 살려준다고 했을 때, 어떻게 할 것인가?
7	22	<151~153쪽> 이야기 속의 tiger-girl과 할머니와의 관계는?
8	25	<185쪽> She makes a sound that is strangely close to one of Halmoni's tuts.라는 문장에서 왜 호랑이는 할머니와 비슷한 소리를 냈을까?
9	31	Lily가 Ricky와 친구들이 할머니에 대해 나쁘게 이야기하는 것을 듣고 Ricky의 푸딩에 진흙을 넣어서 준 행동에 대해서 어떻게 생각하나요?
10	진제	이 소설의 모티브라고 할 수 있는 "해와 달이 된 오누이"와 "When You Trap a Tiger"의 결말의 차이점과 결말이 의미하는 바에 대해 이야기 해 보자. - 해와 달이 된 오누이 : _____ - When you trap a tiger : _____ - When you trap a tiger 결말 의미 : _____ _____

6. 활동지 (Worksheet) 및 수업 아이디어

Worksheet 1

Let's Meet Our New Book 	
	제목: When You Trap a Tiger

한국계 미국인 작가 태 켈러, 2021 뉴베리 수상작
어머니 옥자 켈러를 잇는 이야기꾼의 탄생

할머니가 아프다는 소식에 릴리네 가족은 할머니 댁으로 찾아갑니다. 그리고 **할머니가 들려주시던 전래동화 속 호랑이**를 만나게 되지요. 호랑이는 릴리네 가족에게 얽힌 비밀스러운 이야기를 들려줍니다. |
|   Tae Keller(태 켈러) | 옛날 옛날에, 릴리의 할머니는 호랑이들에게서 무엇인가를 훔쳐갔답니다. 호랑이는 그 물건을 돌려주면 할머니의 병을 낮게 해주겠다고 제안합니다.

할머니가 훔쳐 간 것은 무엇이었을까요?
릴리는 할머니를 구할 수 있을까요?

(내용 출처 : yes24.com) |
|  | *Newbery Medal* (뉴베리 상)은 미국 출판사가 제정했으며 **아동용 도서를 처음 쓴** 18세기 영국의 출판인 **존 뉴베리**의 이름을 따서 지어졌어요.

1922년부터 처음으로 시상되었고 **수상 작가는 미국 국적을 가진 사람이거나 미국에 거주하는 사람이어야 한다는 제한**이 있습니다. |

Pre-reading Activity) 어렸을 때 할머니 또는 다른 가족, 선생님이 이야기를 들려준 경험이 있나요? 여러분이 알고 있는 전래동화는 어떤 것이 있나요?

(사진 출처 : amazon.com)

Worksheet 2 [챕터 1~2]

1. Lily의 가족 구성원을 적으시오.

_____

2. Explain about Lily's superpower in Korean. (2가지)

(1)_____

_____

(2)_____

_____

3. 엄마가 비를 맞으면서 할머니 집으로 달려가는 모습을 묘사한 문단을 <챕터 2>에서 찾아 적으시오.

_____

_____

_____

_____

4. 북크리에이터(bookcreator) 앱을 활용하여,
(1) <챕터 1>에서 Lily가 길에서 본 호랑이의 모습을 상상하여 그리시오.
(2) <챕터 1>에서 인상 깊은 문장과 느낀 점을 그림 옆에 적으시오.

Worksheet 3 [챕터 9~11]

1. <챕터 9>를 읽고 Lily와 엄마 사이에 내재된 갈등이 무엇인지 생각해 보고 해결방안을 모색해 봅시다.

(1) Lily와 엄마 사이에 내재된 갈등

_____

_____

_____

(2) 갈등 해결 방안

_____

_____

_____

2. <챕터 11>에서 Lily는 Ricky를 도서관에서 처음 만난다.
1) Ricky의 생김새를 묘사한 문장을 찾아 적으시오.

_____

_____

_____

2) Ricky의 생김새를 그림으로 묘사하시오.

<챕터 24>을 읽으며 다음 말을 한 등장인물을 적으시오.

(1) "Not today, honey. I'm sorry. Maybe tomorrow." (　　　　)

(2) "I just don't want to do anything noisy or distracting for Halmoni." (　　　　)

(3) "What if there's something we can do?" (　　　　)

(4) "If there's something we can do and you're not doing it, you're basically killing her." (　　　　)

Worksheet 5 [챕터 25~28]

1. Write down the most impressive sentences and the reason why you choose the sentences from chapter 25 to 28.

> *e.g.)* Sometimes, with the hard things, you don't want to talk about it. You just want someone to know it's happening.

(1) The most impressive sentences

_____

_____

_____

_____

(2) The reason why you choose

_____

_____

_____

_____

2. Write about <u>your story</u> related to the stories written in the novel.

> *e.g.)* I entered middle school in early March. Everything is unfamiliar such as my classmates, teachers, and classes. Like Lily, I am kind of invisible in the classroom at first. But I can turn into be active thanks to my classmate, Min-ho. My mom smiled and told me to cheer up this morning before I go to school. She knows my hardness and I am energized.

_____

_____

_____

_____

_____

평가요소	평가척도		
	상	중	하
내용	주어진 글을 읽고 주제를 파악하며 그에 관련된 자신의 경험을 선택하여 상항과 감정에 대해 실감나게 작성함.	주어진 글을 읽고 주제를 파악하며 그에 관련된 자신의 경험에 대해 대략 작성함.	주어진 글을 읽고 주제를 파악하며 그에 관련된 자신의 경험을 선택하였으나 상황과 감정에 대한 내용이 부족함.

전래동화 '해와 달이 된 오누이' 영어 버전 스토리보드 만들기

EBSe '펀 리딩(Fun Reading)'학습 방법 안내

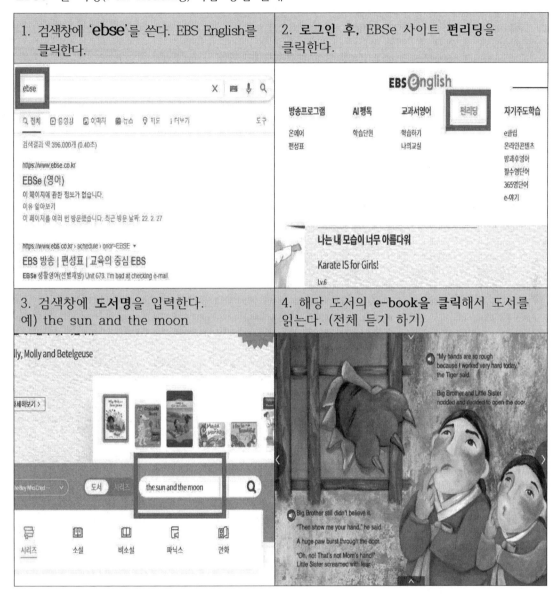

나도 웹툰 작가! 스토리보드 만들기

'The Sun and the moon'e-book을 읽고 내용 파악을 한 뒤, 내용 흐름별로 핵심 그림과 핵심 문장(영어)을 적으시오.

1번	2번

3번	4번

5번	6번

〈Chapter 43〉에 나온 이야기를 읽고, 내용을 우리말로 요약하고 시각화하기

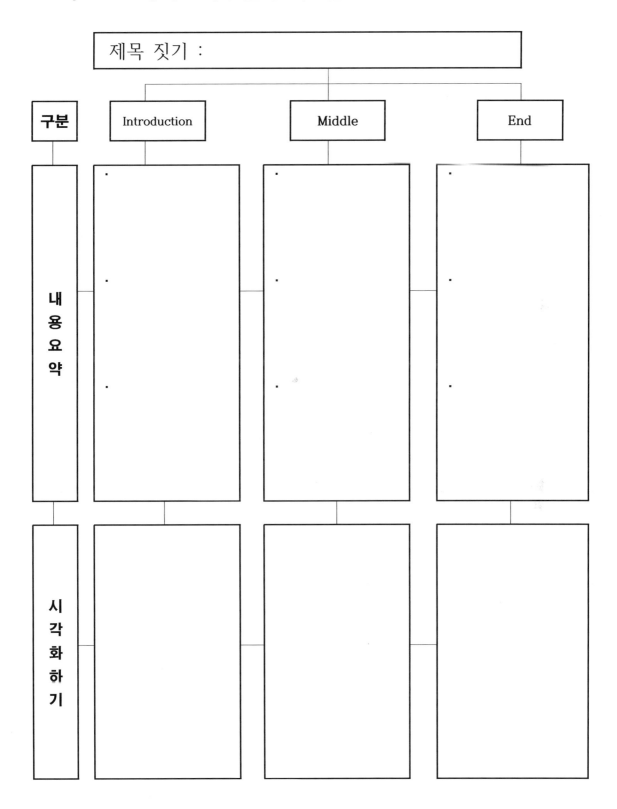

소설 속 캐릭터 인터뷰 기사 작성하기

책 속에 나온 캐릭터(사람, 호랑이 포함) 중 하나를 선정하여 해당 인물을 인터뷰해 보세요.

(소설 속 주요 캐릭터 : Lily, Sam, Tiger, Halmoni, Mom, Ricky)

1. 인터뷰 할 캐릭터는? _____

2. 해당 캐릭터를 선정한 이유는? _____

3. 캐릭터에게 질문하고 싶은 것 5가지를 영어로 적으시오.

- _____
- _____
- _____
- _____
- _____

4. 위 내용을 참조하여 캐릭터 인터뷰 기사를 영어로 작성해 보시오.

기자 : _____

캐릭터(___ **) :** _____

_____

기자 : _____

캐릭터(___ **) :** _____

_____

기자 : _____

캐릭터(___ **) :** _____

_____

기자 : _____

캐릭터(___ **) :** _____

_____

기자 : _____

캐릭터(___ **) :** _____

_____

When You Trap a Tiger
(호랑이를 덫에 가두면)

정답 및 예시 답안

2. 어휘 및 표현 (Words & Expressions) 정답

챕터	쪽수	어휘 및 표현	뜻	책에 제시된 문장
1	1	**invisible** [invízəbl]	보이지 않는, 볼 수 없는	I can turn **invisible.** 나는 투명인간이 될 수 있다. (주인공 Lily가 자신을 보이지 않는 존재로 변신할 수 있다고 말함)
	2	**invisibility** [invìzəbíləti]	눈에 보이지 않음, 나타나 있지 않음	I wrap myself in **invisibility.** 나는 내 몸을 투명함에 감싼다.
	2	**come in handy**	쓸모가 있다, 도움이 되다	And the truth is, my power can **come in handy**. 그리고 이 능력이 실제로 가끔 쓸모가 있다 (Lily가 존재감이 없는 자신이 사실은 도움이 될 때도 있다고 표현함)
1	3	**be all edges**	몹시 초조해하다	Mom **is all edges.** 엄마는 몹시 초조해한다. (언니 Sam이 엄마에게 아주 불손하게 하자 엄마가 기분이 나빠진 상태)
	4	**creature** [krí:ʧər]	생명체, 사람	There's a **creature** lying on the road ahead. 길 앞에 엎드려 있는 생명체가 있다. (Lily가 도로에서 갑자기 호랑이를 보게 되는 데 그 호랑이를 말함)
2	8	**shiver** [ʃívər]	(추위, 두려움, 흥분 등으로 인한) 전율	Every time I heard them, they'd give me **shivers.** 내가 그 이야기들을 들을 때마다 나에게 떨림을 주곤 했다. (할머니가 이야기를 시작할 때마다 '옛날, 옛날에 호랑이가 사람처럼 걸어 다녔을 때'라고 시작을 했기 때문에 그 소리를 들을 때마다 오싹하게 한다는 말)
	11	**infinity** [infínəti]	무한대, 무제한	I want to take this moment and stretch it to **infinity.** 나는 이 순간을 잡아서 영원히 가져가고 싶다. (엄마가 할머니 집으로 비를 맞으면서 뛰어가는 모습을 보고 Sam과 Lily는 마주 보며 웃는 그 순간이 좋아서 하는 말)
3	14	**sneak out** [sni:k]	몰래 빠져나오다	She probably **snuck out** to party with her friends. 그녀는 아마도 친구들과 파티에 갈려고 몰래 빠져나왔을 거야. (엄마가 할머니 집 문이 잠기자, 창문으로 들어가는 것을 보고 Sam이 한 말)

챕터	쪽수	어휘 및 표현	뜻	책에 제시된 문장
3	20	**QAG** **(Quiet Asian Girl)**	조용한 아시아계 여자아이	You're being a **QAG.** 너는 QAG이다. (언니 Sam이 말이 없는 동생 Lily에게 하는 말)
	21	**rock the boat** [bout]	소란을 일으키다	You don't have to be so afraid to **rock the boat,** you know. 있잖니! 너는 소란을 일으키는 것에 대해 그렇게 두려워할 필요가 없어 (언니 Sam이 동생 Lily에게 마음을 표현해도 된다는 말을 하기 위해 하는 말)
4	25	**gravity** [grǽvəti]	중력	She's like **gravity.** 그녀는 중력과 같다. (할머니는 남들이 모두 그녀를 좋아하게 만들기 때문에 물체를 끌어 당기는 '중력'과 같다는 표현을 씀)
	28	**auspicious** [ɔːspíʃəs]	상서로운, 좋은 기운의	Today is not **auspicious** day. 오늘은 길일이 아니다. (엄마가 지하실 문 앞에 있는 물건들을 옮기자고 하니 할머니가 하는 말)
	29	**kosa**	고사 (조상과 영혼을 위해 음식을 차려 놓고 비는 제사)	I want to hear about that, but first, time for **kosa.** 나는 그것에 대해 듣길 원해, 그러나 먼저 고사 지낼 시간이야. (Lily가 할머니에게 할 말이 있다고 하자, 먼저 고사를 지내자고 하심)
5	37	**gobble** [gάbl]	게걸스럽게 먹다	But Halmoni was out of treats, so he **gobbled her up**, swallowed her whole, like a rice cake. 그러나 할머니는 줄 음식이 없었고 그러자 그(호랑이)는 할머니를 먹어 치웠다. (언덕에서 호랑이를 만난 할머니는 호랑이에게 떡을 주었으나 떡이 다 사라지자 호랑이가 할머니를 잡아먹는다.)
	39	**banish** [bǽniʃ]	추방하다, 유배를 보내다, 제거하다	He didn't want to hear a tiger's story, so the tiger was **banished.** 그(하늘의 신)는 호랑이의 이야기를 듣고 싶어하지 않았고 그래서 호랑이는 추방되었다. (할머니를 잡아먹고 두 자매를 뒤쫓던 호랑이는 신에 의해 제거된 상황.)

챕터	쪽수	어휘 및 표현	뜻	책에 제시된 문장
6	40	**railing** [réiliŋ]	철책, 난간, 가드레일	I walk out of my room and down the stairs, gripping the **railing, squinting** in the dark, trying to see through the shadows. 나는 방에서 나와 계단을 내려가며 난간을 꼭 잡고 어둠 속에서 보려고 눈을 찡그렸다. (어둠 속에서 잠이 깬 Lily가 이층 방에서 조용히 아래층으로 내려가면서 어둠 속에서 무엇인가를 보려고 눈을 찡그리는 모습)
	40	**squint** [skwint]	눈을 가늘게 뜨고(찡그리고) 보다, (명사) 사시, 사팔뜨기	
7	45	**get in the way of**	방해되다, 방해하다	Nothing **gets in the way of** beauty sleep. 아무것도 미용을 위한 잠을 방해할 수 있는 것은 없다. (할머니는 12시간 정도로 잠을 많이 자는 편이고 아무것도 그녀의 미용을 위한 잠을 방해할 수 있는 것이 없을 정도로 잠을 중요시했음을 의미함)
	47	**stomach flu** ['stəmək] [fluː]	위장염	Everybody gets the **stomach flu**, even halmonis. 위장염은 누구나 앓을 수 있다. 할머니들도 앓을 수 있다.
8	49	**soothe** [suːð]	진정시키다, (통증을) 누그러뜨리다	She used to this when I was little, to **soothe** me during the scary parts of her stories. 내가 어릴 때, 할머니는 이야기의 무서운 부분에서 나를 안심시키기 위해 이렇게 하곤 했다. (할머니가 이야기를 하면서 무서운 부분이 나오면 손녀들을 안심시키기 위해 손녀들의 손을 잡고 손의 생명선을 손가락으로 그어주곤 한 상황)
	51	**shudder** ['ʃʌdər]	떨다, 몸서리치다, 전율하다	I **shudder**, imagining the tigers **clawing** on the other side. 나는 (벽의) 반대편을 발톱으로 긁는 호랑이들을 상상하며 몸을 떨었다.
		claw [klɔː]	(손톱, 발톱으로) 할퀴다, 긁다	
9	54	**sneak up (on)** [sniːk]	(~에게) 살금살금 다가가다	You're so quiet, always **sneaking up on** me. 너는 너무 조용히 항상 살금살금 다가오잖아 (Lily는 자신의 의도와는 달리 너무 조용히 다가가서 엄마를 놀라게 하는 경우가 종종 있다고 엄마가 한 말)

144

챕터	쪽수	어휘 및 표현	뜻	책에 제시된 문장
9	58	**shove down** [ʃʌv]	밀어내리다 (꿀꺽 삼키다)	A flash of annoyance flares up in me, but I **shove** it **down.** 순간 짜증이 치밀어 올랐지만 나는 꿀꺽 삼켰다. (엄마가 자신이 차를 싫어한다는 것을 모르는 상황에 화가 났지만 참는 모습을 표현)
10	64	**jealousy** [dʒéləsɪ]	질투	The **jealousy** that bubbles up startles me. 부풀어 오르는 질투가 나를 깜짝 놀라게 한다. (Lily는 할머니가 많은 사람으로부터 사랑을 받는다는 말을 듣고 갑자기 일어난 질투라는 감정에 당황해함)
	69	**flick** [flik]	휙 움직이기	I catch a **flick** of a tiger tail. 나는 호랑이 꼬리가 휙 움직이는 것을 본다. (도서관에서 만난 Jensen과 이야기 도중 호랑이의 움직임을 포착한 Lily)
11	71	**sticky** [stíki]	끈적이는, 달라붙는	I can tell he's one of those **sticky** people. 나는 그에게 사람들이 잘 붙을 것이라는 것을 알 수 있다. (Lily는 Ricky를 도서관에서 처음 보자마자 그의 외모와 말투를 통해 외향적이고 친구들이 많을 것이라고 느낌)
	72	**chime in** [tʃaim]	(대화에) 끼어들다, 맞장구를 치다	Thankfully, Jensen **chimes in**. 고맙게도 Jensen이 대화에 끼어들었다. (도서관에서 처음 만난 Ricky가 Lily에게 계속 말을 걸자, Jensen이 끼어들며 대화를 마무리해 준 장면)
12	76	**wobble** [wάbl]	흔들리다, 떨리다	She smiles, but her words **wobble**. 그녀는 미소 짓지만, 말소리가 떨린다. (Lily의 불안을 잠재우기 위해 할머니는 미소 짓지만 말은 떨림)
	83	**for some reason**	무슨 이유로, 어떤 까닭인지	**For some reason**, I don't stop myself. 어째서인지 나는 나 자신을 멈추지 못했다. (어떤 이유에서인지, 계속 엿듣고 있는 Lily 자신을 가리키는 말)
13	89	**sarcasm** [sάːrkæzm]	비꼼, 풍자, 빈정거림	"Thanks," I say with **sarcasm** I learned from her. "고마워" 나는 그녀에게서 배운 빈정거리는 말투로 말했다. (Lily는 고맙지 않은데 고맙다는 반어법을 써서 언니 특유의 비꼬는 말투를 따라함)

챕터	쪽수	어휘 및 표현	뜻	책에 제시된 문장
13	89	**hunch (over)** [hʌntʃ]	(등 따위를) 활 모양으로 구부리다	Halmoni, who's **hunched over** and **squinting** at the road ahead. 구부리고 앉아 눈을 가늘게 뜨고 길을 보고 있는 할머니 (비가 내리는 도로 위 차 안에서 불안해 하며 창밖을 응시하는 할머니를 묘사함)
	89	**squint** [skwint]	눈을 가늘게 뜨고 보다	
14	95	**can't stand ~ing**	참다, 견디다	And I **can't stand** not know**ing**. 그리고 나는 모르는 것을 견딜 수가 없다. I **can't stand** feel**ing** helpless- 난 아무것도 못하는 기분을 견딜 수가 없다. (Lily는 할머니가 쓰러져서 병원에 가셨는데 자신이 아무것도 할 수 없음에 힘들어하는 모습)
15	100	**persist** [pərsíst]	집요하게 계속하다, (없어지지 않고) 계속되다	The sound **persists**, and I lean forward. 그 소리는 계속되었고 나는 앞으로 (몸을) 기울였다. (호랑이를 처음 마주한 뒤, Lily는 아래층에서 이상한 소리가 들려서 위층에서 귀 기울여 듣는 모습)
	100	**accept** [əkˈsept]	받아들이다 수락하다	I have to **accept** her offer. 나는 그녀의 제안을 받아들여야 한다.
16	108	**assume** [əsúːm]	추정하다	I **assume** he doesn't want to talk. 나는 그가 이야기하고 싶지 않다고 추정한다(생각한다). (도서관에 근무하는 Joe가 Lily와의 대화에 관심이 없을 줄 알았는데 먼저 말을 걸어서 Lily는 의외라는 생각을 가짐)
	109	**bother** [báðər]	성가시게 하다, 괴롭히다	Uncomfortable things don't **bother** him. 불편한 일들이 신경 쓰이지 않는다. (Ricky는 어색한 상황이 생겨도 개의치 않고 Lily에게 밝게 인사하는 모습을 빗댐)
17	118	**kerplunk** [kərplʌ́ŋk]	쿵하고, 무겁게	The words **kerplunk** at my feet. 내 말이 발치에 툭 떨어진다. (Lily가 Sam과 대화 도중 갑자기 도서관에 가자, Sam이 변명의 말을 하면서 말을 겨우(얼버무릴 때) 쓰인 표현)
	119	**distracted** [distrǽktid]	(정신이) 산만[산란]해진	Pass me your number while they're **distracted**. 그들이 지금 신경 안 쓸 때, 네 전화번호를 줘. (Lily는 언니 Sam과 Jensen이 이야기 나누는 동안 Ricky에게 전화번호를 달라는 신호를 함)

챕터	쪽수	어휘 및 표현	뜻	책에 제시된 문장
17	119	**antsy** [ǽntsi]	좀이 쑤시는	I start to feel **antsy**. 나는 좀이 쑤시기 시작한다. (언니 Sam과 Jensen이 처음 만나 이야기 나누는 동안 Lily는 다른 일로 마음이 초조한 상태임)
	119	**supersubtle** [sjùːpərsʌ́tl]	지나치게 미세한	Give me your number now, **supersubtle**. 네 전화번호를 지금 줘, 티 안 나게. (Lily는 Ricky와 호랑이 잡기 작전을 위해 자연스럽게 전화번호를 받으려고 하는 장면)
18	125	**unconvincingly** [ʌnkənvínsiŋli]	설득력 없이, 의문을 품게	I lie, **unconvincingly**. 나는 별 설득력 없이 거짓말을 한다. (언니 Sam이 갑자기 밧줄을 들고 집으로 온 Ricky를 보고 수상히 여기자 Lily가 별일 아니라고 거짓말을 함)
	127	**maneuver** [mənúːvər]	(능숙하기 조심조심) 움직이다; 이동시키다	(생략) **maneuvering** a particularly heavy one down the stairs,~ 유독 무거운 상자 하나를 (지하) 계단 아래로 나르면서~ (Lily와 Ricky가 함께 지하실로 상자를 옮기는 모습)
	128	**snag** [snæg]	(날카롭거나 튀어나온 것에) 걸리다(찢다/찢기다)	my mind **snags** on the **used to**. 리키가 엄마와의 일을 과거처럼 말했다는 것이 마음에 걸린다. (집을 나간 엄마와의 추억을 Ricky가 과거형으로 이야기를 해서 Lily는 마음이 쓰임)
		used to	~하곤 했다.	
20	139	**smirk** [smɚːrk]	히죽히죽 웃다, 능글맞게 웃다	She raises an eyebrow, and her lips lift that *I know something you don't* **smirk**. 언니는 눈썹하나를 치켜올리고 마치 '난 네가 모르는 걸 알고 있지,' 하듯 씨익 웃는다. (호랑이를 잡기 위해 도우러 온 Ricky를 본 언니 Sam은 Lily와 Ricky 둘의 관계를 호기심 있게 지켜보며 질문 함)
	139	**jitteriness** [dʒítərinis]	초조함 **jittery** : 초조한, 조마조마한	my **jitteriness** fades, (이하 생략) 나의 초조함이 희미해진다. (언니 Sam이 헝클어진 Lily 머리를 묶어주는 동안 호랑이 잡는 일의 긴장감이 조금 사그라든 주인공 Lily의 마음 상태)
21	144	**clasp** [klæsp]	움켜쥐다, 움켜잡다	I **clasp** Halmoni's pendant around my neck. (=grasp) 나는 할머니의 목걸이를 목에 매단다(건다). (Lily는 호랑이를 만나기 위해 지하실로 가기 전 할머니의 기운을 받고자 할머니께 받은 목걸이를 목에 거는 장면)

147

챕터	쪽수	어휘 및 표현	뜻	책에 제시된 문장
21	146	**hallucination** [həlùːsənéiʃən]	환각	But this is not a dream and it's not a **hallucination**. 이것은 꿈도 환각도·아니다. (지하실에서 눈을 떠보니, 눈앞에 호랑이가 나타난 것에 Lily가 놀람)
	147	**menace** [ménis]	위협, 위협하다	Her voice is more curious than **menacing**, somewhere between a growl and a whisper. (=threaten) 호랑이의 목소리는 위협적이기 보다는 호기심 어린 목소리다. 으르렁거림과 속삭임 사이쯤. (호랑이가 Lily에게 거래를 제안할 때의 목소리는 예상했던 위협적인 목소리가 아님)
22	150	**smack** [smæk]	(손바닥으로) 때리다, (입을) 쩝쩝거리다	She steps back, **smacking** her lips. 호랑이는 입을 쩝쩝거리면서 뒤로 물러난다. (할머니를 살리고자 Lily는 할머니의 유리 단지 마개를 열자 호랑이가 음식을 먹듯 별 가루를 들이마심)
	154	**savor** [séivər]	맛보다, 음미하다	Her eyes close, as if she's **savor**ing it. 호랑이는 맛을 음미하듯이 두 눈을 감는다. (호랑이는 Lily에게 옛날 이야기를 해준 후, 유리 단지의 별 가루 맛을 음미하는 듯 눈을 감음)
23	160	**fixate** [fíkseit]	응시하다	I'm **fixated** on the painting right above the hostess stand. 나는 입구의 안내 직원 자리 위에 있는 그림에서 눈을 뗄 수 없었다. (Lily네 가족은 다 같이 미국의 한인 식당에 갔는데, 입구에 걸린 호랑이 그림이 Lily의 시선을 사로잡음)
	166	**fumble** [ˈfʌmbl]	더듬거리다, 만지작거리다	Mom **fumbles** with the car door handle before **thunking** her head against the window. 엄마는 차 문손잡이를 더듬다 차창에 스스로 머리를 찧으며 중얼거린다. (할머니가 한인 식당에서 갑자기 이상한 행동과 말을 하여 엄마가 차 문을 열면서 정신이 없는 상황을 묘사)
	166	**thunk** [θʌŋk]	쿵, 탁 (둔탁한 소리)	
24	171	**scoot** [skuːt]	떠나다, 자리를 좁혀 앉다	I **scoot** closer to Halmoni and **curl** my fingers into hers. 나는 할머니에게 좀 더 붙어 앉아 할머니 손을 잡는다. (할머니가 식당에서 이상한 행동 후, Lily는 집으로 돌아오는 차 안에서 할머니가 걱정되어 가까이 앉아 손을 잡음)
	171	**curl** [kəːrl]	(몸을) 웅크리다, 구부리다	

148

챕터	쪽수	어휘 및 표현	뜻	책에 제시된 문장
24	172	**budge** [bʌdʒ]	꼼짝하다, 마음을 바꾸다	I don't understand how making rice cakes would upset Halmoni, but Mom won't **budge**. 떡 만드는 게 어째서 할머니에게 불편하다는 것인지 이해가 가지 않지만, 엄마는 완고하다. (Lily는 호랑이에게 줄 떡을 만들기 위해 엄마에게 떡을 만들자고 하자, 아픈 할머니가 신경 쓰실까 봐 못 하게 하심)
25	174	**putter** ['pʌtər]	통통(부르릉)거리다,	Our car **putters** into the long **driveway**, past **bushes** shaped like rabbits and cats. 우리 차는 토끼와 고양이 모양으로 다듬어진 나무들을 지나 긴 진입로로 부르릉거리며 들어선다. (엄마와 Lily는 Ricky 집으로 들어서는데, 집 진입로에 화려하게 나무들이 다듬어져 있음.)
	174	**driveway** ['draivwei]	진입로	
	174	**bushes** [búʃiz]	관목, 덤불	
	174	**stuffy** ['stʌfi]	격식적인, 딱딱한	If Halmoni's house is a witch at the top of the hill, this house is a **stuffy** lady who works in a fancy museum and says *shush and Don't touch and step back*. 할머니 집을 언덕 위의 마녀라고 한다면 이 집은 화려한 박물관에 일하면서 '조용히 하세요.', '손 대지 마세요.', '물러서세요.' 같은 말을 하는 엄격한 여인이다. (Lily는 Ricky의 집과 할머니 집을 비교하게 됨. Ricky 집이 부유함을 의미함)
	175	**disguise** [disgáiz]	위장하다, 변장하다, 숨기다 명사) 변장	He doesn't seem like a bad person, but maybe he's in **disguise**. 그는 나쁜 사람 같지는 않지만 어쩌면 꾸며낸 모습일 수도 있다. (Lily에게 Ricky 아버지가 웃으며 인사를 하자 Lily는 마트에서 Ricky를 혼내는 Ricky 아버지 모습이 떠오름)
	175	**grimace-smile** [griməs]	찌푸린 미소를 짓다 **grimace** : 얼굴을 찡그리다	She **grimace-smiles** and **hunches** her shoulders, which is **weird** for her. 그녀는 찌푸린 미소를 짓고 어깨를 웅크리는데 그 모습이 낯설다. (Ricky 아버지를 만나 인사 나누는 Lily의 엄마는 평소와는 다르게 불편한 미소와 구부린 어깨가 Lily에게는 낯섦)
	175	**hunch** [hʌntʃ]	(등을) 구부리다	
	175	**weird** [wiərd]	기이한, 이상한	

챕터	쪽수	어휘 및 표현	뜻	책에 제시된 문장
25	176	**stilt** [stilt]	죽마(2개의 긴 막대기에 발을 올려놓고 걸을 수 있게 만든 것, 서커스에서 많이 볼 수 있음), (죽마를 탄 것처럼) 부자연스럽다.	Her voice **stilted** and **overly** formal. 그녀의 목소리는 부자연스럽고 너무 점잖은 빼는 것 같다.
	176	**overly** [óuvərli]	너무, 몹시	
	178	**filling** [fíliŋ]	(파이, 만두 피 안에 넣는) 속(소)	Ricky doesn't have adzuki bean paste for the **filling**, so we **improvise** with grape jelly. 리키네 집에는 팥소가 없어서 우리는 거기에 있는 포도 잼으로 만든다. (Ricky의 부엌에서 떡을 만들려고 하니, 떡 안에 넣을 팥소가 마땅치 않아 포도 잼을 대신 떡 속에 넣음)
	178	**improvise** [ímprəvàiz]	뭐든 있는 것으로 만들다, 즉흥적으로 하다	
26	181	**interrogate** [intérəgèit]	심문하다, 캐묻다	I pause, waiting for her to **interrogate** me further, but she doesn't. 더 추궁받으리란 생각에 나는 잠시 서 있지만 언니는 제 일로 바쁘다. (호랑이를 만나려고 새벽 알람을 켜 놓았는데 언니 Sam이 알람을 듣고 Lily 알람이냐고 묻자 아니라고 거짓말을 함)
	182	**suffocating** [sʌfəkèitiŋ]	숨이 막히는, (규제 등으로) 질식할 것 같은	This house is **suffocating**. 이 집이 숨 막혀. (언니 Sam이 몰래 집 2층 창문 밖으로 밧줄을 타고 내려가기 전에 한 말)
	184	**descend** [disénd]	내려오다	She grabs the rope and climbs out of the window, **descending** into the **unknown**. 그녀는 밧줄을 잡고 창 넘어 미지의 세계로 내려간다. (언니 Sam이 집 2층 창문 밖으로 밧줄을 타고 내려감. 전래동화 속 오누이가 동아줄을 타고 하늘로 올라가는 장면 이야기가 이어져 나옴)
	184	**unknown** [ʌn'noun]	알려지지 않은, 미지의 것(세계)	
27	186	**roar** [rɔːr]	으르렁거리다	*Long, long ago, when man **roared** like tiger* (이하 생략) 옛날 옛날 사람이 호랑이처럼 으르렁거리던 시절에 (지하실에 있는 호랑이에게 떡과 유리단지 뚜껑을 열어 '이야기'를 마시게 하자, 호랑이가 이야기를 시작함)
	187	**steep** [stiːp]	깊이 스며들다, ~에 푹 빠져 지내다	As the tea **steeped**, the girl **longed for** the stars. 차가 우러날 때 그 소녀는 그 별들을 그리워 했어. (호랑이가 들려주는 이야기 속 손녀는 하늘의 별에 마음이 많이 끌렸음)
	187	**long for** [lɔːŋ]	간절히 바라다	

150

챕터	쪽수	어휘 및 표현	뜻	책에 제시된 문장
27	188	**roll** [roul]	(눈을) 굴리다, 희번덕거리다	She **rolled** her terrible eyes and **gnashed** her terrible teeth. 그녀는 끔찍한 두 눈을 사납게 뜨고 그녀의 끔찍한 이빨을 갈았어. (호랑이 이야기 속의 손녀는 반인간, 반호랑이로 변하고 있음)
	188	**gnash** [næʃ]	이를 갈다, 이를 악물다	
	189	**curse** [kəːrs]	악담을 퍼붓다, 저주에 걸리다	She couldn't have been **cursed**. 그녀는 저주에 걸리지 않았어야 해. (Lily는 이야기 속 손녀가 할머니에게로 돌아가지 못하고 반인간, 반호랑이 저주에 걸린 것에 안타까워 함)
	190	**burst** [bəːrst]	터지다, 터뜨리다	I have this strange feeling of fullness, like I'm going to **burst**. 내가 터질 것 같이 가슴 속 꽉 차는 이상한 느낌이 난다. (호랑이가 전해준 이야기가 우리와 할머니에게 필요한 이야기라는 말을 듣고 Lily의 마음속에 어떤 감정이 솟음)
28	192	**clink** [kliŋk]	쨍그랑 소리를 내다	It **clinks** as I set it down. 그것은 내가 내려놓을 때 쨍그랑 소리를 낸다. (Lily가 호랑이에게 준 떡 접시를 부엌에 내려놓을 때 소리가 남)
	195	**stutter** [ˈstʌtər]	말을 더듬다	My heart **stutters**. 내 심장이 버벅댄다. (Lily는 엄마가 유리 단지를 어디서 찾았는지 물어보자 호랑이를 만난 것이 들킬까봐 심장이 두근거림)
29	196	**braid** [breid]	(머리카락 등을) 땋다	I get dressed and **braided** my hair. 나는 옷을 입고 머리를 땋았다.
	197	**hum** [hʌm]	콧노래를 부르다, (노래를) 흥얼거리다	Sam helps Halmoni, **humming** to herself. Sam은 콧노래를 부르며 할머니를 돕는다. (할머니와 가족들이 오붓하게 음식 요리를 하며 화기애애함)
	197	**savor** [séivər]	맛보다, 음미하다	When Halmoni cooks, the house seems to expand, like it's taking a deep breath, **savoring** the smell of her food. 할머니가 요리를 할 때, 이 집은 팽창하는 것 같다. 마치 할머니의 음식 냄새를 음미하기 위해 집이 깊은 숨을 들이쉬는 것처럼. (할머니가 부엌에서 한국 요리 할 때 집안이 풍미로운 음식 냄새로 가득함)

챕터	쪽수	어휘 및 표현	뜻	책에 제시된 문장
29	197	**rumble** [ˈrʌmbl]	우르릉 거리는 소리는 내다	The ceiling seems higher, the walls seem wider, and the floorboards **rumble** like an empty stomach as I walk into the kitchen to join her. 천장은 더 높아 보이고, 벽은 더 넓어보이고, 내가 할머니를 돕기 위해 부엌으로 가면서 디디는 마룻바닥은 배고픈 위처럼 우르릉거리는 소리를 낸다. (할머니가 부엌에서 요리 할 때 집안의 활기 넘치는 분위기를 묘사함)
	198	**duck** [dʌk]	(머리나 몸을 움직여) 피하다	Mom protests, **ducking** her head away from the meat, but Halmoni insists, trying to **shove** it into her mouth. 엄마는 고개를 뒤로 **빼지만** 할머니는 물러서지 않고 고기를 들이민다. (할머니가 갈비를 만들고 엄마 입에 한 입 넣어주는 장면)
	198	**shove** [ʃʌv]	(강제로) 밀어넣다, 밀치다	
	198	**startled** [stɑ́ːrtld]	깜짝 놀란	She runs to the other side of the living room, so **startled** that she laughs. 엄마는 너무 놀라서 웃음까지 내뱉으며 거실 저쪽까지 달려간다. (할머니가 갈비를 입에 억지로 넣어주려고 하자 엄마가 도망가는 코믹한 장면)
	198	**dangle** [dǽŋgl]	(달랑) 매달리다, 달랑거리다	Kalbi **dangles** from her fingertips. 할머니의 손끝에서 갈비가 달랑거린다. (할머니가 손에 갈비를 들고 안 먹으려는 엄마를 쫓아감)
	199	**pinch** [pintʃ]	꼬집다, 찌푸리다	Mom's eyebrows **pinch.** 엄마가 눈썹을 찌푸린다. (엄마는 눈썹을 찌푸리며 할머니가 자신의 건강 걱정을 그만하라는 이야기를 듣고 있음)
	199	**prep** [prep]	준비하다	"Halmoni," I say, trying to distract her, "what else should we do to **prep** the food?" 나는 할머니의 관심을 돌리려고 말한다. "할머니, 우리가 음식 준비하는데 더 도울 일이 있을까요?" (Lily는 할머니가 '영혼' 이야기를 하니 엄마가 어이없어 하자, 관심을 돌리고자 음식 이야기를 이어감)
	199	**shuffle** [ˈʃʌfl]	발을 (질질) 끌며 걷다	Halmoni turns and **shuffles** across the room, grabs me by the wrists. 할머니는 뒤돌아서 발을 끌며 거실을 가로질러 걸어왔고 내 손목을 잡는다. (할머니에게 Lily가 질문을 하자 걸어가서 Lily의 손목을 잡는 장면)

챕터	쪽수	어휘 및 표현	뜻	책에 제시된 문장
29	199	**lean** [liːn]	기울다, (몸을) 숙이다	Halmoni **leans** closer, and her eyes fall to my neck, to the pendant **hovering** right above my heart. 할머니는 몸을 기울이더니, 할머니의 눈이 내 심장 바로 위에 매달려있는 펜던트가 있는 내 목에 머무른다.
	199	**hover** [hʌ́vər]	(허공을) 맴돌다	(할머니는 자신이 Lily에게 준 목걸이를 빤히 쳐다봄)
	200	**streak** [striːk]	(머리카락) 몇 가닥	Halmoni runs her finger over Sam's white **streak.** 할머니는 언니의 흰 머리카락을 손가락으로 쓰다듬는다. (Sam이 탈색한 흰 머리카락을 쓰다듬는 할머니 모습)
	201	**flinch** [flintʃ]	움찔(주춤)하다	She kisses me on the forehead and I **flinch.** 할머니는 내 이마에 키스를 하고 나는 움찔한다. (할머니가 순간적으로 Lily를 알아보지 못하고 어색하게 키스를 하자 Lily가 할머니의 행동을 받아들이지 못함)
30	203	**disorient** [disɔ́ːriènt]	(낯선 상황에 처하게 하여) 갈피를 못 잡게 하다, 어리둥절하게 하다	The change of atmosphere is **disorienting.** 분위기의 변화는 어리둥절하게 한다. (Lily는 할머니의 병세가 악화하여 무거운 집안 분위기에서 음악과 웃음소리가 들리는 도서관에 들어서자 분위기에 적응이 잘 안 됨)
	204	**parentheses** [pərénθisis]	괄호	Her smile is so big it makes double **parentheses** on her cheeks. 그녀의 미소는 너무 커서 그것이 그녀의 양 볼에 괄호가 두 겹 생긴다. (도서관에서 알게 된 Jensen이 Sam과 Lily를 발견하고 반가워서 활짝 웃는 모습)
	205	**clamp** [klæmp]	꽉 물다(잡다)	I **clamp** my lips shut. 나는 입을 꾹 다문다. (도서관 사서 Joe에게 Lily가 너무 많은 자신의 감정을 이야기한 것 같아 대화가 끝나고 입을 다문 모습)
	208	**crinkle** [kríŋkl]	(피부, 천, 종이 등이) 오그라들다, 잔주름이 생기다,	He turns to me and his eyes **crinkle.** 그는 나를 돌아보더니 잔주름을 지으며 눈웃음을 짓는다. (Lily가 Ricky의 친구들과 처음 만나 이야기를 나누는데 이들 중 Adam이 Lily와 눈이 마주치자 눈웃음을 지음)

챕터	쪽수	어휘 및 표현	뜻	책에 제시된 문장
31	214	**prickle** [príkl]	(머리털이) 곤두서다, (몸이) 오싹하다	The back of my neck **prickles.** 내 목덜미의 털이 곤두선다. (도서관에서 호랑이와 마주한 Lily는 호랑이와 대화하며 오싹함을 느낌)
	214	**flick** [flik]	휙 치다(휘두르다)	I spin to face her, and she sits, watching me as her tail **flicks.** 나는 호랑이를 마주하기 위해서 돌았고 호랑이는 꼬리를 탁탁 치며 나를 쳐다보면서 앉는다. (호랑이가 꼬리를 휘두르는 모습)
	214	**tsk** [tisk]	쯧쯧 혀를 차다, 못마땅해하다	She **tsks**, a sharp sound that **scrapes** against her teeth. 호랑이는 쯧쯧 혀를 찬다. 이빨을 긁는 날카로운 소리이다.
	214	**scrape** [skreip]	긁다, 긁어내다	
	216	**blurt** [bləːrt]	불쑥 내뱉다(말하다)	"It was just mud!" I **blurt.** "그건 그냥 진흙이야!" 나는 불쑥 말한다. (Ricky 친구들이 할머니를 마녀라고 놀리자, Lily는 Ricky가 먹는 푸딩에 진흙을 넣어 복수한 사실을 고백함)
32	218	**hiss** [his]	쉬익(쉿)하는 소리를 내다	"Sam!" I **hiss** as the betrayal **whips through** me. "Sam!" 배신감이 나를 스쳐 지나가면서 나는 쉿 하는 소리를 낸다.
	218	**whip** [hwip]	채찍질하다, 획 빼내다	
	218	**whip through** [θruː]	후다닥 하다(해치우다)	
	220	**skritch** (사전에도 없는 문학적 요소 단어)	(손톱으로) 긁다	I **skritch** my nails against the table. 나는 손톱을 식탁에 쓰르륵 긁는다. (Lily는 부엌에서 엄마와 대화를 나누며 한 행동)
	223	**momentary** [móuməntèri]	순간적인	Those **momentary lapses** are the illness, not her. 그런 순간적인 기억 실수들은 할머니 자체가 아니고 할머니의 병이야. (엄마가 Lily에게 할머니가 병으로 인해 낯선 모습일 뿐, 할머니의 사랑은 변하지 않았다고 이야기함)
		lapse [læps]	(기억) 실수, 깜빡함	
33	225	**curl up** [kəːrl]	(눕거나 앉아서) 몸을 웅크리다	I **curl up** in bed and pull the blankets over my head. 나는 침대에 몸을 웅크리고 머리 끝까지 담요를 덮는다. (Lily는 언니 Sam과 대화를 나누기 싫다는 것을 행동으로 표현함)

챕터	쪽수	어휘 및 표현	뜻	책에 제시된 문장
33	226	**sneak** [sniːk]	살금살금(몰래) 가다	When she's snoring, when **the coast is clear**, I **sneak** downstairs to deliver the third star jar to the tiger. 언니가 코를 골며 잘 때, 들킬 위험이 없을 때, 나는 세 번째 유리 단지를 호랑이에게 전하러 살금살금 아래로 내려간다. (언니는 주인공 Lily가 호랑이에게 유리 단지를 주는 것을 모르기 때문에, Lily는 언니가 잘 때까지 기다린 뒤 몰래 호랑이를 만나러 내려가는 모습)
	226	**the coast** [koust] **is clear** [kliər]	들킬 위험이 없다 ※ 해안가에 적들이 없다, 깨끗하다는 뜻에서 유래	
34	232	**clear one's throat** [θrout]	헛기침을 하다, 목을 가다듬다	I **clear my throat** multiple times. 나는 몇 번이나 목을 가다듬는다. (말하기 전에, 목을 가다듬을 때 상황)
	237	**veto** [víːtou]	거부하다	"Okay, I know you **vetoed** the whole raw meat thing, but **hear me out**-" 그래, 너가 생고기를 안 쓰겠다고 한거 알지만, 내 말 좀 들어봐. (Sam이 Lily에게 호랑이를 잡으려면 생고기가 있어야 된다고 했는데, 그 의견에 대해 Lily가 난색을 표하자 다시 설득하려는 상황임)
	237	**hear me out** [hiər]	내 말을 끝까지 들어라	
35	240	**flush the toilet** [flʌʃ]	화장실 물을 내리다	She's sick again, but she **flushes the toilet**, lowers the lid, and sits on top of it. 할머니는 또 아프시다. 물을 내리고 변기 뚜껑을 닫은 후 그 위에 앉는다. (할머니가 화장실에서 구토하신 뒤 Lily와 대화를 나누기 위해 준비하는 장면)
	242	**crinkle** [kríŋkl]	잔주름이 생기다, 쪼글쪼글해지다	Her forehead **crinkles**. "What you saying, 'star jar'?" 할머니의 이마에 주름이 진다. "무슨 말이야 '별 단지'?" (손녀 Lily가 할머니의 단지를 호랑이에게 열어주면 할머니가 괜찮아진다고 하자 할머니가 도대체 무슨 말인지 이해를 못하겠다는 신체 반응으로 이마에 주름이 진 모습)
36	246	**sling** [sliŋ]	(아무렇게나 휙) 던지다, (느슨하게) 매다	She **slings** her backpack off her shoulders, **dumping** it onto the floor. 언니는 배낭을 어깨에서 벗어 바닥에 내려놓는다. (언니가 밤늦게 몰래 방으로 들어 온 뒤 어깨엔 맨 배낭을 바닥에 내려놓는 모습)
	246	**dump** [dʌmp]	(아무렇게나) 내려놓다	

챕터	쪽수	어휘 및 표현	뜻	책에 제시된 문장
38	251	**crumble** [ˈkrʌmbl]	무너져 내리는	It's more of a **crumbling.** 그보다는 무너져 내리는 것 같다. (할머니가 구급차에 실려가는 모습을 지켜보는 Lily의 심정)
	253	**knock on wood** [nak]　　[wud]	나무를 두드리다 (행운을 빌다)	I didn't **knock on wood.** 나는 나무를 두드리지 않았어. (문화 : 불길한 일이 일어나지 않길 바라는 마음에서 하는 말 또는 행동)
39	255	**relentless** [riléntlis]	무자비한	The rain is **relentless.** 비가 무자비하게 내린다. (세 모녀가 Sunbeam으로 이사 오는 날도 비가 내렸고, 이 날도 비가 내린다. 호랑이를 만나는 날에는 비가 온다. 호랑이를 만날 것을 암시하듯이.)
	258	**filled-up** [fíld ʌp]	가득 차오르는	I get that **filled-up** feeling. 나는 가득 차오르는 느낌이 든다. (비록 빗속에 갇힌 해님과 달님 같은 자매지만 서로 각자의 비밀을 터놓고 해결 방법을 찾으려 한다.)
41	264	**sting** [stiŋ]	쏘다, 찌르다	The smell of rubbing alcohol **stings** my nose, like it's trying to **disinfect** my **nostrils**. 소독용 알코올 냄새가 마치 내 콧속까지 살균할 듯 코를 찌른다. (할머니가 계신 병원에 언니와 Lily가 도착하자 맡은 병원 특유의 냄새)
	264	**disinfect** [dìsinfékt]	소독하다, 살균하다	
	264	**nostril** [nɑ́strəl]	콧구멍	
	266	**dizzy** [dízi]	어지러운, 아찔한	I follow her out, but the bright lights and the smell of the hospital make me **dizzy**. 나는 엄마를 뒤따르지만 병원의 밝은 빛과 냄새 때문에 어지럽다. (할머니가 누워 계신 병원)
	266	**opposite** [ɑ́pəzit]	다른 편의, 건너편의	They made me want all these **opposite** things at the same time. 그 이야기들이 정반대인 것들을 동시에 원하고 느끼게 했어. (Lily는 호랑이가 들려준 이야기들이 자신이 할머니가 오래 살길 바라면서도, 더 이상 아파서 힘드시지 않길 바라는 정반대의 것을 원하게 했다고 말함)
42	269	**swirl** [swəːrl]	소용돌이 치다, 빙빙 돌다	My mind **swirls** with the tiger's words. 내 마음은 호랑이가 한 말들로 소용돌이 친다. (Lily는 할머니와 마지막 대화를 하기 전, 호랑이와의 대화가 계속 머릿속에 맴돔)

챕 터	쪽 수	어휘 및 표현	뜻	책에 제시된 문장
42	270	**squeeze** [skwiːz]	꼭 쥐어짜다	My chest hurts, but I **squeeze** her hand, tracing her life line with my thumb. 가슴은 아리지만, 나는 할머니의 손을 꼭 잡고 엄지 손가락으로 그녀의 생명선을 어루만진다. (Lily는 할머니와 마지막 대화를 나누며 할머니 손을 잡음)
	271	**fraction** [frǽkʃən]	부분, 파편, 일부	For a **fraction** of a second, I see a flash of a tiger's face beneath her **expression**. 찰나의 순간, 할머니의 표정 아래로 호랑이의 얼굴이 스친다. (할머니가 더 이상 호랑이가 안 무섭고, 죽음이 무섭지 않다고 말하자, Lily의 눈에는 할머니의 표정에 호랑이가 스쳐지나감)
	271	**expression** [ikspréʃən]	표정, 표현	
43	274	**scatter** [skǽtər]	흩어지다, 흩뿌리다	Unya **scattered** the rice, and Eggi spilled the stars. 언니야는 쌀을 뿌리고 애기는 별을 쏟았어요. (할머니를 살리기 위해 언니 Sam은 쌀을 뿌리고, Lily는 별이 든 단지의 뚜껑을 열었음)
44	277	**flutter** [ˈflʌtər]	(심장 등이) 두근(팔딱) 거리다	Her eyes are closed and her pulse **flutters**, barely anything anymore. 할머니의 눈은 감겨 있고, 맥박은 있는 듯 없는 듯 희미하다. (할머니가 죽음 직전의 모습을 Lily가 옆에서 보며 표현함)
	278	**unclasp** [ʌnˈklæsp] (↔ **clasp**)	(팔찌, 목걸이 걸쇠를) 풀다 (↔ 잠그다)	Sam reaches up to **unclasp** the pendant. 언니가 자기 목에서 목걸이를 푼다 (할머니가 돌아가시자, Sam이 할머니가 준 목걸이 펜던트를 푸는 장면임)
	278	**clench** [klentʃ]	(주먹을) 꽉 쥐다, (이를) 아물다	I watch them, my heart **clenching** tight like a little fist. 심장이 작은 주먹을 쥐듯 조이는 것을 느끼면서 나는 그 빛들을 바라본다. (여기서 them은 light(불빛)을 가리킴. Sam은 할머니가 돌아가신 병실 창문 너머 깜빡이는 빛을 보며 또 다른 깨달음을 얻고 있는 장면임)

챕터	쪽수	어휘 및 표현	뜻	책에 제시된 문장
45	281	**remind A of B** [rimáind]	A에게 B가 생각나게 하다	But his text **reminds** me of something. An important date **rattles around in my head.** 하지만 그 문자로 인해 무언가가 기억나려 한다. 어떤 중요한 날짜가 머릿속을 맴돈다. (Ricky가 Lily에게 먹고 싶은 음식으로 'rice cake'라는 문자를 보내었을 때, Lily의 머릿속에 약속된 일(빵 바자회 열기)이 떠오름)
45	281	**rattle around** [rǽtl]	뒹굴뒹굴 돌아다니다, 주위를 맴돌다	
46	285	**perk up** [pəːrk]	(특히 질병, 슬픔을 겪은 후에) 기운을 차리다	A small part of me **perks up**, smiles. 내 안의 작은 부분이 생기를 띠며 조금 웃는다. (일종의 할머니 장례식(고사)을 치루면서 Ricky가 Lily에게 장난을 치자 Lily의 우울한 감정이 조금씩 사라짐)
46	285	**infinite** [ínfənət]	한계가 없는, 무한한	Right now, I feel **infinite**. 나는 나에게 한계가 없다고 느낀다. (주인공 Lily가 할머니를 위해 호랑이에게도 맞서고, 자신의 한계, 두려움을 계속 극복하면서 스스로 한 단계 성장함)

3. 내용 파악 문제 (Reading Comprehension) 정답

문항	정답 및 풀이
1	정답 : ②번 Lily 눈에만 호랑이가 보임. **[풀이]** 1~12쪽 ①번 호랑이는 차에 치이지 않았음, ③번 할머니는 Lily네 가족들이 도착했을 때 집에 안 계심, ④번 언니 Sam은 Lily와 이야기를 나눌 때 상냥하지 않음, ⑤번 Lily네 가족은 할머니와 함께 Sunbeam에서 살기 위해 이사를 옴.
2	**4쪽** She saw a tiger on the street.
3	**8쪽** Halmoni tells Korean stories in which a tiger walks like a man and is described as a scary, tricky predator.
4	**11쪽** There are bags under her eyes and a deep crease between her brows.
5	**23쪽** Halmoni is thinner than the last time I saw her. Her colorful silk tunic and white pants hang looser than usual. Her jewel pendant rests in the U-shaped dip between her collarbones, deeper than before.
6	**5쪽** (1) tiger **23쪽** (2) Halmoni
7	**25쪽** Halmoni is the only person in the world that my invisibility never works on. She always sees straight to my heart.
8	정답 : ②번 호랑이는 할머니로 변장해서 작은 집으로 감. **[풀이]** 36~39쪽 ①번 두 자매는 꽃이 아닌 담쟁이덩굴로 뒤덮인 작은 집에서 살았음, ③번 언니가 아닌 동생이 달려가 문을 열어줌, ④번 하늘 신은 마법의 동아줄과 계단을 두 자매에게 내려줌, ⑤번 두 자매는 해와 달이 되었고 호랑이를 처벌해달라고 하지는 않음.
9	정답 : ⑤번 Sam과 Lily는 지하실에서 많은 시간을 보내며 놀곤 했음. **[풀이]** 40~44쪽 ①번 Lily는 배가 고파 김치가 먹고 싶어서 계단을 내려감, ②번 Lily가 지하실 입구에 들어서자 어제까지만 해도 입구에 쌓여 있던 상자들이 옆으로 옮겨져 있었음, ③번 Lily 혼자 지하실에 들어감, ④번 지하실은 텅 비어 있고, 바닥도 건조함.
10	정답 : ③번 disgusting 역겨운, 혐오스러운 **[풀이]** 45쪽 gross 징그러운, ①번 elegant 우아한, ②,④,⑤번 attractive, appealing, charming 매력적인
11	**48~52쪽** ① shush : 쉿(조용히) 하라고 말하다
12	정답 : ④번 annoyed 짜증난, 귀찮은 **[풀이]** 58쪽 첫 문장에서 엄마는 주인공이 한 말을 기억을 못 하고, 내가 먹고 싶지 않은 차를 엄마가 마시라고 한 상황임. ①번 excited 신이 난, ②번 perplexed 당혹한, ③번 brave 용감한, ⑤번 fascinated 매료된
13	정답 : May I help you? **[풀이]** 60쪽 도서관에 처음 들어갔을 때, 안내데스크(front desk)에 있는 사서가 "도움이 필요한가요?"로 물어보는 상황이 가장 적절함. 이어진 문장 he doesn't really want to help me. 에서도 유추할 수 있음.
14	**91쪽** She saw the tiger.
15	**92쪽~93쪽** They called their mom and she took Halmoni to the hospital.
16	- **92쪽** her face is moon white and her eyes are wide. - **93쪽** chewing her thumbnail so hard - **93쪽** Sam's frozen. She can't even answer.

문항	정답 및 풀이
17	정답 : ⑤번 haunted 귀신이 나오는 **[풀이] 96쪽** 집이 신음 소리를 내고(groan), 밤의 고요가 깨지고(shatter), 그림자가 춤을 추는 분위기는 으스스한 분위기로 ⑤번 haunted가 가장 적절함. ①번 hopeful 희망에 찬, ②번 relaxed 느긋한, ③번 upset 속상한, ④번 relieved 안도하는
18	**97쪽** They're the stars(stories).
19	**100쪽** It's Halmoni's bedroom.
20	정답 : ⑤번 **[풀이] 104쪽~105쪽** 엄마는 아프신 할머니와 좋은 시간을 보내기 위해 아이들과 할머니가 계신 곳으로 이사를 옴.
21	(1) b, (2) c, (3) d, (4) a
22	정답 : (1) T, (2) T, (3) F **[풀이] 106쪽~116쪽** (3)번 Ricky는 호랑이 사냥을 위해 덫을 만든다는 생각에 매우 흥분함(I'm so excited).
23	정답 : ② jars **[풀이] 130쪽** Lily는 비닐 포장지에서 유리 단지를 꺼낸다.
24	정답 : ⑤ **[풀이] 130쪽** ①번 Lily 가족들은 한식당에 갔음, ②번 음식점 입구에는 큰 호랑이 그림이 걸려있음, ③번 엄마는 90년대에 이 음식점을 방문한 적이 있음, ④번 할머니가 손님의 접시를 떨어뜨려 접시가 깨짐.
25	**183쪽** (1) windowsill 창틀, (2) tumble 굴러떨어지다, (3) impatient 짜증난, (4) secrets 비밀, (5) pinky 새끼손가락
26	정답 : (C) **[풀이] 186쪽** (C) 뒤에 이어지는 문장 The stories felt like darkness,~(그 이야기들은 어둠 같다고 느껴졌다~)에 소녀가 이야기를 두려워한 이유가 나오기 때문에 (C) 자리가 가장 자연스러움.
27	정답 : crazy 미친 **[풀이] 208쪽** 처음 만난 Adam이 Lily의 할머니에 대해 witch(마녀)라고 하고, 맨 마지막 문장에서 사람들에게 주문(spells)도 걸고 저주(curses)도 건다는 말을 통해 부정적 어감인 crazy가 가장 적절함. hilarious 우스운, humorous 재미있는, passionate 열정적인, patient 인내심이 있는
28	**211쪽** She doesn't stand up for her Halmoni when other friends talk about her in a bad manner. And she fetches Ricky a pudding.
29	정답 : ③ rudeness 무례함 **[풀이] 209쪽~212쪽** Lily는 Ricky가 할머니가아프시고, 환각이 보여서 이상한 행동을 한다고 친구들에게 아무렇지 않게 이야기하자, 둘 사이의 비밀스러운 대화를 함부로 말한 Ricky에게 복수를 하고자 푸딩 안에 진흙을 넣어서 먹으라고 건네줌.
30	정답 : ③ **[풀이] 217쪽~223쪽** ③번 Lily가 Ricky의 푸딩에 진흙을 넣었다고 해서, Ricky의 아빠가 엄마를 직장에서 해고했다는 내용은 언급되어 있지 않음.
31	정답 : ④ **[풀이] 232쪽** ④번 Lily가 Ricky의 푸딩에 진흙을 넣었고 그걸 Ricky가 먹음.

문항	정답 및 풀이
32	정답 : ② **[풀이] 229쪽** ②번 Lily는 "I break off a new piece of mugwort and stuff it into my pocket." 이라는 문장을 통해 주머니에 쑥 한 조각을 넣고 Ricky의 집으로 갔음을 알 수 있음.
33	정답 : ⑤ **[풀이] 230쪽~238쪽** ⑤번 Ricky의 증조할아버지는 호랑이를 사냥하러 시베리아에도 가곤 했음. ①.③번 Ricky는 친구들이 Licky의 할머니를 마녀라고 하고, 자신이 할머니가 환각 증세가 있다고 대놓고 친구들 앞에서 말한 것에 대해 사과를 함. Ricky의 친구가 할머니를 마녀라고 말했음, ②번 Ricky는 아버지하고만 살고 있음, ④번 Ricky는 방도 여러 개 있고, 넓은 집에 살고 있음.
34	정답 : ② **[풀이] 249쪽~250쪽** ②번 할머니는 2층 계단을 올라오시더니 문 앞에서 쓰러지심.
35	**253쪽** Because she hoped Halmoni would die soon and she didn't knock on wood.
36	**253쪽** She has been scattering rice at night. **[풀이]** 할머니가 돌아가셨으면 좋겠다고 한 뒤, 그 말을 취소(undo)하고자 Sam은 밤에 쌀을 뿌리고 다녔음.
37	**257쪽** "Stories don't belong to anybody. They're meant to be told." Maybe it's scary to tell stories and share their truths-but I'd rather face them than run.
38	정답 : ⑤
39	**265쪽** Because she told Lily and her sister to stay home, and Sam drove there with only a learner's permit. **[풀이]** 엄마가 할머니를 모시고 병원에 가는 동안 Lily와 Sam에게 분명 집에 있으라고 했는데, 도로 연수 허가증(learner's permit)으로 운전해서 병원에 가서 엄마가 화가 났을 거라고 예상함.
40	**266쪽** She saw the tiger.
41	**266쪽** An invisible girl and an invisible tiger. We match.
42	**267쪽** ④ regretful 후회하는 **[풀이]** Lily는 호랑이에게 이야기 단지(jar)를 깨서버려서 할머니가 아프고 단지를 깬 것을 후회한다고 말함. ①번 indifferent 무관심한, ②번 surprised 놀란, ③번 pleased 기쁜, ⑤번 lonely 외로운
43	**270쪽** It's the tiger. **[풀이]** 할머니는 Lily에게 드디어 나의 엄마(umma)가 자신을 찾으러 왔다고 했고, Lily도 봤다고 함. 즉 Lily 앞에 나타난 호랑이는 할머니의 엄마임.
44	(1) b, (2) c, (3) d, (4) a
45	**277쪽~278쪽** story
46	정답 : ②

4. 인상 깊은 문장 (Impressive Sentences) 예시 답안

챕터	인상 깊은 문장
1	This tiger belongs in one of Halmoni's stories. (Lily가 본 호랑이는 할머니의 이야기를 들으며 상상했던 그 호랑이 모습임. Lily는 할머니의 호랑이 이야기가 아주 인상적이었던 것을 알 수 있음.)
1	The rain started as soon as we entered Washington State, and it only gets worse as our car inches past the hand-painted WELCOME TO SUNBEAM! sign. (할머니가 사는 곳 지역의 이름이 'sunbeam(햇살)'인데, 비가 오는 것이 아이러니함. 유독 주인공이 호랑이를 볼 때, 비가 오는 것도 지역 이름과 대비되어서 인상적임.)
2	Every time I heard them, they'd give me shivers. (Lily는 할머니가 들려주는 이야기 속 호랑이에 몰입하여 호랑이(they)를 무섭고, 두려운 존재로 느낀다는 것을 알 수 있음.) ※shiver (몸을) 떨다
4	She's like gravity. (할머니는 다른 사람들이 할머니를 좋아하게 만드는 능력이 있다는 것을 gravity(중력)과 같다고 표현함.)
4	The world is bigger than what we see. (할머니의 세상 인식을 알 수 있음. 미신에 대한 믿음을 엿볼 수 있음.)
4	"Lily Bean!" she says. Her whole face lights up, and I didn't even know someone could be so happy about anything. I run down the hallway and slide into her arms, soaking up her love. "Careful." Mom sets Halmoni's bags on the kitchen table and crosses her arms. "Don't knock your halmoni over." (할머니의 손녀에 대한 사랑과 딸(엄마)의 엄마(할머니)에 대한 사랑을 느낄 수 있는 따뜻한 문장임.)
6	I rub my eyes and shake the sleep out of my head, and the shadows go back to normal. (잠에서 깨기 위해 눈을 비비고 정신을 차리는 장면을 자연스럽게 표현한 문장임.)
8	"I don't. But I believe in me. When you believe, that is you being brave. Sometime, believing is the bravest thing of all." (할머니의 성격도 알 수 있는 믿음의 중요성을 이야기한 문장임.)
9	For a moment I stare at the crack, and something opens inside me-something big and gaping, a bla hole that's a little too scary to look into. (주인공 Lily는 엄마가 타 준 싫어하는 차를 버린 후 찻잔의 깨진 틈을 보면서 자신의 마음을 차지하고 있는 자신도 모르는 모습을 바라보게 됨. the crack과 마음속의 무의식, a black hole이 동일하게 이미지화되어 있는 것이 흥미로움.)
13	"When that happen, you don't tell them they are bad. That only make it worse, You remind them of the good." (모든 사람들이 좋은 모습과 나쁜 모습 모두를 가지고 있지만, 그들 삶의 무서운 이야기들이 좋은 점을 잊게 만들어 버리곤 한다고 함. 그럴 땐 그들에게 '당신이 나쁘다.'라고 말해주는 것은 상황을 더 악하게 만들 뿐이니, 그들이 얼마나 좋은 사람이었는지 생각나게 해주라는 할머니의 지혜의 말이 인상 깊음.)
18	"We. Found. Treasure." Only it isn't treasure. It's… jars. (Lily가 할머니가 말한 '이야기 단지'가 진짜 존재한다는 사실을 지하실에서 발견하여 흥미진진해 함.)

챕터	인상 깊은 문장
18	I can't tell him the real reason - the tiger appeared in the house. She thinks the stolen star stories are somewhere in here. And the basement is the only place where my family won't notice a giant trap. (Lily는 Ricky와 호랑이를 잡을 구덩이를 집 지하실에 만들면서, Ricky가 왜 야외에 안 만드냐는 질문에 자신의 집 안에서 호랑이가 나타났고, 도둑맞은 이야기 별을 찾는다고 차마 말할 수 없는 상황임.)
18	I nod along, but my mind snags on the used to. It's like what he said at the grocery store: she used to make sticky buns. She likes hats, in the present tense, but they used to buy hats. (중간 생략) But don't' ask about it. I don't like when random people ask me about Dad, and I don't want to make Ricky uncomfortable. (Ricky는 엄마와의 경험을 말하는 시제를 과거(used to)로 이야기함. Lily는 궁금하지만, 자세히 물어보지 않은 이유가 Lily 자신이 아버지의 부재로 느끼는 감정이 생각나고 Ricky의 심정도 이해가 됨.)
19	"My halmoni is sick." I tell him. When he looks confused, I clarify: "My grandma." He blows air from his lips. "I'm sorry. That's awful." "She's afraid of tigers, so I wanted to make her feel better." It's not quite the truth - but it's close enough. My shoulders loosen, and my lungs fill with relief. It's nice to talk to somebody. (할머니가 아프시다는 사실을 Ricky에게 말하자 마음이 편해지는 Lily의 모습을 표현함.)
25	Sometimes, with the hard things, you don't want to talk about it. You just want someone to know it's happening. (Lily가 Ricky 집에서 떡을 만들며 할머니로 인해 걱정이 많지만 모든 것을 Ricky에게 털어 놓지는 못했고, Ricky도 자세히는 모르지만, 힘든 상황을 아는 것만으로도 Lily는 위로를 받음.)
27	Hope is a funny, lasting thing. (호랑이가 들려주는 이야기 속의 할머니는 손녀가 어디로 갔는지 알지 못하지만 보름달이 뜰 때마다 단지를 바다로 띄워 보내면서 자신의 손녀에 대한 사랑을 표현함. 결국 단지는 동이 나지만 자신의 희망은 사라지지 않는다는 표현이 인상적임.)
30	And for a moment, I don't want to defend her. For a moment, I wish she were a normal grandmother, who makes brownies instead of kimchi. Who knits scarves instead of mixing strange Korean herbs. (주인공 Lily의 할머니에 대한 이중적인 마음을 엿볼 수 있음. 할머니가 좋으면서도 다른 친구들이 할머니에 대해서 미친 마녀라고 하고 무섭다고 말할 때, 할머니를 변호하고 싶으면서도 할머니가 다른 할머니들처럼 김치 대신에 브라우니를 만들고 이상한 한국 약초들을 섞는 것 대신 털실로 목도리를 뜨는 할머니였으면 좋겠다는 Lily의 마음이 드러남.)
30	Ricky finally speaks, mouth still full. "Guys, Lily's grandma's not scary. It's not her fault she's like that. She's sick, so she has hallucinations that make her act that way, like scared of ghosts and tigers and stuff, right, Lily?" The ground becomes a black hole - a tiger's mouth, jaws open wide - and I'm falling in, swallowed whole. He wasn't supposed to tell. (Ricky를 친구라고 생각했던 Lily는 Ricky가 할머니가 아프고, 환각 증세를 보인다고 너무 솔직하게 다른 친구들 앞에서 이야기해서 배신감을 느낌. Lily가 제일 두려워하는 호랑이나 귀신을 할머니와 엮어서 이야기하자 Lily는 땅속으로 꺼지는 기분을 느끼게 됨.)

챕터	인상 깊은 문장
32	"Lily, my relationship with Halmoni never ended. It just changed." "I don't want things to change," I say. She looks at me intently, like she needs me to understand. "Lily, everything changes. That's normal. But I never stopped loving her. That's why we're here, because I love her so much. We all do. And I know Halmoni's episodes are scary, but she loves you, too. Those momentary lapses are the illness, not her." I think about the mud, and a pit of shame grows in my stomach. "I let her down." (엄마는 할머니가 아프셔서 이전과는 상황이 변했지만, 할머니가 손녀들을 사랑하는 마음은 변하지 않았다고 이야기를 해주심. Lily는 엄마와의 대화를 통해 Ricky가 할머니에 대해 나쁘게 이야기한 것에 화가 나서 Ricky의 푸딩에 진흙을 섞어서 준 것에 대해 후회하기 시작하는 모습을 엿볼 수 있음.)
33	I pretend I am Sam, with headphones jammed against my ears. I pretend I am Sam, staring at a glowing screen, ignoring the world around me. I pretend I am Sam and I do not answer. (주인공 Lily와 언니 Sam의 다른 성격을 알 수 있음. 언니 Sam은 평소에 헤드폰을 귀에 푹 누르고, 주변에 일어나는 일 따위는 무시하는 성향인 반면, 주인공은 그렇지 못했음. 반복해서 'pretend' 동사가 나오면서 자신의 평소 행동이 아니라는 것을 알 수 있음)
34	"You've got to do it now, Lily," she says. "If you put things off for later, you'll never do them. They'll become harder and scarier, and one day you'll realize you've run out of time." (주인공 Lily에게 엄마가 해준 조언으로 Lily가 친구인 Ricky와 Sam의 친구들이 Lily의 할머니를 마녀 같다고 놀리자 Lily가 작은 복수를 하고 난 뒤, 엄마가 얼른 사과하러 가야한다고 한 표현으로 '사과는 빠르면 빠를수록 관계회복에 좋다'는 의미임.)
34	"That's an herbal remedy that Halmoni's been taking. It helps with her nausea, but some people think it causes vivid dreams and nightmares. (중간 생략)" "Oh." I look back at the shriveled herb in my palm. I haven't dreamed anything weird. Unless the tiger was all a dream... But, no. The tiger was real. I know she was. (할머니가 자신이 먹는 '약초'가 주인공을 보호해 줄 거라며 건네준 적이 있었는데, 이 약초가 어지럼증(nausea)과 함께 생생한 꿈(dream)과 악몽(nightmares)을 줄 수도 있다고 엄마가 말함. 이 말에 주인공 Lily는 자신의 눈앞에 보이는 호랑이는 결국 허구이고, 생생한 꿈에 지나지 않다는 복선이 깔려있는 문장임.)
34	He shrugs. "They save the world anyway, even though they're not ready. And they get stronger, and they learn who they are as they go along." (Lily가 친구 Ricky를 만나서 자신이 어떤 사람인지 모르겠다고 고민을 토로하자, 자신이 보는 만화책의 주인공(hero)의 특징을 이야기하며 위로해 줌. hero는 준비가 되지 않아도 세상을 구하고, 세상을 구하면서 자신이 누구인지를 깨닫게 된다며 Lily가 할머니를 구해야 한다는 스트레스로 심적으로 혼란스러워 하는 상황을 통해 성장하고 강해지는 과정임을 알게 해주는 표현으로 볼 수 있음.)
39	"I didn't want to share. Like, if I told you all those Dad-stories, they'd disappear. They wouldn't be mine anymore." (차갑고 까칠하게만 보였던 언니 Sam이 아빠의 죽음으로 얼마나 상처를 받았는지 알 수 있는 대목. 아빠와의 추억을 Lily와 나누면 그 추억이 사라질까봐 혼자서만 간직할 수 밖에 없었던 가녀린 소녀임을 느끼게 해줌.)

챕터	인상 깊은 문장
39	"Stories don't belong to anybody," I say. "They're meant to be told." Maybe it's scary to tell stories and share their truths-but I'd rather face them than run. (이야기는 어느 누구에게 속한 것이 아니라 전해져야 하는 거라고 생각하는 Lily. 이야기를 나누고 사실을 공유하는 것이 무서운 것일지라도 도망치기보다 당당히 맞서겠다고 이야기함.)
41	An invisible girl and an invisible tiger. We match. (주인공 Lily가 소설의 도입부에 자신을 'invisible shy girl(QAG: Quiet Asian Girl)'이라고 소개했는데 시간이 흐를수록 점차 자기가 tiger와 닮아 가고 있는 것을 느낌. 즉, 사람들의 눈에는 보이지 않을 정도로 조용하고 내성적이지만, 동시에 부드럽고 강한 내면의 힘을 가지고 있는 소녀로 성장하고 있는 것을 스스로 느낌.)
44	Sometimes, the bravest thing is to stop running. (할머니가 병상에서 돌아가시려고 할 때, Lily가 할머니에게 나지막이 한 말임. 이 표현에서 달리는 것(running)은 '삶'을 나타내고 멈추는 것(stop)은 '죽음'을 비유적으로 표현한 것으로 할머니가 Lily에게 몇 번이고 했던 말을 Lily가 지금의 할머니 상황에 빗대어 표현함.)
46	In the sky, the sun is setting, and the moon peeks over the trees. (할머니 죽음을 애도하는 고사를 지낸 뒤, 한국의 전래동화 '해와 달이 된 오누이' 결말에 빗대어 언니 Sam과 주인공 Lily가 어색하고 먼 사이에서 다시 친근한 자매 사이가 되었음을 비유적으로 표현하고 있음. 또한 호랑이를 물리친 전래동화 내용처럼 소설 속 가상의 호랑이도 더이상 나타나지 않아서 전래동화와 비슷한 결말을 맺은 것이 인상적임.)

5. 토의 주제 (Discussion Topics) 예시 답안

문항	예시 답안
1	할머니가 곧 죽음이 임박했다는 것은 나타내는 신호로 할머니와 함께 남은 시간 동안 가족들과 오붓한 시간을 가지게 해주는 계기가 됨.
2	초반에 Lily의 성격을 묘사하는 단어로 invisible, shy(챕터1) 등이 나왔는데, 할머니를 살리기 위해 호랑이와 대적하면서 I am Lily, and I am brave. I'm the hunter.(챕터 21)로 스스로를 표현하며 대범하고 용기 있는 성격으로 변화함.
3~6	생략
7	tiger-girl과 할머니와의 관계는 각각 엄마와 딸로 추측할 수 있음. 왜냐하면 이야기 속에서 호랑이 여인(tiger-girl)이 딸과 작별 포옹을 하며 울자, 눈물방울이 진주로 변했고, 그 진주가 목걸이 펜던트(pendant)가 되어 딸이 목걸이로 걸고 있음. 실제로 할머니가 팬던트 목걸이를 가지고 있어서 tiger-girl의 딸로 추측할 수 있음.
8	할머니와 호랑이는 뗄 수 없는 가족 관계일 가능성이 높음. 즉, <챕터 27> 이야기 속에 나오는 호랑이의 딸(반은 사람이고 반은 호랑이로 묘사)이 할머니가 아닐까 추측됨.
9	Lily 입장에서 조용한 아시아 여자아이(QAG)를 탈피하고 할머니가 마녀라는 오해를 받는 것이 싫어서 Ricky를 혼내주려는 용감한 행동이었다고 생각함. 다만, 친구가 먹는 푸딩에 진흙을 넣어서 혼내 주는 방법 대신, 직접적으로 이야기를 해서 오해를 풀었다면 더 현명한 방법이었을 것 같음.
10	- 해와 달이 된 오누이 : 동아줄을 타고 하늘로 올라감. - When you trap a tiger : 폭풍우가 몰아치는 가운데 계단을 밟고 아래로 내려감. - When you trap a tiger 결말 의미 : 어려운 상황을 회피하지 않고 당당하게 맞서는 모습. QAG를 벗어나 성장하는 모습을 보여줌.

6. 활동지 (Worksheet) 정답 및 예시 답안

	〈Workbook 2〉 예시 답안
1	Mom, Sam(Lily's elder sister), and Halmoni(Lily's grandmother)
2	(1) 수줍고 조용한 성격 탓에 주변 사람들이 Lily의 존재를 잘 모르는 경우가 있음. Lily는 그런 자신의 존재감 없는 모습을 초능력(superpower)인 being invisible(투명 인간)로 표현함. (2) 다른 사람들 눈에는 안 보이는 호랑이가 보임.
3	Then she flings her door open and flies out, throwing it shut as she starts running. She's drenched immediately, and she's not moving fast, but she's working hard-fists pumping, shoulders hunched, head tilted forward, as if she's a bull charging her mother's home. (엄마가 차 문을 열고 튀어 나가더니 문을 쾅 닫고 내달리기 시작한다. 어차피 금방 비에 흠뻑 젖어 버린 데다 빠르지도 않지만 엄마는 힘껏 달린다. 움츠린 어깨, 허공을 주먹질하는 양손, 푹 숙인 고개. 엄마는 꼭 어미 집으로 달려드는 황소 같다.)
4	(챕터1에 묘사된 호랑이 모습) 비가 오는 도로 위를 엄마가 운전하고, Lily와 Sam이 차에 앉아 있는데, 두 앞발 위에 머리를 얹은 커다란 호랑이가 서 있다. 우리 차가 다가가자 호랑이가 고개를 들고 하얀 이를 드러내며 하품을 하며 서서히 일어서는 모습 

167

	<Workbook 3> 예시 답안
1	(1) Lily 입장에서는 엄마가 Lily를 대할 때 진짜 Lily가 아닌 엄마가 생각하는 또는 원하는 아이로 대한다고 생각함. 차를 '좋아하지' 않는데 차를 준다든지, 도서관을 '사랑하지' 않는데, 집 밖으로 좀 나가라고 함. 심지어 어릴 때는 도서관이 싫어서 엄마와 언니가 도서관에서 그림책을 빌려오는 동안 도서관 앞 계단에 앉아 기다릴 정도였음. 엄마 입장에서는 Lily가 할머니가 들려준 옛날이야기만 계속해서 궁금해하고, 밖에 나가서 놀지 않는 소극적인 Lily가 걱정됨. 그래서 계속해서 동네 아이들도 좀 만나라고 이야기를 함. 집 밖에 나가서 바깥 공기도 마시고, Lily가 책을 좋아한다고 생각해서 도서관에 가서 친구들을 만나라고도 이야기함. (2) Lily는 보다 적극적으로 엄마에게 자신의 감정을 표현해야 함. 즉, 엄마가 생각하는 고분고분하고, 친구들과 노는 것보다 책 읽는 것을 좋아하고, 차 마시는 것을 좋아한다는 생각을 바꾸도록 노력해야 함. 서로 간의 대화가 많이 필요함.
2	(1) 70쪽, A short white boy, wearing a bright orange shirt, black jeans, and an old-fashioned newsboy hat over shaggy brown hair. (키가 작은 백인 남자아이. 황토색 셔츠에 블랙진을 입고, 덥수룩한 갈색 머리카락 위에 옛날식 신문 배달원 모자를 썼다.) (2) 생략

<Workbook 4> 예시 답안

(1) Mom
(2) Mom
(3) Lily
(4) Sam

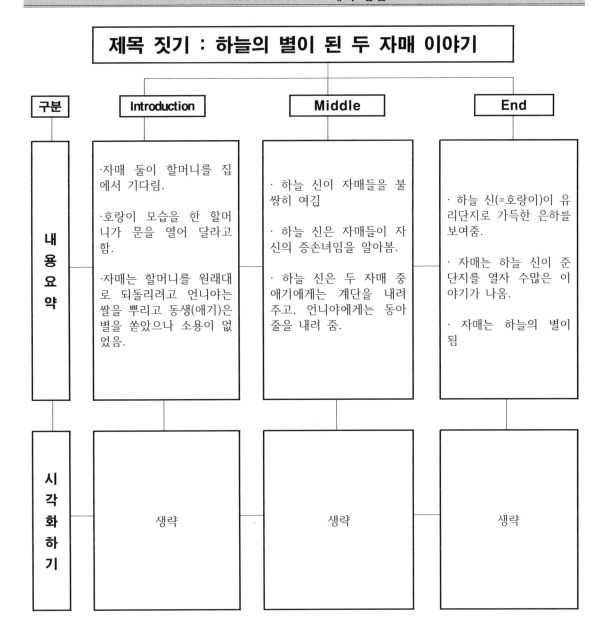

제목 짓기 : 하늘의 별이 된 두 자매 이야기

구분	Introduction	Middle	End
내용요약	·자매 둘이 할머니를 집에서 기다림. ·호랑이 모습을 한 할머니가 문을 열어 달라고 함. ·자매는 할머니를 원래대로 되돌리려고 언니야는 쌀을 뿌리고 동생(애기)은 별을 쏟았으나 소용이 없었음.	· 하늘 신이 자매들을 불쌍히 여김 · 하늘 신은 자매들이 자신의 증손녀임을 알아봄. · 하늘 신은 두 자매 중 애기에게는 계단을 내려주고, 언니야에게는 동아줄을 내려 줌.	· 하늘 신(=호랑이)이 유리단지로 가득한 은하를 보여줌. · 자매는 하늘 신이 준 단지를 열자 수많은 이야기가 나옴. · 자매는 하늘의 별이 됨
시각화하기	생략	생략	생략

The Guernsey Literary and Potato Peel Pie Society
(건지 감자껍질파이 북클럽)

워크북

워크북 원고 (PDF)

| 책 소개 | The Guernsey Literary and Potato Peel Pie Society (건지 감자껍질파이 북클럽) | | | |

Author	Print length	Lexile	Publication date
Mary Ann Shaffer, Annie Barrows	290 pages	930L	May 5, 2009

#1 *NEW YORK TIMES* BESTSELLER

• NOW A NETFLIX FILM

• A remarkable tale of the island of Guernsey during the German Occupation, and of a society as extraordinary as its name.

2009년 미국 소설 베스트셀러 4위

2008년 아마존·뉴욕타임스 베스트셀러 1위

2008년 워싱턴 포스트 "Best Books"

미국·프랑스·호주 등 전 세계 30여 개국에서 베스트셀러

2018년 전 세계 26여 개 국가에서 영화 개봉, 국내 2018년 8월 10일 넷플릭스 개봉

〈워크북 제작에 활용한 책〉

"I wonder how the book got to Guernsey? Perhaps there is some sort of secret homing instinct in books that brings them to their perfect readers." January 1946: London is emerging from the shadow of the Second World War, and writer Juliet Ashton is looking for her next book subject. Who could imagine that she would find it in a letter from a man she's never met, a native of the island of Guernsey, who has come across her name written inside a book by Charles Lamb. . . .

As Juliet and her new correspondent exchange letters, Juliet is drawn into the world of this man and his friends—and what a wonderfully eccentric world it is. The Guernsey Literary and Potato Peel Pie Society—born as a spur-of-the-moment alibi when its members were discovered breaking curfew by the Germans occupying their island—boasts a charming, funny, deeply human cast of characters, from pig farmers to phrenologists, literature lovers all.

Juliet begins a remarkable correspondence with the society's members, learning about their island, their taste in books, and the impact the recent German occupation has had on their lives. Captivated by their stories, she sets sail for Guernsey, and what she finds will change her forever.

Written with warmth and humor as a series of letters, this novel is a celebration of the written word in all its guises and of finding connection in the most surprising ways.

(내용 출처 : amazon.com)

영국해협에 위치한 채널제도의 건지 섬은 제2차 세계대전 당시 유일하게 독일에 점령되었던 영국의 영토. 『건지 감자껍질파이 북클럽』은 이 시기를 버텨낸 건지 섬 사람들의 이야기를 편지글 형식으로 그린 소설이다. 런던에 사는 주인공 줄리엣은 우연한 편지로 인해 일면식도 없던 건지 섬 사람들의 삶 속을 들여다보게 된다. 줄리엣이 이들과 주고받는 편지를 통해 특별할 것 없는 보통 사람들이 고난의 시기에도 작은 즐거움과 희망을 통해 삶의 의미를 찾아가는 이야기가 경쾌하고 담백한 문체로 그려진다.

개성 넘치는 캐릭터, 우아한 영국식 유머, 깊이 있는 감동을 주는 스토리가 전 세계 사람들의 마음에 따뜻한 울림을 전해, 이 책은 출간 이후 10년 동안 입소문만을 통해 스테디셀러의 위치를 지키고 있다.

2018년에는 오랫동안 많은 팬이 기다려온 영화화가 완료되어 26여 개 국가에서 개봉되기도 했다. [신데렐라]의 릴리 제임스, [왕좌의 게임]의 미치엘 휘즈먼 등 아름다운 남녀 배우가 주연을 맡아 흥미를 더하고,[해리 포터와 불의 잔]등 수많은 블록버스터를 만든 마이크 뉴웰이 감독하여 극의 완성도를 더한다. 국내에서도 2018년 8월에 개봉했다.

(내용 출처 : yes24.com)

Mary Ann Shaffer 칠십 평생 지역 신문의 편집자 및 도서관 사서로 일했으며 서점에서 근무하기도 했고, 열정적인 문학 클럽 회원이기도 했다. 언젠가 책을 쓰기를 원했던 저자에게 그의 오랜 문학회 친구 하나가 말했다. "닥치고, 글을 쓰라고!" 이 말에 자극을 받아 쓰기 시작한 책이 바로 『건지 아일랜드 감자껍질파이 클럽』이다.

저자 메리 앤 셰퍼는 우연히 들은 '건지 아일랜드' 이야기에 흥미를 느낀 나머지, 충동적으로 비행기를 타고 그 섬으로 날아갔다. 며칠간 섬을 돌아본 뒤 런던으로 돌아가려고 건지 공항에 갔을 때, 짙은 안개 때문에 모든 항공기의 이륙이 금지되었다는 소식을 접했다. 꼼짝없이 공항에 발이 묶일 수밖에 없었다. 무료한 시간을 때우기 위해 그녀는 건지공항 서점에 있던 건지 관련 책들을 모두 읽어 나갔다. 그 중 나치 독일이 건지 섬을 점령했던 시기의 이야기가 저자를 매혹하기 시작했다.

오랜 세월이 지난 뒤, 그녀의 북클럽에서 그녀에게 책을 쓰라고 재촉했을 때 메리 앤은 자연스럽게 건지 섬을 생각해 냈다. 이 사랑스러운 이야기는 그녀의 가족으로부터, 그녀의 문학 클럽 회원들로부터, 전 세계의 편집자들로부터 열렬한 반응을 이끌어냈다. 안타깝게도 그 직후 메리 앤의 건강이 갑자기 나빠졌다. 조카인 애니 배로우즈에게 그 책의 마무리를 도와달라고 요청한 후 그녀는 이 책이 세상에 나오는 것을 보지도 못하고 세상을 떠났다. 책은 그녀의 조카이자 동화작가인 애니 배로우즈(Annie Barrows)가 정리하여 출판했다.

(내용 출처 : yes24.com)

1. 주요 인물 (Main characters) & 영화 속 인물

등장인물	인물 소개
Juliet Ashton (줄리엣)	여자 주인공 / 작가 / <*Izzy Bickerstaff Goes to War*> 책을 냄. 필명은 Izzy Bickerstaff / 독일군 침략 글을 쓰기 위해 건지섬에 갔으나, 결국 건지섬의 따뜻한 건지 북클럽 사람들과 함께 생활하며 건지섬에 살게 됨. / (결말 부분) Dawsey와 결혼함.
Sidney Stark (시드니)	Juliet이 일하는 출판사 사장 / Juliet의 절친인 Sophie의 오빠 / Juliet을 친동생처럼 진심으로 이낌.
Sophie Strachan (소피)	Juliet의 절친 / Sidney의 오빠 / 현재 결혼 후 스코틀랜드에서 지냄. / Juliet이 속마음을 가장 솔직하게 털어놓는 친구임.
Dawsey Adams (도시)	남자 주인공 / Charles Lamb 작가를 좋아하여 Juliet과 편지를 교환하기 시작함. / 건지섬에서 돼지를 키우고, 건물 수리를 하는 등 다양한 일을 함. / 과묵하고 진중한 편임. / Juliet을 좋아하나, 직접적인 고백을 못 하고 Juliet과 주고받은 편지를 고이 집에 간직함. / 결국 Juliet이 고백하여 결혼하게 됨.
Mark Reynolds (마크)	미국인 출판업자 / Juliet의 약혼자 / 부유하고 자신감이 넘침. / Juliet의 글을 읽고 좋아서 적극적으로 구애를 함.
Amelia Maugery (아멜리아)	북클럽 회원 / 나이 있으신 중년 여성 / 지적임. / 북클럽 모임을 자신의 집에서 개최함. / 전쟁 중에 딸을 잃고 Elizabeth를 딸처럼 생각하고 살았으나 Elizabeth도 잃음.
Elizabeth Mckenna (엘리자베스)	북클럽 회원이자 북클럽 창시자 / 건지섬의 북클럽 회원들이 모두 Elizabeth를 통해 연결이 되었다고 볼 수 있을 만큼 매사 적극적이고 불의에 저항하고 진실된 사람임. / 독일인 Christan과 낳은 아이 Kit이 있음. / 배가 고파 남의 집에 음식을 훔쳐먹은 노예(폴란드 출신) 소년을 치료하고 먹여줬다는 이유로 감옥에 가게 되고 결국 독일군에 의해 죽음.

등장인물	인물 소개
John Booker (존)	북클럽 회원 / 돼지구이를 먹고 통금 시간이 지나 집으로 가는데, 큰 소리로 노래를 불러서, 본의 아니게 <건지 감자껍질파이 북클럽>을 만들게 해준 장본인 / Tobias(토비어스) 경의 하인이였음. / 자신이 모시던 Tobias 경이 영국 본토로 떠나자, 토비어스 행세를 몇 년간 함. / <세네카> 작품을 좋아함. / 현재 아마추어 극단에서 연기함.
Isola Pribby (이솔라)	북클럽 회원 / 수다스럽지만 사랑스러움. / 자신의 못생긴 외모에 콤플렉스가 있음. / 때론 엉뚱하기도 하지만 <폭풍의 언덕> 읽기를 좋아하며 감수성이 풍부한 여자임.
Eben Ramsey (에번)	북클럽 회원 / 건지섬의 우체국장 / 맛없는 감자껍질 파이를 만든 장본인 / 자신의 딸(Jane)이 아기를 낳다가 죽음. / 딸의 아들 Eli가 독일군 점령 당시, 영국 본토에 4~5년 있다가 다시 건지섬으로 돌아옴.
Eli Ramsey (엘리)	Eben의 손자 / Eben의 우체국 일을 돕고 있음.
Christian Hellman (크리스챤)	건지섬에 파견근무 발령받은 독일 의사 / Dawsey와도 친한 사이 / Elizabeth 사이에서 낳은 딸 Kit이 있음. / 프랑스로 발령을 받았는데, 그가 배가 탄 배가 연합군의 폭격으로 사망함.
Kit (킷)	죽은 Elizabeth의 딸 / 4살 / Elizabeth처럼 강인하고, 뭔가 고집도 있는 성격임. / Dawsey를 매우 잘 따르고, Juliet과 친해지고는 Juliet을 정말 잘 따름. 결국 Juliet은 Kit를 양녀로 맞이함.
Remy Giraud (레미)	프랑스 여성 / 강제수용소에서 Elizabeth와 함께 수감 되었던 수감 동료 / Elizabeth의 사망 소식을 북클럽 회원들에게 처음으로 편지로 알림.

(출처:https://www.cliffsnotes.com/literature/g/the-guernsey-literary-and-potato-peel-pie-society/character-map)

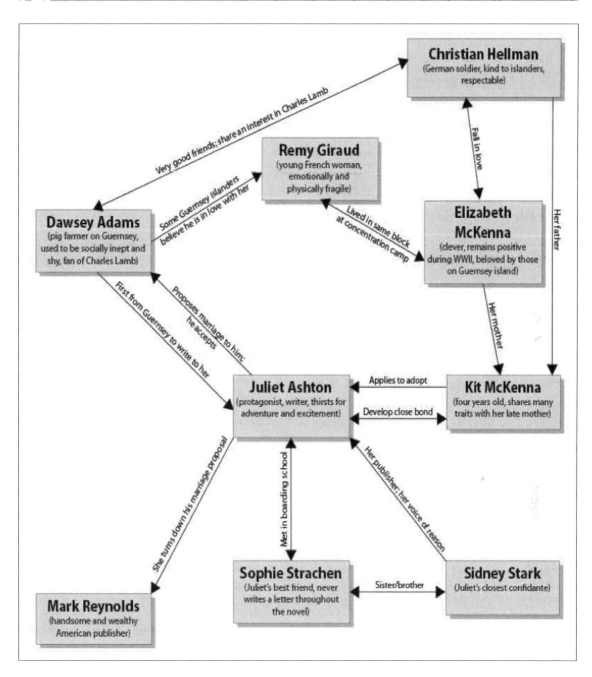

주요편지	주요 내용
제1부	### 1946년 1월 8일~5월 20일 ### 런던에서
3~6쪽	**Juliet과 Sidney의 편지** - 작가 Juliet이 <Izzy Bickerstaff Goes to War> 출판 기념 북토크(book talk)를 Susan(출판사 직원)과 함께 투어 중 출판사 사장이자 친한 친구 오빠인 Sidney에게 쓴 편지
9~12쪽	**Dawsey가 Juliet에게 쓴 첫 편지** - Juliet이 가지고 있던 Charles Lamb의 <the Selected Essays of Elia> 책을 Dawsey가 가지게 됨. 책에 적혀 있는 주소와 이름으로 Juliet에게 편지를 씀. - <편지 쓴 목적> Charles Lamb의 전기 책을 주문하고 싶은데 서점에 구해 달라고 부탁 글을 남김. - 특히 Charles Lamb이 쓴 돼지구이(roast pig)에 관한 내용이 <건지 감자껍질파이 북클럽>이 탄생하게 된 배경이라 더욱 친근하다고 글을 씀.
	Juliet이 Dawsey에게 쓴 첫 답장 - 책을 구해 줌. 그리고 <건지 감자껍질파이 북클럽>에 대한 궁금증 3가지를 질문함.
12~17쪽	**Juliet이 Sidney에게 쓴 편지** - 책 <Izzy Bickerstaff Goes to War> 출판 기념 북토크(book talk) 및 오찬회로 Susan(출판사 직원)과 투어 중에 쓴 글. - 투어 중 재미난 에피소드와 함께, Markham(자신에게 계속해서 꽃을 보내는 남자)가 어디에 살고 무슨 일을 하는지 Sidney에게 알아봐 달라고 함.
18~20쪽	**Susan(출판사 직원)이 Sidney에게 쓴 편지** - Susan이 Juliet이 북투어를 다니면서, 인터뷰 도중 한 신문 기자(Gilly Gilbert)에게 찻주전자를 던진 사건의 자초지종을 Sidney(출판사 사장)에게 적음. - Susan은 악의적인 보도를 하는 신문 기자를 언급하다가, 왜 Juliet이 Rob Dartry와 파혼을 했는지 궁금하다고 Sidney에게 글을 남김.
21~26쪽	**Sidney가 Juliet에게 쓴 편지** - 북투어 도중 찻주전자를 던진 사건에 대해 걱정하지 말라고 답장 줌. - <The Times>가 특별판에 Juliet의 원고를 3부작 특집으로 싣고 싶다고 제의함. - Mark의 신상에 대해 알려 줌. (출판업자이고 성격이 어떠하다는 등)
	Juliet이 Sidney에게 쓴 편지 - 드디어 Sindey에게 왜 자신이 Rob Dartry와 파혼하게 되었는지 상세히 글을 적음. (자신이 아끼는 책을 한마디 상의 없이 지하로 내려놓음. 그 후 독일군의 기습공격으로 책들이 훼손됨.)
26쪽	**Juliet이 Sophie에게 쓴 편지** - 자신의 파혼 이유에 대해 절친인 Sophie에게 털어놓음. 자신에게 관심을 주는 Mark에 관해서도 이야기함.

주요편지	주요 내용
27~33쪽	**Dawsey가 Juliet에게 쓴 편지** - 보내 준 책(Charles Lamb)에 대해 고마워함. - 무슨 일을 하는지 적음(배에 짐을 내리고, 돼지를 기르고, 채소를 가꾸는 등) - 건지 감자껍질파이 북클럽 탄생과 돼지구이가 무슨 연관이 있는지 설명해줌. - (돼지구이와 북클럽 탄생 연관된 이야기) Amelia가 집에 사람들을 초대하여 돼지구이(roast pig)를 먹고 통금 시간(curfew)이 지남. 이때 John Booker가 도롯가에서 큰소리로 노래를 불러서 독일군 순찰 대원에게 발각됨. 이때, Elizabeth가 천연덕스럽게 독서토론으로 늦게 귀가한다고 거짓말을 함. 덕분에 모두 집으로 안전히 돌아갈 수 있었음. **Juliet이 Dawsey에게 쓴 편지** - 자신을 작가라고 처음 소개함. <타임스>에 실을 내용으로 건지 감자껍질파이 북클럽을 소개하려고 하는데, 괜찮은지 의견을 물어봄.
33~36쪽	**Juliet이 Markham에게 쓴 첫 편지** - 자신의 집 현관에 꽃을 배달하는 배달부에게 물어봐서 Mark의 주소를 알아냄. 꽃을 보내 준 것에 대해 고맙다고 편지 씀. **Markham이 Juliet에게 쓴 편지** - Juliet에게 꽃을 보낸 이유가 <Izzy Bickerstaff 칼럼>을 읽고 자신을 웃게 한 유일한 여성 작가라 만나보고 싶다고 글 씀. - Juliet과 Mark는 서로 저녁 식사 날짜를 잡음.
39~41쪽	**Juliet이 Sophie에게 쓴 편지** - Mark와 드디어 만났다고 함. - Mark의 첫인상에 대해 글 씀. (눈이 부시게 멋있다고 함)
37~39쪽	**Amelia가 Juliet에게 쓴 첫 편지** - 북클럽 회원인 Amelia는 Dawsey를 통해서 Juliet이 The times 잡지에 실을 독일군 점령기에 생긴 '건지 감자껍질파이 북클럽'에 관한 이야기를 보내달라는 부탁을 받았다고 전해들었다고 글을 씀. - 다만, Juliet의 이전 <Izzy Bickerstaff 칼럼> 글 문체가 재미나게 글이 쓰여져 있고, '건지 감자껍질파이'북클럽 이름이 독자들에게 웃음거리가 되지는 않을까 걱정되어 자신들(북클럽)의 이야기를 실으려는 의도를 물어봄. **Juliet이 Amelia에게 쓴 편지** - 자신이 쓴 진지한 글(Anne Bronte의 전기)을 답장으로 함께 보내며, 자신이 어떤 사람인지 Amelia에게 보여주고자 2명(자신을 좋아하는 목사님 Simon Simpless과 자신을 싫어하는 Lady Bella Taunton)에게 자신의 추천서를 써서 Amelia에게 보내달라고 부탁했고, 곧 2명의 추천서를 받아 볼 거라고 글을 씀.

주요편지	주요 내용
42~47쪽	**< Juliet에 관한 추천서를 Amelia에게 보낸 두 사람의 편지 >** 1) **Juliet을 싫어하는 Lady Bella Taunton이 Amelia에게 쓴 편지** - Juliet과 Bella(자신)는 런던 대공습 당시 소방 감시원으로 함께 일함. - Juliet은 자신의 구역이 아닌데, 도서관 쪽에 불이 나자 혼자서 화염 속으로 뛰어 들어감. - Juliet의 칼럼 <Spectator>를 한번 읽고 정기구독도 취소함. - 그녀(Juliet)가 도통 마음에 들지는 않지만, 딱 한 가지 '정직하다'는 점은 인정함. 2) **Juliet을 좋아하는 목사님 Simon Simpless이 Amelia에게 쓴 편지** - Simon 목사는 Juliet 부모와 친구 사이였음. - Julie의 성격은 고집이 세지만, 다정하고 남을 배려할 줄 알고 명랑하고 정직한 아이라고 적음. - Juliet의 부모님이 12살에 돌아가시자, 증조부인 Roderick Ashton 박사와 함께 살았는데, 가출도 2번 하다가 결국 기숙학교로 보내어짐. - 결국 기숙학교에서 Sophie를 알게 되고 함께 절친이 되어 Sidney(Sophie 오빠)와도 오늘날까지 인연을 이어옴.
48~51쪽	**Amelia가 Juliet에게 쓴 편지** - 북클럽 회원들에게 Juliet이 자신들의 북클럽에 관한 칼럼을 쓴다고 하자 폭발적인 반응이었다고 함. - (독일군들에게 돼지구이 파티를 숨기기 위해 시작된 북클럽이) 실제로 회원들이 책에 푹 빠지게 된 다양한 사례들을 적음. - 북클럽 규칙에 대해 적음. - 읽은 책에 대해 돌아가며 발표하기 - 왜 이름이 특이하게 '건지 감자껍질파이 북클럽'이 되었는지 설명해줌 - Will Thisbee 회원은 먹을 게 없으면 모임에 절대 안 와서, Will이 감자껍질 재료로 감자껍질파이를 만들어 북클럽에서 먹기 시작함.
52~55쪽	**Isola가 Juliet에게 쓴 첫 편지** - Anne Bronte 전기를 쓴 Juliet에게 Isola는 <폭풍의 언덕>을 읽고 있는 중이라고 반가워함. - 자신이 하는 일을 알려줌 - 매주 시장에서 잼과 채소, 약을 팜. - 자신의 외모에 대해 자신 없어 함. - 북클럽 회원인 Elizabeth를 독일군이 왜 잡아갔는지 이야기함 - 폴란드 출신의 어린 강제 노동자(노예)를 숨겨줬다는 이유로 프랑스 감옥에 감. 그리고 Kit이라는 Elizabeth의 어린 딸도 있다고 적음.
59~60쪽	**Juliet이 Sophie에게 쓴 편지** - Sidney가 갑자기 호주로 떠났다는 사실에 놀라서 Sophie와 이야기 나눔. - Mark 이야기를 함. 현재 자신의 마음은 이리저리 마크와 놀러 다니고 파티도 다니고 해서 축제(carnival)라는 표현을 씀.

주요편지	주요 내용
61~62쪽	**Juliet이 Isola에게 쓴 첫 답장** - Isola가 읽고 있는 <폭풍의 언덕>이 자신의 학창 시절 방학 숙제였다고 하며, 브론테 자매에 대해서 언급함.
62~65쪽	**Eben Ramsey가 Juliet에게 쓴 첫 편지** - 북클럽 회원임. 생업이 고기잡이라고 자신의 직업을 소개함. - Eben은 <셰익스피어 선집>을 읽음. - 1940년 폭격이 있었을 때를 생생하게 묘사함. 그때의 힘든 상황도 적음. - 자신의 손자 Eli가 영국 본토로 피난을 갔다가 돌아왔다고 함.
69~70쪽	**Juliet이 Eben Ramsey에게 쓴 첫 답장** - 손자 Eli가 돌아와서 기쁘다고 하며, 북클럽 첫 모임때 도대체 어떻게 돼지를 숨겼다가 함께 먹었는지 궁금하다고 적음. - Elizabeth가 독일군에게 임기응변으로 자신들의 저녁 식사 자리를 독서클럽이라고 말 한 것은 용기 있는 재능이라고 감탄함.
73~79쪽	**Eben Ramsey가 Juliet에게 쓴 2번째 편지** - Eben은 자신의 손자 Eli를 키우게 된 이유를 적음. (딸 Jane이 병원에서 아이를 낳다가 죽음) - Eli와 같은 어린아이들이 어쩔 수 없이 영국 본토로 5년간 피난을 가게 된 상황을 적음. - 북클럽의 첫 모임이 된 돼지구이에 대해 글을 적음. 독일군은 건지섬 주민들이 키우던 돼지가 죽으면 죽었다는 증명서를 주는데, Amelia가 이전에 다른 집에서 죽은 돼지를 자기가 키우는 돼지가 죽었다고 거짓말을 하고, 증명서를 받음. 그리고 살아있는 돼지를 숨겨 놓음. 이후 그 돼지를 돼지구이 해 먹었다고 편지에 밝힘. - Elizabeth와의 인연에 관해서도 이야기함. Elizabeth가 Eben 자신의 딸 Jane (임신 중인 아픈 상태) 옆에서 간호도 해 주고, Eli(Jane의 아들)와도 즐겁게 놀아 주었다고 함. Jane이 아기를 낳다 죽을 때도, Elizabeth가 함께 있어 줌.
88~92쪽	**John Booker가 Juliet에게 쓴 첫 번째 편지** - 북클럽 회원 / 책 <세네카>와 북클럽이 있어서 주정뱅이 삶에서 벗어날 수 있었다고 함. - (특이한 삶) 1940~1944년까지 Tobias Penn 경 행세를 했음. 사실은 자신이 모시던 주인이었음. 독일군 비행기가 인근 항에 폭탄을 투하하자, Tobias 경이 요트를 타고 모든 하인과 은 식기, 그림, 골동품 등을 다 싣고 영국 본토로 도망감. 이때 John Booker는 보트를 함께 타지 않고, 건지섬의 Tobias 경 집에 남음. - 독일군들이 건지섬 점령 후, 유대인은 모두 이름 등록을 해야 한다고 했는데, John은 유대인이었음. 이때 Elizabeth가 그냥 Tobias 경인 척하는 게 어떻겠냐고 제안했음. 그 뒤로 자신의 초상화를 그려서 집에도 걸어 놓고, Tobias 경 행세를 함. - 이런 연기력을 계기로, 아마추어 극단에서 연기를 함. 지금은 다시 원래의 John Booker로 지낸다고 적음.

주요편지	주요 내용
94~97쪽	**Dawsey가 Juliet에게 쓴 편지** - Elizabeth의 남편이 된 독일 의사 Christian을 만나게 된 사건을 소개함. - 소금이 귀해서 바다의 소금물을 퍼 나르다가, 지나가던 Christian이 도와줌. 그리고 Elizabeth와는 그 전에 이미 Christian은 아는 사이였다고 함. - 이후 Christian이 프랑스 병원에 발령받았는데, 배가 연합군의 폭격으로 가라앉아 사망함.
113~ 115쪽	**Dawsey가 Juliet에게 쓴 편지** - Juliet이 보내준 자신이 좋아하는 작가 Charles Lamb의 전기 책을 받고 기뻐함. 그리고 Charles Lamb의 일생에 대해 적음. - (Charles Lamb의 일생 내용 중) 어머니를 죽인 누이 Mary와 정신병원에 들어가서 누이를 돌본 Charles의 이야기 등.
115~ 116쪽	**Juliet이 Dawsey에게 쓴 편지** - Charles의 친구 Wordsworth가 Charles가 자연을 가까이하지 않는다고 비난했을 때, Charles가 말한 구절을 소개해줌. - 마음만 있다면 무엇과도 친구가 될 수 있다(the Mind will make friends of anything)는 Charles가 말한 구절을 Dawsey에게 소개함.
116~ 117쪽	**Isola가 Juliet에게 쓴 편지** - Juliet의 신상(나이, 외모 등)에 대해서 궁금한 것을 이리저리 물어봄. - 어디에 사는지, 아파트 크기 등
118~ 121쪽	**Juliet이 Isola에게 쓴 편지** - Isola 편지에 답장해줌. 자신의 머리 색깔, 나이, 체형 등. - 자신이 사는 아파트에 V1 폭격으로 집이 엉망 된 것도 이야기함. - 자신이 12살 때 부모님이 돌아가신 것과 기숙학교로 가서 절친 Sophie를 만났고, 어떻게 해서 작가의 길로 들어서게 되었는지 자세히 적음.
131~ 132쪽	**Juliet이 Markham에게 쓴 편지** - Mark가 Juliet에게 청혼한 것에 대한 답신임. - 청혼을 거절한 게 아니라, 서로가 안지 겨우 2달인데 시간이 필요하다고 했음. - Mark에 대해 모르는 것이 너무 많다고 이야기함.
136~ 139쪽	**Amelia가 Juliet에게 쓴 편지** - 건지섬으로 Juliet이 온다는 소식(전보)에 기뻐서 편지를 씀. - 북클럽 회원들이 기뻐하고, 잠자리는 Elizabeth가 머물렀던 초원이 있는 별채를 쓰라고 함.

주요편지	주요 내용
제2부	**1946년 5월 22일 ~ 9월 17일** **건지섬에서**
159~ 163쪽	**Juliet이 Sidney에게 쓴 편지** - 건지섬에 배를 타고 도착하자, 선착장에 북클럽 회원들이 마중 나옴. - 북클럽 회원들의 첫인상 및 외모를 묘사함. - 특히 Dawsey에 대해 평을 좋게 적음. - Kit(Elizabeth의 딸)에 대해서도 매우 자세히 적음.
178~ 182쪽	**Remy가 북클럽 회원에게 쓴 첫 편지** - Remy는 Elizabeth가 프랑스 여성 강제수용소에서 처형당했다는 사실을 북클럽 회원들에게 편지로 처음으로 알림. Remy는 Elizabeth와 함께 수용소에 있었음. - Remy는 현재 요양원에 있음. - 수용소는 정말 열악한 환경이었다고 씀. - Elizabeth의 강인함과 이타심을 알 수 있는 내용의 글을 씀 - (수용소에서 한 사건이 발생함) Alina라는 수감생 여자가 감자를 저장할 구덩이를 파다가 몰래 숨긴 감자가 땅에 떨어짐. Alina는 각막궤양(눈이 곧 멀어짐)에 걸렸고, 이때 Elizabeth는 자기가 그 감자를 훔쳤다고 독일군에게 말하고 일주일간 지하 감옥에 대신 갇힘. - Elizabeth가 어떻게 죽게 되었는지 적음. 여자 수감생들이 생리를 해도, 생리대는 커녕 천 쪼가리나, 비누조차 제공 안 함. 피가 바닥에 흐르면 오히려 그걸 핑계로 때림. 한 소녀가 다리 사이로 피를 흘리자, 그 소녀를 감시관이 때리기 시작함. 이때 Elizabeth가 나서서 그 감시관을 때림. 결국 Elizabeth는 지하 감옥에 들어감. 다음 날 밖에서 독일군이 그녀의 뒤통수에 총을 쏘고 Elizabeth는 죽게 됨.
183~ 184쪽	**Amelia가 Remy에게 쓴 첫 편지(답장)** - Elizabeth의 죽음을 알려줘서 고맙다고 전함. - (이 편지글의 목적) Dawsey와 Amelia가 함께 Remy를 만나러 가도 되는지 물어봄.
186~ 187쪽	**Dawsey가 Juliet에게 쓴 편지** - Dawsey와 Amelia는 Remy를 만나러 프랑스의 Louviers에 도착했다고 Juliet에게 편지를 씀. - 방문한 프랑스도 2차 세계대전으로 아직 폐허인 상태라고 글을 씀.
188~ 198쪽	**Amelia가 Juliet에게 쓴 편지** Dawsey와 Remy를 만나러 프랑스에 간 Amelia도 Juliet에게 별도로 편지를 보냄. - Juliet과 함께 포로수용소에서 생활한 Remy에게 함께 건지섬으로 가자고 이야기를 꺼냈는데, 지금은 프랑스에 남아서 제빵 견습생 공부를 위해 안 가려 한다고 함. - 그러나 Dawsey는 Remy에게 안식처를 제공하는 것이 Elizabeth에게 받았던 것들(도덕적 빚)을 갚는다고 생각해서 설득하려고 한다고 함.

주요편지	주요 내용
193~196쪽	**Sidney가 Sophie에게 쓴 편지** - Sidney가 건지섬에 드디어 도착하여 동생 Sophie에게 건지 북클럽 회원들에 관한 것들을 이야기함. - Kit에 대한 성격 및 외모를 먼저 묘사함. - Juliet은 런던에서의 지친 모습(강연회, 인터뷰 등으로)에서 벗어나 경주마처럼 팔팔하고, 열정도 넘친다고 표현함. - Dawsey를 관찰한 이야기도 함. 성격은 조용하고, 유능하고, 믿음직스럽다고 표현함. - Dawsey가 Mark보다 Mark 12명보다 낫다는 식으로 칭찬을 함. - Sidney는 Mark에 대한 성격 묘사도 함(매력적이고, 느끼하고, 자기가 원하는 것은 무엇이든 손에 넣음). Mark에게 작가로서 Juliet을 빼앗기고, Juliet이 영영 글을 못 쓰게 될까 봐 Mark를 싫어함.
200~201쪽	**Sidney가 Juliet에게 쓴 편지** - Sidney가 Juliet에게 건지 북클럽에 대해 (여태까지 쓴) 원고를 읽었는데, 일화만 줄줄 나열되고, 산만하다고 비판함. - (제안함) Elizabeth가 모든 활동, 인물들의 중심이니, Elizabeth를 주인공으로 글을 쓰면 어떻겠냐고 제안함. - 편지글에 Elizabeth가 했던 의로운 일들이 짧지만 압축해서 잘 나열되어 있음.
209~211쪽	**Juliet이 Sophie에게 쓴 편지 : Mark와 Dawsey가 처음으로 만남.** - Juilet이 Sophie에게 Dawsey를 처음 만났을 때부터 설레고, 반했다고 고백함. - Dawsey와 산책을 나갔는데, 계속 손목에 손이 가고, Dawsey도 Juliet에게 고개를 갑자기 돌려서 Kiss를 하려는 듯 가까이 다가왔다고 함. 이때 Mark가 불쑥 건지섬에 와서 둘 사이에 등장했다고 함. - Mark가 Juliet에게 꽃다발을 건냄. Mark와 Dawsey가 처음으로 만남. - Dawsey는 이후, 뒤도 안 돌아보고 사라짐. - Juliet은 Dawsey에게 달려갈지, 아니면 그냥 있어야 될지 고민했다는 편지를 절친 Sophie에게 씀.
212~214쪽	**Juliet이 Sophie에게 쓴 편지** - Juliet이 결국 Mark를 찼다고 글을 씀. - Mark에게 집에서 나가라고 하고, Kit과 건지섬, Charles Lamb(Dawsey가 좋아하는 작가)을 사랑하지 않으면 그 누구와도 결혼을 안 하겠다고 말함. - 결국 Mark는 Juliet을 떠남.
215~218쪽	**Juliet이 Sidney에게 쓴 편지 : Elizabeth가 포로수용소에 가게 된 이유가 나옴.** - Elizabeth가 어린 16살 폴란드에서 온 토트 노예 노동자를 숨겨줄 때(결국 이 일로 감옥에 감), 공범인 Peter Sawyer가 있다는 사실을 알았다고 전함. - Peter는 현재 요양원에 있고, Juliet이 만났다고 함. - (건지섬에서는) 토트 노동자들이 밤에는 식량을 훔쳐먹고, 아침 작업 시간까지는 돌아오게 했음. 이때, 토트 노동자들은 섬 주민들의 텃밭의 식량을 약탈하곤 했음. - Peter도 자기 집 닭장에 숨어 토트 노동자들이 훔치러 오지는 않을까 밤을 지새움. - 토트 노동자 중 어린 16살 폴란드 아이가 Peter 텃밭에 쓰러져 있었음. 온몸이 벌레로 뒤덮여 있고, 몸도 엄청 쇠약해진 상태의 소년을 보고, Peter는 자신의 집안으로 노예를 들임. - 마침 다음날은 Elizabeth가 방문 간호를 오는 날이었는데, Peter는 Elizabeth에게 노예 소년을 돕자고 함. Elizabeth는 노예 소년을 목욕도 시키고, 물심양면으로 회복을 도움. - 누군가가 독일군에게 노예를 숨겨준 사실을 밀고했고, 경찰이 Peter 집에 들이닥침. 그리고 노예, Peter, Elizabeth 모두 프랑스 수용소로 끌려감.

주요편지	주요 내용
	< 새로운 내용 > Isola의 할머니(이름 Pheen)가 어린 시절에 고양이를 잃은 슬픔에 잠기자(아버지가 버림) 마차를 타고 가던 Oscar Wilde가 어린아이를 위로해주고자 Pheen과 연락처를 주고받은 뒤 8통의 편지를 써서 전달한 사연
233~ 236쪽	**Juliet이 Sidney에게 쓴 편지 : Oscar Wilde의 편지를 유산으로 들고 있는 Isola** - Isola가 북클럽에서 자신의 할머니(Pheen)에게서 유산으로 물려받은 편지 8통을 읽음. - 사건의 발달은 Pheen 할머니가 어린 시절에 기르던 고양이(Muffin)가 식탁 위에 올라가 버터 집시를 핥았다는 이유로 이미지기 바다에 고양이를 익사시킴. - Pheen이 슬퍼서 길거리에서 흐느껴 울 때, 마차를 타고 오던 손님 Oscar Wilde가 어떻게 된 일인지 물어보고, 위로해줌. - Oscar Wilde는 어린 소녀 Pheen에게 고양이는 목숨이 아홉 개이고 분명 다른 곳에서 머핀(Muffin)이 태어났을 거라며, 새로 태어난 고양이 이름을 Solange라고 짓자고 함. - 그리고 서로 연락처를 주고받고, Oscar는 Pheen에게 무려 8통의 편지를 보냄. 편지에는 고양이 Solange가 너무나 잘 지내고 있다고 적음. - 혹시나 해서 Juliet이 편지를 보낸 사람 이름을 보니 그 유명한 Oscar Wilde가 보낸 편지였음.
237쪽	**Sidney가 Juliet에게 쓴 편지** - 앞선 Juliet의 편지를 읽고, Oscar Wilde가 건지섬에 들렀을 것 같다는 가능성을 이야기하며 필적학자인 William Otis 경이 필적 조사를 위해 건지섬에 방문한다고 알려줌.
238~ 240쪽	**Juliet이 Sidney에게 쓴 편지** - William 필적학자가 건지섬에 다녀갔다고 편지를 씀. William은 Isola의 할머니가 받은 편지를 감정하더니, Oscar Wilde의 편지인 것을 확인함. - Isola와 Juliet은 띌 듯이 기뻐함.
244쪽	**Susan이 Juliet에게 전보를 보냄** - Susan이 급히 Juliet에게 전보를 보냈는데, Billee Bee가 건지섬에 와서 Oscar Wilde의 편지를 가지러 갔다고 전함. - 절대 Billee bee라는 여자를 믿지 말라고 전함. 예전에 Juliet에게 험한 말을 하여 Juliet이 찻주전자를 집어 던졌던 Gilly Gilbert 기자의 여자친구라고 함.
245쪽~	**Juliet이 Susan에게 쓴 편지 : 재미난 장면 묘사됨** - Juliet은 전보를 보내줘서 고맙다고 했음. - Billee Bee가 섬을 떠나기 전에 Dawsey에게 전보 받은 내용을 전하자, Dawsey는 배를 타는 항구를 Booker씨에게 막아딜리고 하고, Dawsey는 Juliet과 함께 Isola의 농장에 가서 Billee Bee를 찾으러 감. - 이미 Isola와 Kit이 이 상황을(편지를 몰래 듣고 가려는 Billee Bee) 눈치채고, 훈제실(smoke house)에 Billee Bee를 가둬놓음. - 예전에 Juliet에게 무시당했던 Gilly Gilbert 기자와 여자친구 Billee Bee가 Juliet을 골탕 먹이려다 실패한 상황임.

주요편지	주요 내용
248쪽~ 249쪽	**Susan이 Juliet에게 : Billee Bee 사건의 전말을 이야기 함.** - (어떻게 된 사건인지 정리를 하는 편지) Billee Bee와 Gilly Gilber의 계획. - Juliet이 Oscar Wilde의 원본 편지를 습득했다는 소문이 출판계에 퍼지자, Gilly는 자신의 출판사 이름으로 먼저 출판하면, Juliet에게 찻주전자로 맞은 것도 복수하고, 책도 자신들의 출판사에서 낼 수 있어서 좋은 기회라고 생각함. - Gilly의 여자친구인 Billee Bee가 Sidney(지금 Juliet 출판사 사장님이자 오빠)에게 환심을 얻어서 건지섬에 올 수 있었음. 결국 복수는 실패로 돌아감.
260쪽 ~ 262쪽	**Juliet이 Sidney에게 쓴 편지 : Dawsey와 저녁 식사로 설레어 하는 Juliet의 이야기** - Juliet은 Dawsey가 저녁을 먹자고 해서, 둘만의 저녁 식사를 함. - Juliet은 Dawsey를 사랑하고 있다고 적음. - Dawsey 집에 들려 Dawsey의 책장의 책을 둘러보며 그의 취향을 파악함. (고급스러운 고양있는 책들이 많이 있음) - 꽃을 키우고, 목공예를 하고, 채석공, 목수, 돼지 치는 농부인 Dawsey를 Juliet 자신이 사랑한다는 것을 인정함. - 두려운 점이 Dawsey와 프랑스 포로수용소에서 건너온 Remy가 서로가 좋아하고 있을 까봐 고백하기가 두렵다고 함.
262쪽	**Juliet이 Sidney에게 쓴 전보** - Remy와 Dawsey가 함께 있는 모습을 보고 Juliet이 괴롭다고 편지글에 씀.

< 새로운 내용 >
Isola의 탐정 수첩

주요편지	주요 내용
268~ 273쪽	**Isola가 Dawsey 집을 청소를 해주면서 발견한 사실들 : Dawsey도 Juliet을 사랑하고 있다는 증거들!** - Dawsey 집에 들어간 Isola는 Dawsey가 Remy를 좋아할 거라고 확신하며 청소하며 온갖 것들을 살펴보았으나, 아무것도 없음. - Isola는 책장에 놓인 Charls Lamb 책이 눈에 들어왔고, Eli가 Dawsey 생일 선물로 준 나무로 만든 보물 상자를 Dawsey 침대 밑에서 발견함. - 상자를 열어보니, 줄리엣의 향수 냄새가 나고, 'J'라고 쓰여진 손수건이 들어가 있음. - 다른 특별한 것을 발견하지 못한 Isola는 우울한 채, Juliet의 집으로 가서 이 상황을 설명해 줌. - Juliet의 편지를 다 보관해 놓고, Juliet과 Kit과 함께 찍은 사진들, Juliet 사진도 있고, 줄리엣의 머리끈까지 있다는 사실을 말해 줌. - 이 말을 들은 Juliet은 '오늘을 잡아라! (Carpe Diem = Seize the Day) 라틴어 문구가 새겨진 크리스털 물건을 집어 들고, 용기를 냄. - Juliet은 Dawsey가 일하고 있는 빅하우스로 달려감. 그리고는 일하는 사람들에게 양해를 구해서 다들 나가라고 한 뒤 Dawsey에게 "나랑 결혼해 줄래요?"라고 이야기함.
273쪽~	**Juliet이 Sidney에게 쓴 편지 : Dawsey와 결혼한다고 결혼식에 와달라고 함** - 결혼식장에서 아버지 역할(손을 잡아 신랑에게 넘겨주는 역할)을 해달라고 하고, 결혼식장에 와달라고 함. - 신랑은 Dawsey라고 이야기함 .

4. 어휘 및 표현 (Words & Expressions)

책에 제시된 문장을 읽고 **밑줄 친 어휘 및 표현**의 뜻을 유추해서 적으시오.

쪽수	어휘 및 표현	뜻	책에 제시된 문장
9	**kinship** [kínʃip]		I feel a **kinship** to Mr. Lamb. 나는 Lamb에게 동료애를 느낍니다. (Dawsey는 Charles Lamb이 구운 돼지에 대해 쓴 글을 읽으면서 자신들도 구운돼지 사건으로 건지 감자껍질파이 북클럽이 시작한 것과 비슷한 상황을 느낌)
10	**wrench** [rentʃ]		It was a sad **wrench** to part with *the Selected Essays of Elia.* Elia 에세이집과 작별한 것은 슬픈 일이었습니다. (Juliet은 자신이 소중히 여기던 책을 잃어버린 것을 쓰라린 슬픈 작별이라고 얘기함)
12	**progressive** [prəgrésiv]		It's geometrically **progressive**. 그것은 기하학적으로 점진적인 것이다. (한 책에서 찾은 관심사가 또 다른 책으로 이어지게 되는 독서의 즐거움을 표현함)
21	**hound** [haund]		The Press is **hounding** me for a statement regarding Gilly's latest **muckraking**, and I am going to give them one. 언론이 Gilly의 최근 추문에 관해 입장을 표명하라고 하도 괴롭혀서 나도 한마디 해 볼까 해요. (Juliet이 Gilly와 인터뷰하다 생긴 일(찻잔을 Gilly에게 던짐)을 걱정하자, 그 일에 대해 Sidney는 자신의 의견을 말하려고 함)
21	**muckrake** [məˈkreiˌk]		
22	**rumor has it** [rúːmər]		~, but **rumor has it** that he's decided to begin publishing books, and he's here to **beguile** England's finest authors with visions of plenty and prosperity in America. 소문에 의하면 그는 책을 출판하기로 결정했다고 하네군뇨, 그리고 미국의 밝은 진망과 부를 이용해서 영국의 가장 훌륭한 작가들의 마음을 얻기 위해 여기에 왔다고 해요. (Juliet에게 지속적으로 관심을 표현하는 Markham V.Reynolds에 대해 Sidney가 알아본 바를 얘기해 줌)
22	**beguile** [bigáil]		

쪽수	어휘 및 표현	뜻	책에 제시된 문장
22	**confidentiality** [kɑ̀nfədenʃiǽləti]		She couldn't seem to grasp the concept of **breach** of **confidentiality**, so I had to **sack** her.
22	**breach** [briːʧ]		그녀는 비밀 위반이라는 개념을 이해할 수 없는 것 같아서 나는 그녀를 해고해야 했어요. (Juliet의 스케줄을 아무 생각 없이 Mark에게 공개한 비서를 해고할 거라고 Sindey가 적음)
22	**sack** [sæk]		
23	**feckless** [féklis]		I'd much prefer to say nothing and look like a **feckless**, flighty, cold-hearted bitch. 나는 차라리 아무 말도 하지 않고 무기력하고 변덕이 심하며 인정머리 없는 여자처럼 보이는 편을 택하겠어요. (Juliet이 Gilly와 인터뷰 중 일어난 일을 Sidney에게 말하며 차라리 자신이 오해를 받더라도 아무 말도 하고 싶지 않다고 함)
25	**shrew** [ʃruː]		Rob countered with remarks about damned bluestockings and **shrews**. Rob은 빌어먹을 블루스타킹(여권 신장을 주장하는 지식층 여성을 조롱하는 말), 잔소리꾼이라며 반박했어요. (Juliet과 결혼할 뻔했던 Rob이 Juliet이 자신의 책을 상의 없이 지하로 치워 화를 내자 Rob이 Juliet에게 모욕적인 말을 하는 장면)
28	**gristle** [grísl]		After six months of turnips and a lump of **gristle** now and then, I was hard put to think about anything but a fine, full meal. 6개월간 순무와 가끔 연골 덩어리를 먹고 나니 나는 훌륭한 풀코스 식사 외에는 어떤 것도 생각하기 어려웠어요. (건지섬에서 생활하던 주민들이 독일군의 점령하에 먹을 것을 다 뺏기고 굶주린 상황을 알 수 있음)
31	**hanker** [hǽŋkər]		I'm **hankering** to know more about the Guernsey Literary and Potato Peel Pie Society. 나는 건지감자껍질파이북클럽에 대해 더 많이 알기를 열망해요. (Dawsey에게서 북클럽이 만들어진 경위를 듣게 된 Juliet은 북클럽에 대한 호기심이 더 많이 생김)

186

쪽수	어휘 및 표현	뜻	책에 제시된 문장
32	**slanted** [slǽntid]		They looked like slim, black, **slanted** pencils and made a dull, **spastic** sound above you—like a motor-car running out of petrol.
32	**spastic** [spǽstik]		그것들은 가늘고, 검고 비스듬한 연필같이 생겼는데 연료가 다 떨어진 자동차처럼 둔탁하게 털털대는 소리를 내며 머리 위를 날아갔어요. (Juliet은 떨어지는 폭탄을 본 경험을 Dawsey에게 전해줌)
33	**adage** [ǽdidʒ]		The old **adage**—humor is the best way to make the unbearable bearable—may be true. 유머가 견딜 수 없는 것을 견뎌내는 최선의 방법이라는 옛말은 사실인 것 같아요. (무서운 폭탄 *Doodlebug*를 만화로 표현한 것을 보고 웃었던 기억을 떠올리며 하는 말)
33	**inveigle** [invéigl]		Mr. Reynolds, you are not the only one who can **inveigle** innocent employees. Reynolds씨, 당신만 순수한 직원을 꼬드길 줄 아는 유일한 사람이 아니라구요. (Juliet은 자신에게 매번 꽃 배달을 하는 소년을 캐물어서 Mark Reynolds의 주소를 알게 되었다고 편지에 적음)
34	**bedraggled** [bidrǽgld]		~ when everyone has to be satisfied with **bedraggled** leafless trees and slush. 모든 이가 축축하고 앙상한 나무와 눈 녹은 진창에 만족해야 할 때~ (Juliet은 남들은 추운 겨울에 누릴 수 없는 갖가지 꽃을 보내준 Reynolds씨에게 감사의 인사를 함)
37	**caveat** ['kæviæt]		I will be happy to do so, but with a **caveat**. 나는 기쁘게 그렇게 하겠지만 주의할 것이 있어요. (Amelia는 Juliet에게 건지 감자껍질파이 북클럽에 대해 글을 써도 좋으나 자신들에게 소중한 이 모임의 이름을 사람들이 비웃지 않게 해 달라고 부탁함)
40	**point-blank** [póint-blæŋk]		I asked him **point-blank** why he had sent me those **scads** of flowers without including any note. 나는 그에게 쪽지도 없이 왜 나에게 그렇게 많은 꽃을 보냈는지 단도직입적으로 물었어.
40	**scad** [skæd]		(Juliet은 꽃을 계속 보내온 Reynolds씨와 처음 만나 저녁을 먹는 자리에서 궁금했던 점을 물어봄)

쪽수	어휘 및 표현	뜻	책에 제시된 문장
41	**bashful** [bǽʃfəl]		He's certainly not **bashful**. 그는 결코 숫기 없는 사람은 아니야. (Juliet은 Reynolds씨를 만나 느끼거나 알게 된 사실을 절친 Sophie에게 열거함)
65	**hemlock** [hémlɑ̀k]		Four soldiers died eating handfuls of **hemlock**, thinking it was parsley. 네 병사가 파슬리라고 생각하고 한 줌의 독 미나리를 먹고 죽었어요. (전쟁이 장기화되고 먹을 게 없던 병사들의 비참함을 설명함)
66	**unkempt** [ʌnkémpt]		Elizabeth was a wild thing-roaming **upkempt** about the island, ~. Elizabeth는 단정하지 않은 상태로 섬 주변 을 돌아다니는 거친 아이였어요. (Miss Adelaide Addison이 Juliet에게 건지 껍질감자파이 북클럽에 대해 기사를 쓴다고 하자, 반대한다며 회원인 Elizabeth의 행실 을 비난하는 글을 보냄)
67	**brunt** [brʌnt]		Elizabeth bore the **brunt** of his **haphazard** ways in this case. Elizabeth는 이번에는 그의 대책 없는 방식 에 희생양이 되었어요.
68	**haphazard** [hæphǽzərd]		(Ambrose 경이 Elizabeth를 건지섬으로 보 내고 얌전히 집에만 있으라고 집을 폐쇄할 때 독일군이 들이닥쳤기에 Elizabeth를 희생 양으로 표현함)
75	**fussy** [ˈfʌsi]		The Germans were **fussy** over farm animals. 독일인들은 농장 동물에 특히 까다로웠습니 다. (독일군은 점령한 검지섬에서 자신들이 먹을 식량으로 가축 문제에 까다로웠음)
76	**tally** [ˈtæli]		~, and your number of living pigs had better **tally** up with their number of living pigs. 살아있는 돼지의 수와 그들 장부의 돼지 수 가 일치해야 했어요. (독일군은 건지섬에 있는 모든 가축을 엄격 히 관리 감독함)
88	**founding member** [fáundiŋ mémbər]		~ because I am a **founding member** of the Guernsey Literary and Potato Peel Pie Society 저는 '건지 감자껍질파이 북클럽'의 창단 회 원이기 때문이에요. (John Booker가 Juliet에게 자신을 소개하는 첫 문장으로 Amelia가 모든 북클럽 회원들 에게 Juliet에게 편지를 쓰라고 함)

188

쪽수	어휘 및 표현	뜻	책에 제시된 문장
88	**betwixt** [bitwíkst]		Seneca and the Society, **betwixt** them, kept me from the **direful** life of a drunk. 세네카와 문학회, 이 둘이 있었기에 저는 비참한 주정뱅이의 삶에서 벗어날 수 있었어요. (Senaca 책과 북클럽이 John Booker 자신의 삶에 미친 영향이 크다는 것을 표현함)
	direful [dáiərfəl]		
88	**valet** [vǽlit]		I was his **valet** and I stayed. 저는 그분의 시종이고 여기 남았어요. (John Booker는 원래 누군가의 하인이었다고 자신의 신분을 밝힘)
89	**possession** [pəzéʃən]		In the spring of 1940, he moved to La Fort with most of his **possessions** ~ 1940년 봄에 그는 거의 전 재산을 들고 라포트로 이사 왔어요. (John Booker가 모시던 주인이 건지섬으로 오게 된 상황을 설명하는 글 중 일부)
90	**panicking** [pǽnikiŋ]		Lord Tobias, **panicking** at all the **racket**, called the captain of his yacht and ordered him, 'Get ready the ship!' 공습에 놀란 Tobias 경은 자기 요트의 선장을 불러 "당장 출항 준비!" 해라고 소리쳤어요. (독일군이 건지섬에 폭탄을 투여하자, John Booker의 주인 Tobias 경이 놀라서 다른 곳으로 이동하려고 정신없이 분주한 모습)
	racket [rǽkit]		
90	**predicament** [pridíkəmənt]		But that wasn't all. Elizabeth had considered my **predicament** thoroughly (more thoroughly than I) and made a plan. Elizabeth는 제 처지를 (저보다 더) 철저히 고려해 계획을 세워두었어요. (John Booker가 유대인이어서 독일군에게 신고를 해야 하는데, Elizabeth는 위험할 수도 있다며 차라리 도망간 주인 Tobias경 행세를 하라고 함)
91	**occupation** [àkjupéiʃən]		I came to love our book meetings - they helped to make the **Occupation bearable** 저는 문학회 모임을 무척 아껴요. 점령기 시절을 견딜 힘을 그곳에서 얻었으니까요. (건지 감자껍질파이 북클럽을 통해 독일 점령기 시절을 견뎠다는 회원의 글)
	bearable [bέərəbl]		

쪽수	어휘 및 표현	뜻	책에 제시된 문장
113	**blight** [blait]		Isola says she is a **blight** because she likes being a blight. Isola는 그녀가 피 말리길 좋아하기 때문에 암적인 존재라고 말해. (Isola는 건지 감자껍질파이 북클럽을 싫어하는 여자(she)를 암적인 존재라고 하며 역시 싫어함)
113	**homely** [hóumli]		"he could make any **homely** and familiar thing into something fresh and beautiful." "그는 아무리 흔하고 친숙한 소재라도 신선하고 아름다운 것으로 만드는 재주가 있었다." (작가 Charles Lamb을 극찬한 표현)
114	**scribble** [skríbl]		On the day Coleridge died they found a note he had **scribbled** in the book he was reading. Coleridge가 죽던 날 그가 읽던 책에 그가 휘갈겨 쓴 메모가 발견되었어요. (작가 Coleridge가 자신에게 소중한 사람들의 이름을 메모에 낙서하듯 남김)
114	**chide** [ʧaid]		When Wordsworth **chided** him for not caring enough about nature, ~ Wordsworth가 그에게 자연에 관심을 두지 않는다며 책망했을 때, (Wordsworth는 자신의 절친 Charles Lamb이 자연을 벗 삼지 않는다고 생각한 대목)
117	**squint** [skwint]		Was the sun in your eyes, or does it happen that you have a **squint**? 햇빛에 눈이 부셨던 거니, 눈은 왜 그렇게 가늘게 떴어? 혹시 사팔뜨기? (Isola가 Juliet을 찍은 사진을 보며 질문함)
117	**suitor** [súːtər]		Do you have a serious **suitor**? 진지하게 사귀는 사람은 있어? (Isola가 Juliet에게 궁금해서 물어본 질문)
178	**imprisonment** [impríznmənt]		Thus I feared you might never learn of Elizabeth's **imprisonment** and death. 따라서 저는 여러분이 Elizabeth의 수감과 사망 사실을 영원히 알지 못할까 봐 불안했습니다. (Remy가 건지 감자껍질파이 북클럽 회원들에게 편지를 보낸 이유. Elizabeth의 사망 사실을 알리고자 함)

190

쪽수	어휘 및 표현	뜻	책에 제시된 문장
179	**cherish** [ʧériʃ]		I know also that she **cherished** you as her family, and she felt **gratitude** and peace ~.
179	**gratitude** [grǽtətjùːd]		저는 그녀가 여러분을 자신의 가족처럼 아꼈으며, 감사와 평화를 느꼈다는 것을 잘 압니다. (Elizabeth(she)가 건지섬 북클럽 회원들에게 가진 감정을 알 수 있음)
193	**spirited** [spíritid]		She is a **spirited** little thing, **affectionate** in a **reserved** way.
193	**affectionate** [əfékʃənət]		그 아이는 활달하고 대면대면히게 애정 표현을 하는구나.
193	**reserved** [rizə́ːrvd]		(Sidney가 건지섬에서 만난 Kit에게 받은 첫 인상)
193	**temptation** [temptéiʃən]		The **temptation** to **cuddle** her is nearly **overwhelming**.
193	**cuddle** ['kʌdl]		아이(그녀)를 와락 껴안고 싶은 충동에 휩싸였어.
193	**overwhelming** [òuvərhwélmiŋ]		(Sidney는 처음 본 아이 Kit가 사랑스러움)
193	**worn** [wɔːrn]		I know you think Juliet seemed tired, **worn, frazzled**, and pale when you saw her last winter.
193	**frazzled** [frǽzld]		네가 지난겨울에 본 Juliet은 피곤하고 지치고, 기진맥진하고, 창백한 모습이었다는 걸 알아. (Juliet의 심신이 피곤했던 상태를 묘사함)
194	**unequivocally** [ənikwívəkəli]		One thing I can say **unequivocally**. 이거 하나는 내가 확실히 말할 수 있어. (Sidney가 확신에 차서 말을 함)
195	**dismay** [disméi]		I'm **dismayed** by that **prospect**. 나는 그런 앞날을 생각하면 몹시 당황스러워
195	**prospect** [prɑ́spekt]		(Sidney는 Juliet이 Mark와 결혼하면 다시는 책을 쓰지 못하게 될까 봐 걱정함)
209	**unaccountable** [ʌnəˈkaʊntəbl]		I felt an **unaccountable jolt** of excitement. 나는 말힐 수 없이 흥분해서 가슴이 딜깅히였어.
209	**jolt** [dʒoult]		(Juliet은 겉으로는 아닌 척하였으나 Dawsey를 처음 보고 설렘)

쪽수	어휘 및 표현	뜻	책에 제시된 문장
211	**with a vengeance** [véndʒəns]		My raspberries have come in **with a vengeance.** 나의 라즈베리가 엄청나게 많이 열렸어. (Amelia가 재배하는 라즈베리가 많이 열림)
214	**abject** [ǽbdʒekt]		I'd have become one of those **abject**, **quaking** women who look at their husbands ~. 나는 남편 눈치를 살피며 바들바들 떠는 비참한 여자가 되어있겠지. (Juliet이 Mark와 다툰 뒤, 그와 결혼했을 때를 가정해서 한 말)
214	**quaking** [kwéikiŋ]		
216	**wasted** [wéistid]		He was thin, **wasted** and **filthy**, in rags. 그는 누더기를 걸쳤고 몸은 엄청 쇠약하고 더러웠지. (노예처럼 일한 어린 노동자를 묘사한 글)
216	**filthy** [fílθi]		
221	**incite** [insáit]		Kit ran up and down the shoreline, **inciting** the waters to rush in farther and faster. Kit은 파도가 더 멀리 더 빨리 오도록 부추기며 해안가 위아래로 뛰어다녔다. (Kit은 만든 모래성이 파도에 빨리 무너지기를 기대하며 어린아이답게 폴짝폴짝 뛰어다니는 장면)
224	**adept** [ədépt]		I'm going to become an **adept** in time for the Harvest Festival. 나는 추수감사절에 맞춰서 전문가가 될 거예요. (Isola가 축제 때 단순한 손금이 아닌 과학적인 골상을 연구하여 미래를 예견하겠다고 함.)
227	**nasty** [nǽsti]		Mrs. Guilbert always been a **nasty** one, but now I know that she can't help it. Guilbert 부인이 성격이 고약했으나 이제 알고 보니 그럴 수밖에 없었어요. (Guilbert 부인의 골상 '자비심 부위'가 손상되어 성격이 안 좋다고 Isola가 표현함)
229	**defy** [difái]		It **defies** the animal instinct to protect your young. 자식을 보호하려는 동물적 본능에 반하는 거잖아요. (전쟁 중 자식의 안전을 위해 멀리 떠나보내야 하는 것은 동물적 본능(보호 본능)에도 맞지 않다는 의미)

192

쪽수	어휘 및 표현	뜻	책에 제시된 문장
231	**appalling** [əpɔ́ːliŋ]		After that **appalling** night on the headlands, he stopped talking. 해안 절벽에서의 그 끔찍한 밤 이후 그는 말을 하지 않아. (Dawsey는 Juliet의 약혼자 Mark와 대면한 후, Juliet에게 말을 걸지 않자, Juliet이 답답한 마음을 표현함)
233	**decent** [díːsnt]		I have exactly one **decent** skirt to my name, and I have been feeling **dowdy**. 입을만한 치마라곤 하나뿐이라서 요즘 촌스러워 보이는 기분이야. (Juliet이 친구에게 건지 감자껍질파이 북클럽에 입고 갈 옷이 없다고 투덜댐)
233	**dowdy** [dáudi]		
235	**verve** [vəːrv]		This Solange has great spirit, great **verve**, I can tell already! 이 Solange는 훌륭한 성품과 뛰어난 열정을 지녔어, 나는 다 보이는구나! (Oscar Wilde는 Pheen이 아끼던 고양이 Muffin이 죽어 슬퍼하자 그 고양이가 프랑스에서 Solange라는 이름으로 새로 태어난다고 함)
239	**corroboration** [kərὰbəréiʃən]		He took one page back with him to get the **corroboration** of another Wilde scholar. 그는 다른 Wilde 전문가 학자에게 확증을 받겠다고 편지 한 통을 가져가겠다고 했어요. (Pheen이 받은 편지가 Wilde가 쓴 것이 맞는지 다른 학자에게도 확인하려고 함)
241	**spinster** [spínstər]		Mr. Dilwyn would consider a **spinster** lady of flexible income and no fixed **abode** a desirable parent. Dilwyn씨가 수입도 들쑥날쑥하고 주소도 불분명한 독신녀를 바람직한 부모로 여겨줄지 의문이야. (Juliet은 Kit를 입양해서 양육권자가 되고 싶은데, 자신의 조건이 불리하다고 생각함)
241	**abode** [əbóud]		
245	**in the nick of time**		The telegram came **in the nick of time**. 전보는 아슬아슬하게 도착했다. (Juliet은 Billee Bee가 Wilde의 편지를 빼돌릴 계획이라는 것을 전보로 받음)
247	**skulk** [skʌlk]		They rose early, **skulked** behind bushes, and saw Billee Bee tiptoeing out of my back door with a big envelope. 그들은 일찍 일어나 수풀 뒤에 숨었고, Billee Bee가 커다란 봉투를 들고 우리 집 뒷문으로 살금살금 빠져나오는 걸 봤데요. (도망가려는 Billee Bee의 모습을 Isola와 Kit(they)이 봄)

쪽수	어휘 및 표현	뜻	책에 제시된 문장
248	**loathe** [louð]		Every journalist and publisher who **loathes** Gilly Gilbert was **delighted**. Gilly Gilbert를 싫어하는 모든 기자와 출판인이 아주 신이 났어요. (신문 기자로서 평판이 좋지 않은 Gilly Gilbert가 안 좋은 상황에 놓이자 주위의 반응)
248	**delighted** [diláitid]		
253	**fumble** ['fʌmbl]		Elizabeth always **fumbled** at the last moment! Elizabeth는 꼭 마지막 순간에 실수를 했지! (Juliet이 다트 던지기에서 1번 실수를 하자, Elizabeth를 알고 지낸 지인이 한 말)
254	**boulder** [bóuldər]		A tall red-headed woman walked around the large **boulder** at the path's turning and came toward us. 길이 꺾이는 지점에서 키 크고 머리칼이 붉은 여자가 커다란 바위를 돌아 우리쪽으로 다가왔어요. (Juliet이 Remy와 산책을 하던 중 생긴 일)
254	**gasp** [gæsp]		Remy was quiet then, only **gasping** for breath. Remy는 그때 조용해졌고, 단지 숨만 헐떡였다. (큰 개를 보고 Remy가 갑자기 토하고 난 뒤 숨을 헐떡이는 모습)
257	**nuptials** ['nʌpʃlz]		Does he mean to announce **nuptials**? 그는 결혼 발표라도 하려는 건가요? (북클럽 회원 중 한 명이 행복한 발표를 한다고 해서, Isola가 추측해서 하는 말)
258	**muster** ['mʌstə(r)]		I **mustered** my courage and told Amelia. 나는 용기를 내서 Amelia에게 말했다. (Juliet은 Kit을 입양하고 싶다고 Amelia에게 용기내어 말함)
263	**glean** [gliːn]		Facts **gleaned** from keen eyes and ears. 사실은 예리한 눈과 귀로부터 얻어진다. (Isola가 자신의 노트에 쓴 글로, 주변 인물들을 관찰한 내용을 씀)
267	**hover** ['hʌvər]		He wasn't **hovering** over Remy at all. 그는 Remy 곁을 맴돌지는 않았다. (Isola는 Dawsey(he)가 Remy를 좋아한다고 생각하고 계속 관찰함)

5. 내용 파악 문제 (Reading Comprehension)

[9쪽~10쪽] 1. 다음 편지를 읽고 질문에 답하시오.

From Dawsey Adams, Guernsey, Channel Islands, to Juliet

12th January, 1946

Miss Juliet Ashton
81 Oakley Street
Chelsea
London S.W.3

Dear Miss Ashton,

My name is Dawsey Adams, and I live on my farm in St. Martin's Parish on Guernsey. I know of you because I have an old book that once belonged to you—the *Selected Essays of Elia*, by an author whose name in real life was Charles Lamb. Your name and address were written inside the front cover.

I will speak plain-I love Charles Lamb. My own book says *Selected*, so I wondered if that meant he had written other things to choose from? These are the pieces I want to read, and though the Germans are gone now, there aren't any bookshops left on Guernsey.

I want to ask a kindness of you. Could you send me the name and address of a bookshop in London? I would like to order more of Charles Lamb's writings by post. I would also like to ask if anyone has ever written his life story, and if they have, could a copy be found for me? For all his bright and turning mind, I think Mr. Lamb must have had a great sadness in his life.

Charles Lamb made me laugh during the German Occupation, especially when he wrote about the roast pig. The Guernsey Literary and Potato Peel Pie Society came into being because a roast pig we had to keep secret from the German soldiers, so I feel a kinship to Mr. Lamb.

I am sorry to bother you, but I would be sorrier still not to know about him, as his writings have made me his friend.

Hoping not to trouble you,
Dawsey Adams

P.S. My friend Mrs. Maugery bought a pamphlet that once belonged to you, too. It is called *Was There a Burning Bush? A Defense of Moses and the Ten Commandments*. She liked your margin note, "Word of God or crowd control???" Did you ever decide which?

---

1. Which one is not true about Dawsey Adams?
① He wants to order Charles Lamb's books.
② He lives on his farm in the parish of St. Martin on Guernsey.
③ He knows Juliet because he has an old book that once belonged to Juliet.
④ He is a member of the Guernsey Literary and Potato Peel Pie Society.
⑤ He has a book called *Was There a Burning Bush?* that once belonged to Juliet.

[21쪽~26쪽] 2~4. 다음 2편의 편지를 읽고 질문에 답하시오.

[편지 1]

From Sidney to Juliet

26th January, 1946

Miss Juliet Ashton
The Queens Hotel
City Square
Leeds

Dear Juliet,

(중간 생략)

The *Times* wants you to write a long piece for the supplement-one part of a three-part series they plan to publish in successive issues. I'll let them surprise you with the subject, but I can promise you three things right now: they want it written by Juliet Ashton, *not by Izzy Bickerstaff;* the subject is a serious one; and the sum mentioned means you can fill your flat with flowers every day for a year, buy a satin quilt (Lord Woolton says. you no longer need to have been bombed out to buy new bed-covers), and purchase a pair of real leather shoes—if you can find them. You can have my coupons.

The *Times* doesn't want the article until late spring, so we will have more time to think up a new book possibility for you. All good reasons to hurry back, but the biggest one is that I miss you.

Now, about Markham V. Reynolds, Junior. I do know who he is, and *the Domesday Book* won't help-he's an American. He is the son and heir of Markham V. Reynolds, Senior, who used have a monopoly on paper mills in the States and now just owns most of them. Reynolds, Junior, being of an artistic turn of mind, does not dirty his hands in making paper-he prints on it instead. He's a publisher. The *New York Journal*, the *Word. View*—those are all his, and there are several smaller magazines as well. I knew he was in London. Officially, he's here to open the London office of *View*, but rumor has it that he's decided to begin publishing books, and he's here to beguile England's finest authors with visions of plenty and prosperity in America. I didn't know his technique included roses and camellias, but I'm not surprised. He's always had more than his fair share of what we call cheek and Americans call can-do spirit. Just wait till you see him-he's been the undoing of stronger women than you, including my secretary. I'm sorry to say she's the one who gave him your itinerary *and* your address. The silly woman thought he was so romantic-looking, with "such a lovely suit and handmade shoes." Dear God! She couldn't seem to grasp the concept breach of confidentiality, so I had to sack her.

He's after you, Juliet, no doubt about it. Shall I challenge him to a duel? He would undoubtedly kill me, so I'd rather not. My dear, I can't promise you plenty or prosperity or even butter, but you do know that you're Stephens & Stark's—especially Stark's—most beloved author, don't you?

Dinner the first evening you are home?

Love,
Sidney

From Juliet to Sidney

28th January, 1946

Dear Sidney,

Yes, dinner with pleasure. I'll wear my new dress and eat like a pig.

(중간 생략)

Susan suggested I make a "dignified statement" to the press too, about Rob Dartry and why we did not marry. I couldn't possibly do that. I honestly don't think I'd mind looking like a fool, if it didn't make Rob look a worse one. But it would—and of course, he wasn't a fool at all. But he'd *sound that way*. I'd much prefer to say nothing and look like a feckless, flighty, cold-hearted bitch.

(중간 생략)

I thought I was in love (*that's* the pathetic part-my idea of being in love). In preparation for sharing my home with a husband, I made room for him so he wouldn't feel like a visiting aunt. I cleared out half my dresser drawers, half my closet, half my medicine chest, half my desk. I gave away my padded hangers and brought in those heavy wooden ones. I took my golliwog off the bed and put her in the attic. Now my flat was meant for two, instead of one.

On the afternoon before our wedding, Rob was moving in the last of his clothes and belongings while I delivered my Izzy article to the *Spectator*. When I was through, I tore home, flew up the stairs, and threw open the door to find Rob sitting on a low stool in front of my bookcase, surrounded by cartons. He was sealing the last one up with gummed tape and string. There were eight boxes— *eight boxes* of my books bound up and ready for the basement!

He looked up and said, "Hello, darling. Don't mind the mess, the porter said he'd help me carry these down to the basement." He nodded toward my bookshelves and said, "Don't they look wonderful?"

Well, there were no words! I was too appalled to speak. Sidney, <u>every single shelf—where my a) ⬚ had stood—was filled with athletic b) ⬚</u> : silver cups, gold cups, blue rosettes, red ribbons. There were awards for every game that could possibly be played with a wooden object: cricket bats, squash racquets, tennis racquets, oars, golf clubs, Ping-Pong paddles, bows and arrows, snooker cues, lacrosse sticks, hockey sticks, and polo mallets. There were statues for everything a man could jump over, either by himself or on a horse. Next came the framed certificates—for shooting the most birds on such and such a date, for First Place in footraces, for Last Man Standing in some filthy tug-of-war against Scotland.

All I could do was scream, "How dare you! What have you DONE?! Put my books back!"

(다음 장 계속)

Well, that's how matters started. Eventually, I said something to the effect that I could never marry a man whose idea of bliss was to strike out at little balls and little birds. Rob countered with remarks about damned bluestockings and shrews. And it all degenerated from there-the only thought we probably had in common was, What the hell have we talked about for the last four months? What, indeed? He huffed and puffed and snorted—and left. And I unpacked my books.

(중간 생략)

Sidney, as a token of our long friendship, you do not need to comment on this story—not ever. In fact, I'd far prefer it if you didn't.

Thank you for tracing Markham V. Reynolds, Junior, to his source. So far, his blandishments are entirely floral, and I remain true to you and the Empire.

(중간 생략)

Love,
Juliet

2. [편지 1~2] Choose the correct explanations of each person and write the number below.

Markham V. Reynolds	Rob Dartry

① He's an American.
② He's a publisher.
③ He and Juliet had known each other at least for four months.
④ He sent Juliet roses and camellias.
⑤ He is good at sports.

3. [편지 2] 다음은 Juliet과 Rob의 취향 차이를 잘 보여주는 문장이다.
빈칸에 들어갈 적절한 단어를 적으시오.

Every single shelf—where my a)[____] had stood—was filled with athletic b)[____]

a) _____, b) _____

4. [편지 1~2] Which of the following is correct?
① The *Times* wants Juliet to write stories by the name of Izzy Bickerstaff.
② Markham V. Reynolds met Juliet in London before.
③ Rob Dartry moved in Juliet's house before their wedding
④ Juliet packed her books to move them in the basement with Rob Dartry.
⑤ Sidney and Juliet had dinner this evening.

From Dawsey to Juliet

31st January, 1946

Dear Miss Ashton

Your book came yesterday! You are a nice lady and I thank you with all my heart.

I have a job at St. Peter Port harbor-unloading ships, so I can read during tea breaks. It is a blessing to have real tea and bread with butter, and now-your book. I like it too because the cover is soft and I can put it in my pocket everywhere I go, though I am careful not to use it up too quickly. And I value having a picture of Charles Lamb-he had a fine head, didn't he?

I would like to correspond with you. I will answer your questions as well as I can. Though there are many who can tell a story, better than I can, I will tell you about our roast pig dinner.

I have a cottage and a farm, left to me by my father. Before the war, I kept pigs, and grew vegetables for St. Peter Port markets and flowers for Covent Garden. I often worked also as a carpenter and roofer.

The pigs are gone now. The Germans took them away to feed their soldiers on the continent, and ordered me to grow potatoes. We were to grow what they told us and nothing else. At first, before I knew the Germans as I came to later, I thought I could keep a few pigs hidden—for my own self. But the Agricultural Officer nosed them out and carried them off. Well, that was a blow, but I thought I'd manage all right, for potatoes and turnips were plentiful, and there was still flour then. But it is strange how the mind turns on food. After six months of turnips and a lump of gristle now and then, I was hard put to think about anything but a fine, full meal.

One afternoon, my neighbor, Mrs. Maugery, sent me a note. Come quick, it said. And bring a butcher knife. I tried not to get my hopes high--but I set out for the manor house at a great clip. And it was true! She had a pig, a hidden pig, and she invited me to join in the feast with her and her friends!

I never talked much while I was growing up-I stuttered badly--and I was not used to dinner parties. To tell the truth, Mrs. Maugery's was the first one I was ever invited to. I said yes, because I was thinking of the roast pig, but I wished I could take my piece home and eat it there.

It was my good luck that my wish didn't come true, because that was the first meeting of the Guernsey Literary and Potato Peel Pie Society, even though we didn't know it then. The dinner was a rare treat, but the company was better. With talking and eating, we forgot about clocks and curfews until Amelia (that's Mrs. Maugery) heard the chimes ring nine o'clock-we were an hour late. Well, the good food had strengthened our hearts, and when Elizabeth McKenna said we should strike out for our rightful homes instead of skulking in Amelia's house all night, we agreed. But breaking curfew was a crime—I'd heard of folks being sent to prison camp for it—and keeping a pig was a worse one, so we whispered and picked our way through the fields as quiet as could be.

We would have come out all right if not for John Booker. He'd drunk more than he'd eaten at dinner, and when we got to the road, he forgot himself and broke into song! I grabbed hold of him, but it was too late: six German patrol officers suddenly rose out of the trees with their Lugers drawn and began to shout—Why were we out after curfew? Where had we been? Where were we going?

I couldn't think what to do. If I ran, they'd shoot me. I knew that much. My mouth was dry as chalk and my mind was blank, so I just held on to Booker and hoped.

Then Elizabeth drew in her breath and stepped forward. Elizabeth isn't tall, so those pistols were lined up at her eyes, but she didn't blink. She acted like she didn't see any pistols at all. She walked up to the officer in charge and started talking. You never heard such lies. How sorry she was that we had broken curfew. How we had been attending a meeting of the Guernsey Literary Society, and the evening's discussion of *Elizabeth and Her German Garden* had been so delightful that we had all lost track of time. Such a wonderful book—had he read it?

None of us had the presence of mind to back her up, but the patrol officer couldn't help himself-he had to smile back at her. Elizabeth is like that. He took our names and ordered us very politely to report to the Commandant the next morning. Then he bowed and wished us a good evening. Elizabeth nodded, gracious as could be, while the rest of us edged away, trying not to run like rabbits. Even lugging Booker, I got home quick.

That is the story of our roast pig dinner.

(이하 생략)

Yours sincerely,
Dawsey Adams

5. Dawsey Adams가 지금 하거나 과거에 했던 일을 <보기>에서 모두 골라 적으시오.

➔ _____

─── <보기> ───

unloading ships, writer, dancer, publisher, roofer, keeping pigs, growing vegetables, bookstore owner, carpenter, solider, sailor

6. 건지 감자껍질파이 북클럽(the Guernsey Literary and Potato Peel Pie Society)이 만들어지게 된 사건 순서대로 번호를 적으시오.

① On their way back home, John Booker broke into song and they got caught by a German patrol officers.
② People enjoyed talking and eating so much that they forgot about curfews.
③ Elizabeth made up a story about a meeting of the Guernsey Literary Society.
④ Thanks to Elizabeth, everybody went back home safely.
⑤ Mrs. Maugery invited her friends to eat a roast pig for dinner.

➔ (   )-(   )-(-(   )-(   )

From Isola Pribby to Juliet

19th February, 1946

Dear Miss Ashton,

Oh my, oh my. You have written a book about Anne Brontë, sister to Charlotte and Emily. Amelia Maugery says she will lend it to me, for she knows I have a fondness for the Brontë girls-poor lambs. To think all five of them had weak chests and died so young! What a sadness.

Their Pa was a selfish thing, wasn't he? He paid his girls no mind at all-always sitting in his study, yelling for his shawl. He never rose up to wait on hisself, did he? Just sat alone in his room while his daughters died like flies.

And their brother, Branwell, he wasn't much either. Always drinking and sicking up on the carpets. They were forever having to clean up after him. Fine work for lady Authoresses!

It is my belief that with two such men in the household and no way to meet others, Emily had to make Heathcliff up out of thin air! And what a fine job she did. Men are more interesting in books than they are in real life.

Amelia told us you would like to know about our book society and what we talk about at our meetings. I gave a talk on the Brontë girls once when it was my turn to speak. I'm sorry I can't send you my notes on Charlotte and Emily—I used them to kindle a fire in my cookstove, there being no other paper in the house. I'd already burnt up my tide tables, the Book of Revelation, and the story about Job.

(중간 생략)

I will tell you now about myself. I have a cottage and small holding next to Amelia Maugery's manor house and farm. We are both situated by the sea. I tend my chickens and my goat, Ariel, and grow things. I have a parrot in my keeping too—her name is Zenobia and she does not like men.

I have a stall at Market every week, where I sell my preserves, vegetables, and elixirs I make to restore manly ardor. Kit McKenna-daughter to my dear friend Elizabeth McKenna-helps me make my potions. She is only four and has to stand on a stool to stir my pot, but she is able to whip up big froths.

I do not have a pleasing appearance. My nose is big and was broken when I fell off the hen-house roof. One eyeball skitters up to the top, and my hair is wild and will not stay tamped down. I am tall and built of big bones.

I could write to you again, if you want me to. I could tell you more about reading and how it perked up our spirits while the Germans were here. The only time reading didn't help was after Elizabeth was arrested by the Germans. They caught her hiding one of those poor slave workers from Poland, and they sent her to prison in France. There was no book that could lift my heart then, nor for a long time after. It was all I could do not to slap every German I saw. For Kit's sake, I held myself in. She was only a little sprout then, and she needed us. Elizabeth hasn't come home yet. We are afraid for her, but mind you, I say it's early days yet and she might still come home. I pray so, for I miss her sorely.

Your friend,
Isola Pribby

7. Which is not correct about Isola Pribby?

① She has a fondness for the Brontë girls.

② She misses her dear friend, Elizabeth very much.

③ She sells her preserves, vegetables on Sundays.

④ She tends her chickens and her goat in her cottage.

⑤ Her nose is big and was once broken so she thinks she doesn't have a pleasing appearance.

8. Why was Elizabeth arrested? Find one sentence and write it down from the passage above.

➔ _____

_____

From Eben Ramsey to Juliet

28th February, 1946

Dear Miss Ashton,

I am a Guernsey man and my name is Eben Ramsey. My fathers before me were tombstone-cutters and carvers-lambs a specialty. These are the things I like to do of an evening, but for my livelihood, I fish.

Mrs. Maugery said you would like to have letters about our reading during the Occupation. I was never going to talk—or think, if I could help it—about those days, but Mrs. Maugery said we could trust to your judgment in writing about the Society during the war. If Mrs. Maugery says you can be trusted, I believe it. Also, you had such kindness to send my friend Dawsey a book—and he all but unknown to you. So I am writing to you and hope it will be a help to your story.

Best to say we weren't a true literary society at first. Aside from Elizabeth, Mrs. Maugery, and perhaps Booker, most of us hadn't nad much to do with books since our school years. We took them from Mrs. Maugery's shelves fearful we'd spoil the fine papers. I had no zest for such matters in those days. It was only by fixing my mind on the Commandant and jail that I could make myself to lift up the cover of the book and begin.

It was called *Selections from Shakespeare*. Later, I came to see that Mr. Dickens and Mr. Wordsworth were thinking of men like me when they wrote their words. But most of all, I believe that William Shakespeare was. Mind you, I cannot always make sense of what he says, but it will come.

It seems to me the less he said, the more beauty he made. Do you know what sentence of his I admire the most? It is "The bright day is done, and we are for the dark."

I wish I'd known those words on the day I watched those German troops land, plane-load after plane-load of them and come off ships down in the harbor! All I could think of was *damn them, damn them,* over and over. If I could have thought the words "the bright day is done and we are for the dark," I'd have been consoled somehow and ready to go out and contend with circumstance-instead of my heart sinking to my shoes.

They came here on Sunday, 30th June, 1940, after bombing us two days before. They said they hadn't meant to bomb us; they mistook our tomato lorries on the pier for army trucks. How they came to think that strains the mind. They bombed us, killing some thirty men, women, and children-one among them was my cousin's boy. He had sheltered underneath his lorry when he first saw the planes dropping bombs, and it exploded and caught fire. They killed men in their lifeboats at sea. They strafed the Red Cross ambulances carrying our wounded. When no one shot back at them, they saw the British had left us undefended. They just flew in peaceably two days later and occupied us for five years.

At first, they were as nice as could be. They were that full of themselves for conquering a bit of England, and they were thick enough to think it would just be a hop and a skip till they landed in London. When they found out that wasn't to be, they turned back to their natural meanness.

They had rules for everything-do this, don't do that, but they kept changing their minds, trying to seem friendly, like they were poking a carrot in front of a donkey's nose. But we weren't donkeys. So they'd get harsh again.

(다음 장에 계속)

For instance, they were always changing curfew—eight night, or nine, or five in the evening if they felt really mean minded. You couldn't visit your friends or even tend your stock.

We started out hopeful, sure they'd be gone in six months. But it stretched on and on. Food grew hard to come by, and soon there was no firewood left. Days were grey with hard work and evenings were black with boredom. Everyone was sickly from so little nourishment and bleak from wondering if it would ever end. We clung to books and to our friends; they reminded us that we had another part to us. Elizabeth used to say a poem. I don't remember all of it, but it began "Is it so small a thing to have enjoyed the sun, to have lived light in the spring, to have loved, to have thought, to have done, to have advanced true friends?" It isn't. I hope, wherever she is, she has that in her mind.

Late in 1944, it didn't matter what time the Germans set the curfew for. Most people went to bed around five o'clock anyway to keep warm. We were rationed to two candles a week and the only one. It was mighty tedious, lying up in bed with no light to read by.

After D-Day, the Germans couldn't send any supply ship from France because of the Allied bombers. So they were finally as hungry as we were-and killing dogs and cats to give themselves something to eat. They would raid our gardens, rooting up potatoes - even eating the black, rotten ones. Four soldiers died eating handfuls of hemlock, thinking it was parsley.

The German officers said any soldier caught stealing food from our gardens would be shot. One poor soldier was caught stealing a potato. He was chased by his own people and climbed up a tree to hide. But they found him and shot him down out of the tree. Still, that did not stop them from stealing food. I am not pointing a finger at those practices, because some of us were doing the same. I figure hunger makes you desperate when you wake to it every morning.

My grandson, Eli, was evacuated to England when he was seven. He is home now—twelve years old, and tall—but I will never forgive the Germans for making me miss his growing-up years.

I must go milk my cow now, but I will write to you again if you like.

My wishes for your health,
Eben Ramsey

9. 위 지문을 읽고 내용과 일치하면 T, 틀리면 F를 적으시오.

	description	T / F
1	Eben Ramsey fishes for his livelihood	
2	Germans came to Guernsey on 30th June, 1940.	
3	Eben's grandson Eli was evacuated to France when he was seven.	
4	Eben is writing to Juliet hoping his letter will be a help to her story.	
5	As the war goes on and on, villagers as well as German soldiers got hungry.	
6	Eben admires Charles Lamb's words the most.	
7	German officers encouraged their soldiers to steal food.	

From John Booker to Juliet

27th March, 1946

Dear Miss Ashton,

Amelia Maugery has asked me to write to you, because I am a founding member of the Guernsey Literary and Potato Peel Pie Society - though I only read one book over and over again. It was The Letters of Seneca: Translated from Latin in One Volume, with Appendix. Seneca and the Society, betwixt them, kept me from the direful life of a drunk.

From 1940 to 1944, I pretended to the German authorities that I was Lord Tobias Penn-Piers - my former employer, who had fled to England in a frenzy when Guernsey was bombed. I was his valet and I stayed. My true name is John Booker, and I was born and bred in London.

(중간 생략)

I will tell you how I came to pretend to be my former employer. Lord Tobias wanted to sit out the war in a safe place, so he purchased La Fort manor in Guernsey. He had spent World War I in the Caribbean but had suffered greatly from prickly heat there. In the spring of 1940, he moved to La Fort with most of his possessions, including Lady Tobias. Chausey, his London butler, had locked himself in the pantry and refused to come. So I, his valet, came in Chausey's stead, to supervise the placing of his furniture, the hanging of his curtains, the polishing of his silver, and *the stocking of his wine cellar*. It was there I bedded each bottle, gentle as a baby to its crib, in its little rack.

Just as the last picture was being hung on the wall, the German planes flew over and bombed St. Peter Port. Lord Tobias, panicking at all the racket, called the captain of his yacht and ordered him, 'Get ready the ship!' We were to load the boat with his silver, his paintings, his bibelots, and, if enough room, Lady Tobias, and set sail at once for England.

I was the last one up the gangway, with Lord Tobias screaming, 'Hurry up, man! Hurry up, the Huns are coming!'

(중간 생략)

I turned my back on him and quickly walked down the gangway. I ran up the road to La Fort and watched the yacht sail away, Lord Tobias still screaming. Then I went inside, laid a fire, and stepped into the wine cellar. I took down a bottle of claret and drew my first cork. I let the wine breathe. Then I returned to the library, sipped, and began to read *The Wine-Lover's Companion*.

I read about grapes, tended the garden, slept in silk pajamas - and drank wine. And so it went until September when Amelia Maugery and Elizabeth McKenna came to call on me. Elizabeth I knew slightly - she and I had chatted several times among the market stalls - but Mrs Maugery was a stranger to me. Were they going to turn me in to the constable? I wondered.

No. They were there to warn me. The Commandant of Guernsey had ordered all Jews to report to the Grange Lodge Hotel and register. According to the Commandant, our ID cards would merely be marked "Juden" and then we were free to go home. Elizabeth knew my mother was Jewish; I had mentioned it once. They had come to tell me that I must not, under any circumstances, go to the Grange Lodge Hotel.

But that wasn't all. Elizabeth had considered my predicament thoroughly (more thoroughly than I) and made a plan. Since all Islanders were to have identity cards anyway, why couldn't I declare myself to be Lord Tobias Penn-Piers himself? I could claim that, as a visitor, all my documents had been left behind in my London bank. Mrs. Maugery was sure Mr. Dilwyn would be happy to back up my impersonation, and he was. He and Amelia went with me to the Commandant's Office, and we all swore that I was Lord Tobias Penn-Piers.

It was Elizabeth who came up with the finishing touch. The Germans were taking over all Guernsey's grand houses for their officers to live in, and they would never ignore a residence like La Fort - it was too good to miss. And when they came, I must be ready for them as Lord Tobias Penn-Piers. I must look like a Lord of Leisure and act at ease. I was terrified.

(중간 생략)

She decided that she would quickly paint my portrait as a sixteenth-century Penn-Piers. So I posed in a velvet cloak and ruff, seated against a background of dark tapestries and dim shadows, fingering my dagger. I looked Noble, Aggrieved and Treasonous.

It was a masterly stroke, for, not two weeks later, a body of German officers (six in all) appeared in my library - without knocking. I received them there, sipping a Chateau Margaux '93 and bearing an uncanny resemblance to the portrait of my "ancestor" hanging above me over the mantel.

(이하 생략)

Yours truly,
John Booker

10. Which one is true about John Booker?

① He read more than two books.
② His real name is Lord Tobias.
③ He loaded most of his possessions onto a boat when the German planes bombed St. Peter Port.
④ He was painted by Elizabeth to hang the portrait over the mantel.
⑤ He will report to the Grange Lodge Hotel that He is a German.

11. What made John Booker stay in Guernsey? Write down the one word.
(hint : four letters)

[편지 1]

From Dawsey to Juliet

15th April, 1946

Dear Miss Ashton,

I don't know what ails Adelaide Addison. Isola says she is a blight because she likes being a blight - it gives her a sense of destiny. Adelaide did me one good turn though, didn't she? She told you, better than I could, how much I was enjoying Charles Lamb.

The biography came. I've read fast ‑ too impatient not to. But I'll go back and start over again - reading more slowly this time, so I can take everything in. I did like what Mr. Lucas said about him - "①**he** could make any homely and familiar thing into something fresh and beautiful." Lamb's writings make me feel more at home in his London than I do here and now in St. Peter Port.

But what I cannot imagine is Charles, coming home from work and finding his mother stabbed to death, his father bleeding and his sister Mary standing over both with a bloody knife. How did ②**he** make himself go into the room and take the knife away from her? After the police had taken her off to the madhouse, how did he persuade the Judge to release her to his care and his care alone? He was only twenty-one years old then - how did he talk them into it?

He promised to take care of Mary for the rest of her life - and, once he put his foot on that road, he never stepped off it. It is sad ③**he** had to quit writing poetry, which he loved, and instead write criticism and essays, which he did not honor much, to make money.

I think of him working as a clerk at the East India Company, so ④**he** could save money for the day, and it always came, when Mary would grow mad again, and he would have to place her in a private home.

(중간 생략)

But doesn't it seem to you that when Mary was sane there was no one saner - or better company? Charles certainly thought so, and so did all their friends: Wordsworth, Hazlitt, Leigh Hunt and, above all, Coleridge. On the day Coleridge died they found a note ⑤**he** had scribbled in the book he was reading. It said, "Charles and Mary Lamb, dear to my heart, yes, as it were, my heart."

Perhaps I've written over-long about him, but I wanted you and Mr. Hastings to know how much the books have given me to think about, and what pleasure I find in them.

(이하 생략)

Yours,
Dawsey Adams

[편지 2]

From Juliet to Dawsey

18th April, 1946

Dear Dawsey,

I am so glad you want to talk about Charles Lamb on paper. I have always thought Mary's sorrow made Charles into a great writer - even if he had to give up poetry and clerk for the East India Company because of it. He had a genius

207

for sympathy that not one of his great friends could touch. When Wordsworth chided him for not caring enough about nature, Charles wrote, "I have no passion for groves and valleys. The rooms where I was born, the furniture which has been before my eyes all my life, a bookcase which has followed me about like a faithful dog wherever I have moved - old chairs, old streets, squares where I have sunned myself, my old school - have I not enough, without your Mountains? I do not envy you. I should pity you, did I not know, that **the Mind will make friends of any thing.**" A mind that can make friends of any thing. - I thought of that often during the war.

(중간 생략)

Have you ever noticed that when your mind is awakened or drawn to someone new, that person's name suddenly pops up everywhere you ho? My friend Sophie calls it coincidence, and Mr. Simpless, my parson friend, calls it Grace. He thinks that if one cares deeply about someone or something new one throws a kind of energy out into the world, and 'fruitfulness' is drawn in.

Yours ever,
Juliet Ashton

12. [편지 1] 밑줄 친 he가 가리키는 대상이 나머지 넷과 다른 것은?

①   ②   ③   ④   ⑤

13. 내용과 일치 하지 않는 것은?
① Dawsey will read the biography of Charles Lamb again.
② Charles Lamb took care of his sister, Mary.
③ Charles Lamb worked for the East India Company.
④ Charles Lamb cared for nature, especially mountains.
⑤ Juliet replied to Dawsey's letter in three days.

14. [편지 2] Charles Lamb이 말한 밑줄 친 문장 'the Mind will make friends of anything.'을 해석하고 나타내고자 하는 의미를 우리말로 서술하시오.

해석) _____

의미) _____

_____

_____

[116쪽~121쪽] 15~17. 다음 2편의 편지를 읽고 질문에 답하시오.

[편지 1]

From Isola to Juliet

18th April, 1946

Dear Juliet,

Now that we are corresponding friends, I want to ask you some questions - they are highly personal Dawsey said it would not be polite, but I say that's a difference twixt men and women, not polite and rude. Dawsey's never asked me a personal question in fifteen years. I'd take it kindly if he would, but Dawsey's got quiet ways. I don't expect to change him, nor myself either. I see it that you care to know about us, so I guess you would like us to know about you - only you just didn't happen to think of it first.

First of all, I saw a picture of you on the dust jacket of your book about Anne Bronte, so I know you are below forty years of age - how far below? Was the sun in your eyes, or does it happen that you have a squint? Is it permanent? It must have been a windy day because your curls are blowing all about. I couldn't quite make out the color of your hair, though I can tell it isn't blonde - for which I am glad. I don't like blondes very much.

Do you live by the river? I hope so, because people who live near running water are much nicer than people who don't. I'd be mean as a scorpion if I lived inland. Do you have a serious suitor? I do not.

Is your flat cozy or grand? Be fulsome, as I want to be able to picture it in my mind. Do you think you would like to visit us in Guernsey? Do you have a pet? What kind?

Your friend,
Isola

[편지 2]

From Juliet to Isola

20th April, 1946

Dear Isola,

I am glad you want to know more about me and am only sorry I didn't think of it myself, and sooner.

Present-day first: I am thirty-two years old, and you were right-the sun was in my eyes. In a good mood, I call my hair Chestnut with Gold Glints. In a bad mood, I call it mousy brown. It wasn't a windy day; my hair always looks that way. Naturally curly hair is a curse, and don't ever let anyone tell you different. My eyes are hazel. While I am slender, I am not tall enough to suit me.

I don't live by the Thames any more and that is what I miss the most about my old home - I loved the sight and sound of the river at all hours. I live now in a borrowed flat in Glebe Place. It is small and furnished within an inch of its life, and the flat owner won't be back from the United States until November, so I have the run of his house until then. I wish I had a dog, but the building management does no not allow pets! The Kensington Gardens aren't so very far, so if I begin to feel cooped up I can walk to the park, rent a deck chair for a shilling, loll about under the trees, watch the passers-by and children play, and I am soothed - somewhat.

(중간 생략)

I was a fairly nice child until my parents died when I was twelve. I left our farm in Suffolk and went to live with my great-uncle in London. I was a furious, bitter, morose little girl. I ran away twice, causing my uncle no end of trouble - and at the time I was very glad to do so. I am ashamed now when I think about how I treated him. He died when I was seventeen so I was never able to apologize.

When I was thirteen, my uncle decided I should go away to boarding school. I went, mulish as usual, and met the Headmistress, who marched me into the Dining Room. She led me to a table with four other girls. I sat; arms crossed, hands tucked under my armpits, glaring like a molting eagle, looking around for someone to hate. I hit upon Sophie Stark, Sidney's younger sister.

Perfect, she had golden curls, big blue eyes and a sweet, sweet smile. She made an effort to talk to me. I didn't answer until she said, "I hope you will be happy here." I told her I wouldn't be staying long enough to find out. "As soon as I find out about the trains, I am gone!' said I.

That night I climbed out on to the dormitory roof, meaning to sit there and have a good brood in the dark. In a few minutes, Sophie crawled out - with a railway timetable for me.

Needless to say, I didn't run away. I stayed - with Sophie as my new friend. Her mother would often invite me to their house for the holidays, which was where I met Sidney. He was ten years older than me and was, of course, a god. He later changed into a bossy older brother, and later still, into one of my dearest friends.

Sophie and I left school and - wanting no more of academic life, but LIFE instead - we went to London and shared rooms Sidney had found for us. We worked together for a while in a bookshop, and I wrote - and threw away - stories at night.

(중간 생략)

Sidney published a book of my Izzy Bickerstaff columns and I went on a book tour. And then - I began writing letters to strangers in Guernsey, now friends, whom I would indeed like to come and see.

Yours ever,
Juliet

15. [편지 1] Isola가 Juliet에게 궁금한 것 <u>아닌</u> 것은?
① How old is she?
② What is the color of her hair?
③ How tall is she?
④ Does she have a pet?
⑤ Where does she live?

16. [편지 2] Sophie의 성격을 가장 잘 표현한 단어는?
① selfish
② friendly
③ narrow-minded
④ gloomy
⑤ introverted

17. [편지 2] Juliet에 관한 내용 중 사실이 <u>아닌</u> 것은?
① The color of her hair isn't blonde.
② She has hazel eyes
③ She has a dog.
④ She lived with her great-uncle for a while.
⑤ She lived with Sophie in London

[178쪽~184쪽] 18~20. 다음 2편의 편지를 읽고 질문에 답하시오.

[편지 1]

Letter received 12th June 1946

To 'Eben' or 'Isola' or Any Member of a Book Society
on Guernsey, Channel Islands, Great Britain
(Delivered to Eben 14th June 1946)

Dear Guernsey Book Society

I greet you as those dear to my friend Elizabeth McKenna. I write to you now so that I may tell you of her death in Ravensbruck Concentration Camp. She was executed there in March 1945.

In those days before the Russian Army arrived to free the camp, the SS carried truck loads of papers to the crematorium and burned them in the furnaces there. Thus I feared you might never learn of Elizabeth's imprisonment and death.

Elizabeth spoke often to me of Amelia, Isola, Dawsey, Eben and Booker. I recall no surnames, but believe the names Eben and Isola to be unusual Christian names and thus hope you may be found easily on Guernsey.

I know that she cherished you as her family, and she felt gratitude and peace that her daughter Kit was in your care. Therefore I write so you and the child will know of her and the strength she showed to us in the camp. Not strength only, but a metier she had for making us forget where we were for a small while. Elizabeth was my friend, and in that place friendship was all that aided one to remain human.

I reside now at the Hospice La Foret in Louviers in Normandy. My English is yet poor, so Sister Touvier is improving my sentences as she writes them down.

I am now twenty-four years of age. In 1944, I was caught by the Gestapo at Plouha in Brittany, with a packet of forged ration cards. I was questioned and beaten only, and sent to Ravensbruck Concentration Camp. I was put in Block Eleven, and it was here that I met Elizabeth.

(중간 생략)

Elizabeth and I walked with group each morning at 6:00, to reach the Siemens factory where we worked. It was outside the walls of the prison. Once there, we pushed handcarts to the railroad siding and unloaded heavy metal plates onto the carts. We were given wheat paste and peas at noon, and returned to camp for roll call at 6:00 P.M. and a supper turnip soup.

Our duties changed according to need, and one day we were ordered to dig a trench to store potatoes in for winter. Our friend Alina stole a potato but dropped it on the ground. All digging stopped until the overseer could discover the thief.

Alina had ulcerated corneas, and it was necessary that the overseers not notice this-for they might think her to be going blind. Elizabeth said quickly she had taken the potato, and sent the punishment bunker for one week.

(중간 생략)

Please accept my best wishes,
Remy Giraud

[편지 2]

From Amelia to Remy Giraud

16th June, 1946

Mademoiselle Remy Giraud
Hospice La Foret
Louviers
France

Dear Mademoiselle Giraud,

How good you were to write to us- how good and how kind. It could not have been an easy task to call up your own terrible memories in order to tell us of Elizabeth's death. We had been praying that she would return to us, but it is better to know the truth than to live in uncertainty. We were grateful to learn of your friendship with Elizabeth and to think of the comfort you gave to one another.

May Dawsey Adams and I come visit you in Louviers? We would like to, very much, but not if you would find our visit too disturbing. We want to know you and we have an idea to propose. But again, if you'd prefer that we didn't, we will not come.

Always, our blessings for your kindness and courage.

Sincerely,
Amelia Maugery

18. [편지 1] 글의 목적으로 가장 적절한 것은?
① 건지섬에 가는 방법을 문의하려고
② 지내고 있는 프랑스 요양원에 초대하려고
③ 건지 감자껍질파이 북클럽을 기사로 소개하려고
④ 요양원에 책을 보내달라고 부탁하려고
⑤ Elizabeth의 죽음을 알리려고

19. [편지 1] 글의 내용과 일치하는 것은?
① Remy missed her family on Guernsey.
② Elizabeth appreciated people who cared Kit.
③ Remy had good meals in concentration camp
④ Remy stole a potato and sent the punishment bunker
⑤ Remy met Amelia, Isola, Dawsey before.

20. [편지 2] 글의 목적으로 가장 적절한 것은?
① Elizabeth가 살아 있는지 확인하려고
② Elizabeth의 수용소 생활을 알아보려고
③ Remy Giraud가 있는 곳의 방문을 허락받으려고
④ Remy를 건지섬에 초대하려고
⑤ 건지섬의 생활을 소개하려고

From Sidney to Sophie

6th July, 1946

Dear Sophie,

I am, at last, on Guernsey with Juliet and am ready to tell you three or four of the dozen things you asked me to find out.

First and foremost, Kit seems as fond of Juliet as you and I are. She is a spirited little thing, affectionate in a reserved way (which is not as contradictory as it sounds) and quick to smile when she is with one of her adoptive parents from the Literary Society.

(중간 생략)

I know you think Juliet seemed tired, worn, frazzled and pale when you saw her last winter. I don't think you realize how harrowing those teas and interviews can be; she looks as healthy as a horse now and is full of her old zest. So full, Sophie, I think she may never want to live in London again - though she doesn't realize it yet. Sea air, sunshine, green fields, flowers, the ever-changing sky and ocean, and most of all, the people seem to have seduced her from City life.

(중간 생략)

Now, about Dawsey Adams. I have inspected him, as per instructions, I liked what I saw. He's quiet, capable, trustworthy - oh Lord, I've made him sound like a dog - and he has a sense of humor, In short, he is completely unlike any of Juliet's other swains - praise indeed. He did not say much at our first meeting - nor at any of our meetings since, come to think of it - but let him walk into a room, and everyone in it seems to breathe a little sigh of relief. I have never in my life had that effect on anyone, can't imagine why not. Juliet seems a bit nervous around him - his silence *is* slightly daunting - and she made a dreadful mess of the tea things when he came by for Kit yesterday. But Juliet has always shattered teacups - remember what she did to Mother's Spode? - so that may not signify. As for him, he watches her with dark steady eyes - until she looks at him and he then glances away (I do hope you're appreciating my observational skills).

One thing I can say unequivocally: he's worth a dozen Mark Reynoldses. I know you think I'm unreasonable about Reynolds, but you haven't met him. He's all charm and oil, and he gets what he wants. It's one of his few principles. He wants Juliet because she's pretty and "intellectual" at the same time, and he thinks they'll make an impressive couple. If she marries him, she'll spend the rest of her life being shown to people at theaters and clubs and weekends she'll never write another book. As her editor, I'm dismayed by that prospect, but as her friend, I'm horrified. It will be the end of our Juliet.

(중간 생략)

Love to you all,
Sidney

21. Juliet이 건지섬에 오기 전과 후의 모습 혹은 상태 변화를 나타내는 문장을 찾아 적으시오.

오기 전 모습) _____

온 후 모습) _____

22. Dawsey와 Juliet이 서로에 대한 감정을 보여주는 문장을 각각 찾아 적으시오.

Dawsey의 감정	
Juliet의 감정	

23. Sidney가 Juliet이 Mark와 결혼 안 하길 바라는 이유로 가장 적절한 것은?
① Mark가 바람둥이라서
② Mark와 Juliet이 결혼하면 Juliet과 자주 못 만날까 봐
③ Dawsey가 Juliet과 더 잘 어울리는 것 같아서
④ 책을 영영 못 쓰게 될까 봐 걱정되어서
⑤ 부자인 Mark와 결혼하는 것이 질투 나서

[239쪽~240쪽] (239쪽 밑에서 3번째 단락)
24. 다음 글에서 Isola가 밑줄 친 부분과 같이 행동한 이유로 적절한 것은?

"I am pleased to confirm that you are in possession of eight letters written by Oscar Wilde, madam," he said to Isola with a little bow.
"GLORY BE!" bellowed Isola, and <u>she reached round the table and clutched Sir William into a hug</u>.

① 그녀가 소유한 편지가 Oscar Wilde가 직접 쓴 진품이어서
② Oscar Wilde가 고개 숙여 인사해서
③ William이 큰소리로 소리쳐서
④ William이 Oscar Wilde를 소개해서
⑤ William과 헤어지는 인사를 하기 위해서

[268쪽~272쪽] (269쪽 밑에서 3번째 단락)
25. What did Isola find in the treasure box?

I ran to his bedroom, fished under the bed, and pulled the treasure box out. I lifted the lid and glanced inside. Nothing met my eye, so I was forced to dump everything out on the bed – still nothing: not a note from Remy, not a photograph of her, no cinema ticket stubs for *Gone With the Wind*, though I knew he'd taken her to see it. What had he done with them? No handkerchief with the initial *R* in the corner. There was one, but it was one of Juliet's scented ones and had a *J* embroidered on it. He must have forgotten to return it to her. Other things were in there, but nothing of *Remy's*.

① cinema tickets
② a handkerchief with the initial *J*
③ Remy's handkerchief
④ a note from Juliet
⑤ a red book

[271쪽] 다음 편지는 Isola가 쓴 글의 일부이다.

I told Juliet all about it. "Dawsey is so shy, Juliet. He always has been- I don't think anybody's ever been in love with him, or him with anybody before, so he'd not know the right thing to do about it. It's be just like him to hide away mementos and never say a word. I despair for him, I do."

Juliet said, "A lot of men don't keep mementos, Isola. Don't want keepsakes. That doesn't necessarily mean a thing. What on earth (A)_____?"

"Evidence. But no, not even a picture of her. There's lots of pictures of you and Kit, and several of you by yourself. He's kept all your letters, tied up in that blue hair ribbon-the one you thought you'd lost. I know he wrote Remy at the hospice, and she must have written him back- but no, nary a letter from Remy. Not even her handkerchief-oh, he found one of yours. You might want it back, it's a pretty thing."

She got up and went over to her desk. She stood there awhile, then she pick up that crystal thing with Latin, *Carpe Diem*, or some such, etched on the top. She studied it. "' (B)_____,'" she said. "That's an inspiring thought, isn't it, Isola?"

"I suppose so," I said, "if you like being goaded by a bit of rock."

"Where is Dawsey? Up at the Big House, isn't he?"

At my nodding, she bounded out the door, and raced up the drive to the Big House. She was going to give Dawsey a piece of her mind for shirking his feelings for Remy.

Juliet was inside the house by the time I got there.

I heard Juliet open the door to the library. "Good morning, gentlemen," she said. Juliet said she would like a word with Dawsey, if the gentlemen could give her a minute.

Dawsey said, "(C)_____, Juliet? Is Kit all right?"

"Kit's fine. It's me-I want to ask you something."

Oh, I thought, she's going to tell him not to be a sissy.

But she didn't. What she said was, "Would you like to (D)_____?"

I liked to die where I stood.

There was quiet. But Juliet went on undisturbed. Her voice steady-and me, I could not get so much as a breath of air into my chest.

"I'm (E)_____, so I thought I'd ask."

And then, Dawsey, dear Dawsey, swore. He took the Lord's name in vain. "My God, yes," he cried, and clattered down that stepladder.

26. (A)~(E)에 들어갈 적절한 말을 <보기>에서 골라 적으시오.

(A) _____

(B) _____

(C) _____

(D) _____

(E) _____

─── <보기> ───
marry me,
Is something wrong,
were you looking for,
Seize the day,
in love with you

216

6. 인상 깊은 문장 (Impressive Sentences)

챕터 별로 **인상 깊은 문장과 그 이유**를 자유롭게 적으시오.

쪽수	인상 깊은 문장

쪽수	인상 깊은 문장

7. 토의 주제 (Discussion Topics)

문항	쪽수	토의 주제
1	전체	전쟁으로 모든 것이 부족하고 자유가 억압되는 상황에서 인간으로서의 존엄을 유지 할 수 있는 방법이 있다면 어떤 것들이 있을까?
2	전체	위험한 상황에서 기지로 위기를 모면하고 건지 감자껍질파이 북클럽을 만들어 내고 노예 노동자 아이를 구해주어 수용소로 보내진 Elizabeth의 행동, 그리고 수용소에서 매를 맞고 있는 소녀를 구해주고 자신이 대신 죽음을 맞이하게 된 Elizabeth의 행동은 무모한 것인가? 아니면 용기 있는 행동인가?
3	전체	건지 감자껍질파이 북클럽 회원들은 각자 소중하게 읽는 책이나 좋아하는 작가가 있다. 여러분이 가장 감명 깊게 읽은 책 또는 좋아하는 작가는 누구이고, 왜 좋아하는지를 자유롭게 이야기 나누어보자.
4	전체	Remy가 포로 수용소에서의 트라우마를 극복할 수 있는 방법은 어떤 것이 있을까?

8. 활동지 (Worksheet) 및 수업 아이디어

Worksheet 1

등장인물 중 한 명에게 편지 쓰기

Juliet, Sidney, Sophie, Dawsey, Markham(Mark), Mrs. Maugery(Amelia), Elizabeth
John Booker, Isola Eben, Ramsey, Eli, John Booker, Christian, Kit, Remy

Dear,

....

....

....

....

....

....

....

....

....

....

....

....

....

Sincerely...

Worksheet 2

등장인물의 외형 묘사 글을 읽고 그려보기

Isola Pribby

I do not have a pleasing appearance. My nose is big and was broken when I fell off the hen-house roof. One eyeball skitters up to the top, and my hair is wild and will not stay tamped down. I am tall and built of big bones.

221

등장인물 관계도 그리기

Juliet을 중심으로 등장인물의 관계도(외모, 성격, 직업 등도 포함)를 그려보시오.

〈등장인물 명단〉
Juliet Ashton, Dawsey Adams, Mark Reynolds, Remy Giraud, Christian Hellman, Elizabeth McKenna, Kit McKenna, Sidney Stark, Sophie Strachen

Juliet Ashton
(protagonist, writer, thirsts for adventure and excitement)

The Guernsey Literary and Potato Peel Pie Society
(건지 감자껍질파이 북클럽)

정답 및 예시 답안

4. 어휘 및 표현 (Words & Expressions) 정답

쪽수	어휘 및 표현	뜻	책에 제시된 문장
9	**kinship** [kínʃip]	연대감, 동료의식	I feel a **kinship** to Mr. Lamb. 나는 Lamb에게 동료애를 느낍니다. (Dawsey는 Charles Lamb이 구운 돼지에 대해 쓴 글을 읽으면서 자신들도 구운돼지 사건으로 건지 감자껍질파이 북클럽이 시작한 것과 비슷한 상황을 느낌)
10	**wrench** [rentʃ]	(마음이) 쓰라림, 비틀다	It was a sad **wrench** to part with *the Selected Essays of Elia*. Elia 에세이집과 작별한 것은 슬픈 일이었습니다. (Juliet은 자신이 소중히 여기던 책을 잃어버린 것을 쓰라린 슬픈 작별이라고 얘기함)
12	**progressive** [prəgrésiv]	점진적인, 꾸준히 진행되는	It's geometrically **progressive**. 그것은 기하학적으로 점진적인 것이다. (한 책에서 찾은 관심사가 또 다른 책으로 이어지게 되는 독서의 즐거움을 표현함)
21	**hound** [haund]	따라다니며 괴롭히다	The Press is **hounding** me for a statement regarding Gilly's latest **muckraking**, and I am going to give them one. 언론이 Gilly의 최근 추문에 관해 입장을 표명하라고 하도 괴롭혀서 나도 한마디 해 볼까 해요. (Juliet이 Gilly와 인터뷰하다 생긴 일(찻잔을 Gilly에게 던짐)을 걱정하자, 그 일에 대해 Sidney는 자신의 의견을 말하려고 함)
21	**muckrake** [mə'krei̩k]	추문 들추어내기 퇴비용 갈퀴	
22	**rumor has it** [rú:mər]	소문에 의하면, 세평에 의하면	~, but **rumor has it** that he's decided to begin publishing books, and he's here to **beguile** England's finest authors with visions of plenty and prosperity in America. 소문에 의하면 그는 책을 출판하기로 결정했다고 하더군요, 그리고 미국의 밝은 전망과 부를 이용해서 영국의 가장 훌륭한 작가들의 마음을 얻기 위해 여기에 왔다고 해요. (Juliet에게 지속적으로 관심을 표현하는 Markham V.Reynolds에 대해 Sidney가 알아본 바를 얘기해 줌)
22	**beguile** [bigáil]	(마음을)끌다, 이끌다, 현혹시키다	

쪽수	어휘 및 표현	뜻	책에 제시된 문장
22	**confidentiality** [kὰnfədenʃiǽləti]	비밀, 기밀	She couldn't seem to grasp the concept of **breach** of **confidentiality**, so I had to **sack** her.
22	**breach** [briːʧ]	위반, 침해	그녀는 비밀 위반이라는 개념을 이해할 수 없는 것 같아서 나는 그녀를 해고해야 했어요. (Juliet의 스케줄을 아무 생각 없이 Mark에게 공개한 비서를 해고할 거라고 Sindey가
22	**sack** [sæk]	해고하다	적음)
23	**feckless** [féklis]	무기력한, 무책임한	I'd much prefer to say nothing and look like a **feckless**, flighty, cold-hearted bitch. 나는 차라리 아무 말도 하지 않고 무기력하고 변덕이 심하며 인정머리 없는 여자처럼 보이는 편을 택하겠어요. (Juliet이 Gilly와 인터뷰 중 일어난 일을 Sidney에게 말하며 차라리 자신이 오해를 받더라도 아무 말도 하고 싶지 않다고 함)
25	**shrew** [ʃruː]	잔소리가 심한 여자, 바가지 긁는 여자	Rob countered with remarks about damned bluestockings and **shrews**. Rob은 빌어먹을 블루스타킹(여권 신장을 주장하는 지식층 여성을 조롱하는 말), 잔소리꾼이라며 반박했어요. (Juliet과 결혼할 뻔했던 Rob이 Juliet이 자신의 책을 상의 없이 지하로 치워 화를 내자 Rob이 Juliet에게 모욕적인 말을 하는 장면)
28	**gristle** [grísl]	(먹는 고기 속의) 연골, 힘줄	After six months of turnips and a lump of **gristle** now and then, I was hard put to think about anything but a fine, full meal. 6개월간 순무와 가끔 연골 덩어리를 먹고 나니 나는 훌륭한 풀코스 식사 외에는 어떤 것도 생각하기 어려웠어요. (건지섬에서 생활하던 주민들이 독일군의 점령하에 먹을 것을 다 뺏기고 굶주린 상황을 알 수 있음)
31	**hanker** [hǽŋkər]	갈망하다, 동경하다	I'm **hankering** to know more about the Guernsey Literary and Potato Peel Pie Society. 나는 건지감자껍질파이북클럽에 대해 더 많이 알기를 열망해요. (Dawsey에게서 북클럽이 만들어진 경위를 듣게 된 Juliet은 북클럽에 대한 호기심이 더 많이 생김)

쪽수	어휘 및 표현	뜻	책에 제시된 문장
32	**slanted** [slǽntid]	비스듬한, 치우친	They looked like slim, black, **slanted** pencils and made a dull, **spastic** sound above you—like a motor-car running out of petrol.
32	**spastic** [spǽstik]	경련성의	그것들은 가늘고, 검고 비스듬한 연필같이 생겼는데 연료가 다 떨어진 자동차처럼 둔탁하게 털털대는 소리를 내며 머리 위를 날아갔어요. (Juliet은 떨어지는 폭탄을 본 경험을 Dawsey에게 전해줌)
33	**adage** [ǽdidʒ]	속담, 격언	The old **adage**—humor is the best way to make the unbearable bearable—may be true. 유머가 견딜 수 없는 것을 견뎌내는 최선의 방법이라는 옛말은 사실인 것 같아요. (무서운 폭탄 *Doodlebug*를 만화로 표현한 것을 보고 웃었던 기억을 떠올리며 하는 말)
33	**inveigle** [invéigl]	꾀다, 유인하다	Mr. Reynolds, you are not the only one who can **inveigle** innocent employees. Reynolds씨, 당신만 순수한 직원을 꼬드길 줄 아는 유일한 사람이 아니라구요. (Juliet은 자신에게 매번 꽃 배달을 하는 소년을 캐물어서 Mark Reynolds의 주소를 알게 되었다고 편지에 적음)
34	**bedraggled** [bidrǽgld]	흠뻑 젖은, 더럽혀진 **bedraggle** : 흠뻑 젖게 하다	~ when everyone has to be satisfied with **bedraggled** leafless trees and slush. 모든 이가 축축하고 앙상한 나무와 눈 녹은 진창에 만족해야 할 때~ (Juliet은 남들은 추운 겨울에 누릴 수 없는 갖가지 꽃을 보내준 Reynolds씨에게 감사의 인사를 함)
37	**caveat** ['kæviæt]	(특정 절차를 따르라는) 통고, 경고	I will be happy to do so, but with a **caveat**. 나는 기쁘게 그렇게 하겠지만 주의할 것이 있어요. (Amelia는 Juliet에게 건지 감자껍질파이 북클럽에 대해 글을 써도 좋으나 자신들에게 소중한 이 모임의 이름을 사람들이 비웃지 않게 해 달라고 부탁함)
40	**point-blank** [póint-blæŋk]	단도직입적인, 직접적으로	I asked him **point-blank** why he had sent me those **scads** of flowers without including any note. 나는 그에게 쪽지도 없이 왜 나에게 그렇게 많은 꽃을 보냈는지 단도직입적으로 물었어.
40	**scad** [skæd]	많음, 다수, 다량	(Juliet은 꽃을 계속 보내온 Reynolds씨와 처음 만나 저녁을 먹는 자리에서 궁금했던 점을 물어봄)

226

쪽수	어휘 및 표현	뜻	책에 제시된 문장
41	**bashful** [bǽʃfəl]	숫기 없는, 부끄러워하는	He's certainly not **bashful**. 그는 결코 숫기 없는 사람은 아니야. (Juliet은 Reynolds씨를 만나 느끼거나 알게 된 사실을 절친 Sophie에게 열거함)
65	**hemlock** [hémlɑ̀k]	독미나리	Four soldiers died eating handfuls of **hemlock**, thinking it was parsley. 네 병사가 파슬리라고 생각하고 한 줌의 독 미나리를 먹고 죽었어요. (전쟁이 장기화되고 먹을 게 없던 병사들의 비참함을 설명함)
66	**unkempt** [ʌnkémpt]	헝클어진, 단정하지 못한	Elizabeth was a wild thing-roaming **upkempt** about the island, ~. Elizabeth는 단정하지 않은 상태로 섬 주변 을 돌아다니는 거친 아이였어요. (Miss Adelaide Addison이 Juliet에게 건지 껍질감자파이 북클럽에 대해 기사를 쓴다고 하자, 반대한다며 회원인 Elizabeth의 행실 을 비난하는 글을 보냄)
67	**brunt** [brʌnt]	타격	Elizabeth bore the **brunt** of his **haphazard** ways in this case. Elizabeth는 이번에는 그의 대책 없는 방식 에 희생양이 되었어요.
68	**haphazard** [hæphǽzərd]	무계획적인, 되는 대로의	(Ambrose 경이 Elizabeth를 건지섬으로 보 내고 얌전히 집에만 있으라고 집을 폐쇄할 때 독일군이 들이닥쳤기에 Elizabeth를 희생 양으로 표현함)
75	**fussy** ['fʌsi]	까다로운, 야단법석하는	The Germans were **fussy** over farm animals. 독일인들은 농장 동물에 특히 까다로웠습니 다. (독일군은 점령한 건지섬에서 자신들이 먹을 식량으로 가축 문제에 까다로웠음)
76	**tally** ['tæli]	총계(합계)를 내다	~, and your number of living pigs had better **tally** up with their number of living pigs. 살아있는 돼지의 수와 그들 장부의 돼지 수 가 일치해야 했어요. (독일군은 건지섬에 있는 모든 가축을 엄격 히 관리 감독함)
88	**founding member** [fáundiŋ mémbər]	창단 회원	~ because I am a **founding member** of the Guernsey Literary and Potato Peel Pie Society 저는 '건지 감자껍질파이 북클럽'의 창단 회 원이기 때문이에요. (John Booker가 Juliet에게 자신을 소개하는 첫 문장으로 Amelia가 모든 북클럽 회원들 에게 Juliet에게 편지를 쓰라고 함)

쪽수	어휘 및 표현	뜻	책에 제시된 문장
88	**betwixt** [bitwíkst]	~사이에 (between)	Seneca and the Society, **betwixt** them, kept me from the **direful** life of a drunk. 세네카와 문학회, 이 둘이 있었기에 저는 비참한 주정뱅이의 삶에서 벗어날 수 있었어요. (Senaca 책과 북클럽이 John Booker 자신의 삶에 미친 영향이 크다는 것을 표현함)
	direful [dáiərfəl]	비참한, 불길한	
88	**valet** [vǽlit]	시종, 하인	I was his **valet** and I stayed. 저는 그분의 시종이고 여기 남았어요. (John Booker는 원래 누군가의 하인이었다고 자신의 신분을 밝힘)
89	**possession** [pəzéʃən]	재산, 영토	In the spring of 1940, he moved to La Fort with most of his **possessions** ~ 1940년 봄에 그는 거의 전 재산을 들고 라 포트로 이사 왔어요. (John Booker가 모시던 주인이 건지섬으로 오게 된 상황을 설명하는 글 중 일부)
90	**panicking** [pǽnikiŋ]	허둥대는, 공황 상태에 빠진 **panic** : 공황, 공포, 당황	Lord Tobias, **panicking** at all the **racket**, called the captain of his yacht and ordered him, 'Get ready the ship!' 공습에 놀란 Tobias 경은 자기 요트의 선장을 불러 "당장 출항 준비!" 해라고 소리쳤어요. (독일군이 건지섬에 폭탄을 투여하자, John Booker의 주인 Tobias 경이 놀라서 다른 곳으로 이동하려고 정신없이 분주한 모습)
	racket [rǽkit]	시끄러운 소리, 소음	
90	**predicament** [pridíkəmənt]	곤경, 궁지	But that wasn't all. Elizabeth had considered my **predicament** thoroughly (more thoroughly than I) and made a plan. Elizabeth는 제 처지를 (저보다 더) 철저히 고려해 계획을 세워두었어요. (John Booker가 유대인이어서 독일군에게 신고를 해야 하는데, Elizabeth는 위험할 수도 있다며 차라리 도망간 주인 Tobias경 행세를 하라고 함)
91	**occupation** [àkjupéiʃən]	점령(기간), 직업	I came to love our book meetings - they helped to make the **Occupation bearable**. 저는 문학회 모임을 무척 아껴요. 점령기 시절을 견딜 힘을 그곳에서 얻었으니까요. (건지 감자껍질파이 북클럽을 통해 독일 점령기 시절을 견뎠다는 회원의 글)
	bearable [bέərəbl]	견딜 수 있는	

쪽수	어휘 및 표현	뜻	책에 제시된 문장
113	**blight** [blait]	망치는 것, 암적인 것, 말라 죽게 하다	Isola says she is a **blight** because she likes being a blight. Isola는 그녀가 피 말리길 좋아하기 때문에 암적인 존재라고 말해. (Isola는 건지 감자껍질파이 북클럽을 싫어하는 여자(she)를 암적인 존재라고 하며 역시 싫어함)
113	**homely** [hóumli]	편안한, 가정적인	"he could make any **homely** and familiar thing into something fresh and beautiful." "그는 아무리 흔하고 친숙한 소재라도 신선하고 아름다운 것으로 만드는 재주가 있었다." (작가 Charles Lamb을 극찬한 표현)
114	**scribble** [skríbl]	갈겨쓰다, 휘갈기다	On the day Coleridge died they found a note he had **scribbled** in the book he was reading. Coleridge가 죽던 날 그가 읽던 책에 그가 휘갈겨 쓴 메모가 발견되었어요. (작가 Coleridge가 자신에게 소중한 사람들의 이름을 메모에 낙서하듯 남김)
114	**chide** [ʧaid]	꾸짖다, 책망하다	When Wordsworth **chided** him for not caring enough about nature, ~ Wordsworth가 그에게 자연에 관심을 두지 않는다며 책망했을 때, (Wordsworth는 자신의 절친 Charles Lamb이 자연을 벗 삼지 않는다고 생각한 대목)
117	**squint** [skwint]	눈을 가늘게 뜨고 봄, 사팔뜨기	Was the sun in your eyes, or does it happen that you have a **squint**? 햇빛에 눈이 부셨던 거니, 눈은 왜 그렇게 가늘게 떴어? 혹시 사팔뜨기? (Isola가 Juliet을 찍은 사진을 보며 질문함)
117	**suitor** [súːtər]	구혼자(남자)	Do you have a serious **suitor**? 진지하게 사귀는 사람은 있어? (Isola가 Juliet에게 궁금해서 물어본 질문)
178	**imprisonment** [impríznmənt]	투옥, 감금	Thus I feared you might never learn of Elizabeth's **imprisonment** and death. 따라서 저는 여러분이 Elizabeth의 수감과 사망 사실을 영원히 알지 못할까 봐 불안했습니다. (Remy가 건지 감자껍질파이 북클럽 회원들에게 편지를 보낸 이유. Elizabeth의 사망 사실을 알리고자 함)

쪽수	어휘 및 표현	뜻	책에 제시된 문장
179	**cherish** [ʧériʃ]	소중히 여기다	I know also that she **cherished** you as her family, and she felt **gratitude** and peace ~.
179	**gratitude** [grǽtətjùːd]	감사, 고마움	저는 그녀가 여러분을 자신의 가족처럼 아꼈으며, 감사와 평화를 느꼈다는 것을 잘 압니다. (Elizabeth(she)가 건지섬 북클럽 회원들에게 가진 감정을 알 수 있음)
193	**spirited** [spíritid]	씩씩한, 생기 있는, 활발한	She is a **spirited** little thing, **affectionate** in a **reserved** way.
193	**affectionate** [əfékʃənət]	애정 어린, 다정한	그 아이는 활달하고 데면데면하게 애정 표현을 하는구나. (Sidney가 건지섬에서 만난 Kit에게 받은 첫인상)
193	**reserved** [rizə́ːrvd]	마음을 털어놓지 않는, 속마음을 드러내지 않는	
193	**temptation** [temptéiʃən]	유혹, 충동	The **temptation** to **cuddle** her is nearly **overwhelming**.
193	**cuddle** [ˈkʌdl]	꼭 껴안다, 포옹하다	아이(그녀)를 와락 껴안고 싶은 충동에 휩싸였어. (Sidney는 처음 본 아이 Kit가 사랑스러움)
193	**overwhelming** [òuvərhwélmiŋ]	압도적인, 강력한, 저항하기 힘든	
193	**worn** [wɔːrn]	지쳐버린, 낡은	I know you think Juliet seemed tired, **worn, frazzled**, and pale when you saw her last winter.
193	**frazzled** [frǽzld]	닳아빠진, 녹초가 된	네가 지난겨울에 본 Juliet은 피곤하고 지치고, 기진맥진하고, 창백한 모습이었다는 걸 알아. (Juliet의 심신이 피곤했던 상태를 묘사함)
194	**unequivocally** [ənikwívəkəli]	명확하게, 모호하지 않게 **equivocally** : 애매하게, 모호하게	One thing I can say **unequivocally**. 이거 하나는 내가 확실히 말할 수 있어. (Sidney가 확신에 차서 말을 함)
195	**dismay** [disméi]	경악하게 만들다, 깜짝 놀라게 하다	I'm **dismayed** by that **prospect**. 나는 그런 앞날을 생각하면 몹시 당황스러워 (Sidney는 Juliet이 Mark와 결혼하면 다시는 책을 쓰지 못하게 될까 봐 걱정함)
195	**prospect** [prάspekt]	전망, 가능성	
209	**unaccountable** [ʌnəˈkaʊntəbl]	이해할 수 없는, 설명할 수 없는	I felt an **unaccountable jolt** of excitement. 나는 말할 수 없이 흥분해서 가슴이 덜컹하였어. (Juliet은 겉으로는 아닌 척하였으나 Dawsey를 처음 보고 설렘)
209	**jolt** [dʒoult]	가슴이 철렁하는 느낌	

쪽수	어휘 및 표현	뜻	책에 제시된 문장
211	**with a vengeance** [véndʒəns]	대단히, 몹시 **vengeance** : 복수, 앙갚음	My raspberries have come in **with a vengeance.** 나의 라즈베리가 엄청나게 많이 열렸어. (Amelia가 재배하는 라즈베리가 많이 열림)
214	**abject** [ǽbdʒekt]	비굴한, 비참한	I'd have become one of those **abject**, **quaking** women who look at their husbands ~. 나는 남편 눈치를 살피며 바들바들 떠는 비참한 여자가 되어있겠지. (Juliet이 Mark와 다툰 뒤, 그와 결혼했을 때를 가정해서 한 말)
214	**quaking** [kwéikiŋ]	떨고 있는 **quake** : 덜덜 떨다	
216	**wasted** [wéistid]	쇠약해진, 황폐해진	He was thin, **wasted** and **filthy**, in rags. 그는 누더기를 걸쳤고 몸은 엄청 쇠약하고 더러웠지. (노예처럼 일한 어린 노동자를 묘사한 글)
216	**filthy** [fílθi]	더러운, 불결한	
221	**incite** [insáit]	부추기다, 선동하다	Kit ran up and down the shoreline, **inciting** the waters to rush in farther and faster. Kit은 파도가 더 멀리 더 빨리 오도록 부추기며 해안가 위아래로 뛰어다녔다. (Kit은 만든 모래성이 파도에 빨리 무너지기를 기대하며 어린아이답게 폴짝폴짝 뛰어다니는 장면)
224	**adept** [ədépt]	숙련자, 숙련된	I'm going to become an **adept** in time for the Harvest Festival. 나는 추수감사절에 맞춰서 전문가가 될 거예요. (Isola가 축제 때 단순한 손금이 아닌 과학적인 골상을 연구하여 미래를 예견하겠다고 함.)
227	**nasty** [nǽsti]	불쾌한, 심술궂은	Mrs. Guilbert always been a **nasty** one, but now I know that she can't help it. Guilbert 부인이 성격이 고약했으나 이제 알고 보니 그럴 수밖에 없었어요. (Guilbert 부인의 골상 '자비심 부위'가 손상되어 성격이 안 좋다고 Isola가 표현함)
229	**defy** [difái]	도전하다, 거부하다	It **defies** the animal instinct to protect your young. 자식을 보호하려는 동물적 본능에 반하는 거잖아요. (전쟁 중 자식의 안전을 위해 멀리 떠나보내야 하는 것은 동물적 본능(보호 본능)에도 맞지 않다는 의미)

쪽수	어휘 및 표현	뜻	책에 제시된 문장
231	**appalling** [əpɔ́:liŋ]	소름 끼치는, 오싹해지는 **appall** : 섬뜩하게 하다	After that **appalling** night on the headlands, he stopped talking. 해안 절벽에서의 그 끔찍한 밤 이후 그는 말을 하지 않아. (Dawsey는 Juliet의 약혼자 Mark와 대면한 후, Juliet에게 말을 걸지 않자, Juliet이 답답한 마음을 표현함)
233	**decent** [dí:snt]	제대로 된, 품위 있는	I have exactly one **decent** skirt to my name, and I have been feeling **dowdy**. 입을만한 치마라곤 하나뿐이라서 요즘 촌스러워 보이는 기분이야.
233	**dowdy** [dáudi]	초라한, 촌스러운	(Juliet이 친구에게 건지 감자껍질파이 북클럽에 입고 갈 옷이 없다고 투덜댐)
235	**verve** [vəːrv]	열정, 활기	This Solange has great spirit, great **verve**, I can tell already! 이 Solange는 훌륭한 성품과 뛰어난 열정을 지녔어, 나는 다 보이는구나! (Oscar Wilde는 Pheen이 아끼던 고양이 Muffin이 죽어 슬퍼하자 그 고양이가 프랑스에서 Solange라는 이름으로 새로 태어난다고 함)
239	**corroboration** [kərὰbəréiʃən]	확증	He took one page back with him to get the **corroboration** of another Wilde scholar. 그는 다른 Wilde 전문가 학자에게 확증을 받겠다고 편지 한 통을 가져가겠다고 했어요. (Pheen이 받은 편지가 Wilde가 쓴 것이 맞는지 다른 학자에게도 확인하려고 함)
241	**spinster** [spínstər]	미혼 여성, 노처녀	Mr. Dilwyn would consider a **spinster** lady of flexible income and no fixed **abode** a desirable parent. Dilwyn씨가 수입도 들쑥날쑥하고 주소도 불분명한 독신녀를 바람직한 부모로 여겨줄지 의문이야.
241	**abode** [əbóud]	주소, 거처	(Juliet은 Kit를 입양해서 양육권자가 되고 싶은데, 자신의 조건이 불리하다고 생각함)
245	**in the nick of time**	아슬아슬하게 때를 맞추어, 제때에	The telegram came **in the nick of time**. 전보는 아슬아슬하게 도착했다. (Juliet은 Billee Bee가 Wilde의 편지를 빼돌릴 계획이라는 것을 전보로 받음)
247	**skulk** [skʌlk]	살금살금 숨다	They rose early, **skulked** behind bushes, and saw Billee Bee tiptoeing out of my back door with a big envelope. 그들은 일찍 일어나 수풀 뒤에 숨었고, Billee Bee가 커다란 봉투를 들고 우리 집 뒷문으로 살금살금 빠져나오는 걸 봤데요. (도망가려는 Billee Bee의 모습을 Isola와 Kit(they)이 봄)

쪽수	어휘 및 표현	뜻	책에 제시된 문장
248	**loathe** [louð]	몹시 싫어하다	Every journalist and publisher who **loathes** Gilly Gilbert was **delighted**. Gilly Gilbert를 싫어하는 모든 기자와 출판인이 아주 신이 났어요. (신문 기자로서 평판이 좋지 않은 Gilly Gilbert가 안 좋은 상황에 놓이자 주위의 반응)
248	**delighted** [diláitid]	기쁜, 즐거워하는	
253	**fumble** [ˈfʌmbl]	더듬거리다, 실수하다	Elizabeth always **fumbled** at the last moment! Elizabeth는 꼭 마지막 순간에 실수를 했지! (Juliet이 다트 던지기에서 1번 실수를 하자, Elizabeth를 알고 지낸 지인이 한 말)
254	**boulder** [bóuldər]	표석, 둥근 돌	A tall red-headed woman walked around the large **boulder** at the path's turning and came toward us. 길이 꺾이는 지점에서 키 크고 머리칼이 붉은 여자가 커다란 바위를 돌아 우리쪽으로 다가왔어요. (Juliet이 Remy와 산책을 하던 중 생긴 일)
254	**gasp** [gæsp]	헐떡거리다, 숨이 차다	Remy was quiet then, only **gasping** for breath. Remy는 그때 조용해졌고, 단지 숨만 헐떡였다. (큰 개를 보고 Remy가 갑자기 토하고 난 뒤 숨을 헐떡이는 모습)
257	**nuptials** [ˈnʌpʃlz]	결혼식 **nuptial** : 결혼의, 혼인의	Does he mean to announce **nuptials**? 그는 결혼 발표라도 하려는 건가요? (북클럽 회원 중 한 명이 행복한 발표를 한다고 해서, Isola가 추측해서 하는 말)
258	**muster** [ˈmʌstə(r)]	모으다, 소집하다	I **mustered** my courage and told Amelia. 나는 용기를 내서 Amelia에게 말했다. (Juliet은 Kit을 입양하고 싶다고 Amelia에게 용기내어 말함)
263	**glean** [gliːn]	줍다, 주워 모으다	Facts **gleaned** from keen eyes and ears. 사실은 예리한 눈과 귀로부터 얻어진다. (Isola가 자신의 노트에 쓴 글로, 주변 인물들을 관찰한 내용을 씀)
267	**hover** [ˈhʌvər]	맴돌다, 유지하다	He wasn't **hovering** over Remy at all. 그는 Remy 곁을 맴돌지는 않았다. (Isola는 Dawsey(he)가 Remy를 좋아한다고 생각하고 계속 관찰함)

5. 내용 파악 문제 (Reading Comprehension) 정답

문항	정답 및 풀이
1	정답 : ⑤ Dawsey는 한때 Juliet 것이던 책 *Was There a Burning Bush?*라는 책을 가지고 있다. **[풀이]** 9쪽~10쪽 ⑤번 Was a Burning Bush라는 Juliet이 한때 소유한 소책자는 Dawsey Adams가 아닌 Mrs. Maugery가 사서 가지고 있다. ① 그는 Charles Lamb의 책을 주문하고 싶어한다. ② 그는 건지섬 세인트 마틴스 교구에서 농장을 운영하고 있다. ③ 그는 한때 Juliet 것이던 오래된 책을 가지게 되어 Juliet을 알고 있다. ④ 그는 건지 감자껍질파이 북클럽의 회원이다.
2	정답 : | Markham V. Reynolds	Rob Dartry
①, ②, ④	③, ⑤ | **[풀이]** 21쪽~26쪽 ① 그는 미국인이다. ② 그는 출판업자이다. ③ 그는 Juliet과 적어도 4개월은 알고 지낸 사이였다. ④ 그는 Juliet에게 장미와 동백꽃을 보냈다. ⑤ 그는 운동을 잘 한다. 아래 단락은 Markham에 관한 내용이다. Now, about Markham V. Reynolds, Junior. I do know who he is, and *the Domesday Book* won't help-①he's an American. (중간 생략) he prints on it instead. ②He's a publisher. The *New York Journal*, the *Word. View*—those are all his, and there are several smaller magazines as well. (중간 생략) and he's here to beguile England's finest authors with visions of plenty and prosperity in America. I didn't know ④his technique included roses and camellias, but I'm not surprised. 다음은 Rob에 관한 내용이다. ③번 [편지2] 마무리 부분에 What the hell have we talked about for the last four months? 내용을 통해 적어도 4개월은 함께 알고 지낸 사이라는 것을 알 수 있음. ⑤번 수많은 trophies(트로피), awards(부상), statues(조각상), certificates(증명서)를 통해 운동을 잘한다는 것을 알 수 있음.
3	정답 : a) books, b) trophies **[풀이]** 23쪽~26쪽 Juliet은 책꽂이에 책들(books)로 가득한 반면(where)에 Rob은 Juliet의 책꽂이 책을 다 치우고, 자신이 받은 운동경기 트로피(trophies)로 채움

문항	정답 및 풀이

4

정답 : ③
[풀이] 21쪽~26쪽
① <타임스>는 Juliet이 'Izzy Bickerstaff' 이름으로 이야기를 쓰길 원한다.
② Markham V. Reynolds는 Juliet을 예전에 런던에서 만났다.
③ Rob Darty는 결혼식을 하기 전에 Juliet 집으로 이사 왔다.
④ Juliet이 Rob과 함께 그녀의 책을 지하에 옮기기 위해 짐을 쌌다.
⑤ Sindey와 Juliet은 오늘 저녁에 저녁 식사를 했다.

③번 [편지 2] 3번째 단락 On the afternoon before our wedding, Rob was moving in the last of his clothes and belongings (이하 생략) (우리가 결혼을 앞둔 날 오후, Rob은 마지막으로 남은 자기 옷가지랑 물건을 챙겨 이사를 왔어요)그의 옷가지와 집 남은 것을 이동시키고 있었나) 문장을 통해 알 수 있음.

①번 [편지 1] 위에서 3번째 줄 they want it written by Juliet Ashton, *not by Izzy Bickerstaff;* (그들은 *Izzy Bickerstaff*가 아닌 *Juliet Ashton* 이름으로 it(a long piece)이 쓰이길 원해) 라는 문장을 통해 Juliet 이름으로 이야기를 쓰길 원한다는 것을 알 수 있음, ②번 [편지 1] 밑에서 10번째 줄 I'm sorry to say she's the one who gave him your itinerary *and* your address. (그에게 네 일정과 주소를 가르쳐 준 게 그녀(비서)인데 미안해.) 라는 문장을 통해 Markham은 Juliet을 아직 본 적이 없고, 출판사 비서를 통해 집 주소, 일정을 알게 된 것을 알 수 있음, ④번 [편지 2] 3번째 단락 There were eight boxes—*eight boxes* of my books bound up and ready for the basement! (내 책 여덟 상자가 창고로 쫓겨날 채비를 하는 중이었다고요!) 문장을 통해 Juliet은 Rob과 함께 책을 싸지 않았고 오히려 놀라는 모습을 알 수 있음, ⑤번 [편지 2] 첫 번째 문장 Yes, dinner with pleasure. I'll wear my new dress and eat like a pig. (네, 우리 맛있는 저녁 먹어요. 새 옷을 입고 돼지처럼 먹겠어요) 을 통해 아직 함께 저녁을 먹지 않았고, 먹으려는 약속을 잡는 것임을 알 수 있음.

5

정답 : unloading ships, roofer, keeping pigs, growing vegetables, carpenter
[풀이] 27~31쪽
2번째, 3번째 단락에 Dawsey의 직업이 제시되어 있음.
I have a job at St. Peter Port harbor-unloading ships~ (저는 세인트피터포트 항구에서 일합니다), Before the war, I kept pigs, and grew vegetables for St. Peter Port markets and flowers for Covent Garden. I often worked also as a carpenter and roofer. (전쟁 전에는 돼지를 치고 채소를 길러서 세인트피터포트 시장에 팔고 런던 코번트 가든에 꽃을 팔았죠. 목수 일과 지붕 고치는 일도 가끔 했고요)

6

정답 : (5)-(2)-(1)-(3)-(4)
[풀이] 27~31쪽
⑤ Maugery 부인은 그녀의 친구들을 저녁으로 돼지구이를 먹자고 초대했다. → ② 사람들은 신나게 먹고 이야기하느라 통금 시간도 잊어버렸다. → ① 집으로 돌아가는 길에, John Booker씨가 큰소리고 노래하기 시작했고, 독일 순찰대원들에게 그들은 잡혔다. → ③ Elizabeth가 건지 감자껍질파이 북클럽의 모임에 관한 이야기를 지어냈다. → ④ Elizabeth 덕분에, 모두 안전하게 귀가했다.

문항	정답 및 풀이

7

정답 : ③

[풀이] 52~54쪽

① 그녀는 Bronte 자매를 좋아한다.

② 그녀는 그녀가 아끼는 친구, Elizabeth를 매우 그리워한다.

③ 그녀는 잼과 채소를 일요일마다 판다.

④ 그녀는 작은 집에서 닭과 염소를 기른다.

⑤ 그녀의 코는 크고 코가 한때 부러졌고 그녀는 예쁜 편이 아니라고 생각한다.

③번 편지 중간 부분 I have a stall at Market every week.~ (저는 매주 시장에 좌판을 펼쳐 놓아요~) 문장을 통해 일요일마다(on Sundays) 아니라 매주(every week) 판매한다는 것을 알 수 있음.

①번 첫 번째 단락 for she knows I have a fondness for the Brontë girls. (그녀는 제가 Bronte 자매를 좋아하는 걸 알았거든요.)로 알 수 있음. ②번 편지 맨 마지막 부분 I say it's early days yet and she might still come home. I pray so, for I miss her sorely. (전쟁이 끝난 지 얼마 되지 않았으니 Elizabeth가 집으로 돌아올 가능성도 분명 있어요. 저는 그렇게 기도한답니다. 너무나 보고 싶거든요.) 문장을 통해 Isola가 Elizabeth를 그리워 한다는 것을 알 수 있음. ④번 중간 부분 I tend my chickens and my goat,~ (나는 닭과 염소를 길러요~) 문장으로 알 수 있음. ⑤번 밑에서 두 번째 단락 I do not have a pleasing appearance. My nose is big and was broken when I fell off the hen-house roof. (전 예쁜 편이 아니에요. 제 코는 큰데 닭장 지붕에서 떨어져서 코뼈가 부러졌어요.)로 알 수 있음.

8

정답 : They caught her hiding one of those poor slave workers from Poland, and they sent her to prison in France.

[풀이] 52~54쪽

Elizabeth가 체포된 이유는 마지막 단락의 세 번째 줄에 나와 있음.

문장 해석) Elizabeth가 폴란드 출신의 불쌍한 강제 노동자 한 명을 숨겨줬다는 이유로 그들은(독일군) Elizabeth를 체포해서는 프랑스의 감옥으로 보냈어요.

9

정답 :

	묘사	T / F
1	Eben Ramsey는 생계를 위해 고기잡이를 한다.	T
2	독일군은 1940년 6월 30일 건지섬에 왔다.	T
3	Eben의 손자 Eli는 일곱 살 때 프랑스로 피난을 갔다.	F
4	Eben은 Juliet의 이야기에 도움이 되길 바라며 편지를 쓰고 있다	T
5	전쟁이 계속됨에 따라, 마을 사람들만큼 독일 군인들도 배가 고팠다.	T
6	Eben은 Charles Lamb의 글을 가장 존경한다.	F
7	German officers encouraged their soldiers to steal food.	F

[맞는 내용 설명]

1번) 1번째 단락 3번째 줄 but for my livelihood, I fish (제 생업은 고기잡이입니다.)를 통해 알 수 있음, 2번) 편지 중간에 They came here on Sunday, 30th June, 1940,~ (그들은 1940년 6월 30일 일요일에 이곳에 왔습니다~)를 통해 알 수 있음,

4번) 2번째 단락 So I am writing to you and hope it will be a help to your story. (그래서 이렇게 편지를 씁니다. 당신에게 도움이 되었으면 좋겠네요.)를 통해 알 수 있음, 5번) 편지 끝에서 3번째 단락 So they were finally as hungry as we were-and killing dogs and cats to give themselves something to eat. (결국 그들도 우리만큼 굶주리게 되었지요. 심지어 개와 고양이를 죽여 연명하기도 했습니다.)를 통해 알 수 있음.

문항	정답 및 풀이
9	[틀린 내용 설명] 3번) 편지 끝에서 2번째 단락 My grandson, Eli, was evacuated to England when he was seven. (제 손자인 Eli는 일곱 살 때 잉글랜드로 피난을 갔습니다.)를 통해 Eli는 France가 아닌 England로 피난 갔음을 알 수 있음. 6번) 4번째 단락 It was called *Selections from Shakespeare*. Later, I came to see that Mr. Dickens and Mr. Wordsworth were thinking of men like me when they wrote their words. But most of all, I believe that William Shakespeare was. (제가 고른 책은 <셰익스피어 선집>이었습니다. 나중에 안 사실인데 디킨스나 워즈워드씨는 나 같은 사람들 염두에 두고 글을 썼다고 합니다. 그렇지만 저는 누구보다도 윌리엄 셰익스피어가 그랬다고 믿습니다.)를 통해 Eben이 제일 좋아하는 작가는 Shakespeare(셰익스피어)임을 알 수 있음. 7번) 편지 끝에서 3번째 단락 The German officers said any soldier caught stealing food from our gardens would be shot. (독일군 장교들은 병사들에게 섬 주민들의 채소밭에서 식량을 훔치다 걸리면 총살형이라고 선언했습니다). 문장을 통해 독일군 장교들이 병사들이 음식을 훔치도록 장려(encourage)한 것은 아님을 알 수 있다.
10	정답 : ④ [풀이] 88쪽~92쪽 ① 그는 두 권 이상의 책을 읽었다. ② 그의 진짜 이름은 Tobias 경이다. ③ 그는 독일군 비행기가 세인트 피터포트에 폭탄을 투하하자 그의 재산 대부분을 배에 실었다. ④ 벽난로 뒤에 걸고자 Elizabeth가 그의 그림을 그렸다. ⑤ 그는 독일인이라는 것을 Grange Lodge 호텔에 보고하러 갈 것이다. ④번 끝에서 2번째 단락 She decided that she would quickly paint my portrait as a sixteenth-century Penn-Piers. (Elizabeth는 저를 모델로 재빨리 16세기 Peen-Piers 경의 초상화를 그려주었어요)과 마지막 단락 ~ bearing an uncanny resemblance to the portrait of my "ancestor" hanging above me over the mantel.(제 뒤에 걸린 우리 '조상'의 초상화는 저와 놀랄 만큼 닮아 있었지요) 문장을 통해 John Booker는 Tobias 경 행세를 위해 Elizabeth가 그의 초상화를 그렸고 벽에 다는 것을 알 수 있음. ①번 1번째 단락 2번째 줄 I only read one book over and over again (저는 단 한 권의 책만 되풀이해서 읽습니다)을 통해 한 권의 책만 반복해서 읽는다는 것을 알 수 있음. ②번 2번째 단락 1번째 줄 I pretended to the German authorities that I was Lord Tobias Penn-Piers (저는 독일 당국자들에게 Tobias 경 행세를 했습니다)를 통해 실제 본인은 Tobias 경이 아님을 알 수 있음. ③번 4번째 단락 1번째 줄 the German planes flew over and bombed St. Peter Port. (독일군 비행기가 날아가며 세인트 피터포트에 폭탄을 투하했습니다) 문장과, 3번째 줄 We were to load the boat with his silver, his paintings, his bibelots, ~ (하인들은 은 식기, 그림, 골동품을 배에 실었습니다) 문장을 통해 John Booker가 아닌 진짜 Tobias 경이 그의 시종, 하인들(we)에게 짐을 실으라고 했다는 것을 알 수 있음. ⑤번 3번째 단락 The Commandant of Guernsey had ordered all Jews to report to the Grange Lodge Hotel and register. (건지 섬 사령관이 모든 유대인은 Grange Lodge 호텔로 가서 등록하라고 명령했다는 겁니다) 문장과 Elizabeth knew my mother was Jewish; (Elizabeth는 제 어머니가 유대인이라는 것을 알고 있었습니다)를 통해 John Booker는 유대인이라는 것을 알 수 있음.

문항	정답 및 풀이
11	정답) wine **[풀이] 88쪽~92쪽** 편지 중간 부분 ~ stepped into the wine cellar. (와인 저장고로 내려갔습니다), I let the wine breathe. Then I returned to the library, sipped, and began to read *The Wine-Lover's Companion*. (저는 와인이 숨을 쉬게 잠시 두었다가, 서재로 돌아와 와인을 홀짝이며 <와인 애호가 입문>을 읽었지요.), and drank wine. (그리고 와인을 마셨고요.) 문장을 통해서 John Booker는 와인이 좋아서 자신의 주인인 Tobias 경을 따라 영국으로 가지 않고, 건지 섬에 남았다는 것을 알 수 있음.
12	정답 : ⑤ **[풀이] 113쪽~117쪽** ①~④번은 Charles Lamb을 가리키는데 ⑤번은 바로 앞에 언급된 Coleridge를 가리킴. On the day **Coleridge** died they found a note ⑤he had scribbled in the book he was reading. (Coleridge가 죽던 날 그가 읽던 책에 휘갈겨 쓴 메모가 발견되었습니다.)
13	정답 : ④ **[풀이] 113쪽~117쪽** ① Dawsey는 Charles Lamb의 전기를 한 번 더 읽을 것이다. ② Charles Lamb은 그의 누이 Mary를 돌보았다. ③ Charles Lamb은 동인도 회사에서 일했다. ④ Charles Lamb은 특히 산과 같은 자연을 좋아했다. ⑤ Juliet은 3일 뒤에 Dawsey에게 답장했다. ④번 [편지 2] 1번째 단락 4번째 줄 When Wordsworth chided him for not caring enough about nature, (Wordsworth가 그에게 자연에 관심을 두지 않는다고 꾸짖자) 문장을 통해 Charles는 자연에는 관심이 없었다는 것을 알 수 있음. ①번 [편지 1] 2번째 단락 1번째 줄 But I'll go back and start over again - reading more slowly this time (하지만 저는 처음부터 다시 읽을 겁니다. 이번에는 천천히 읽을 거에요.)에서 알 수 있음, ②번 [편지 1] 4번째 단락 1번째 줄 He promised to take care of Mary for the rest of her life - and, once he put his foot on that road, he never stepped off it. (그는 누이가 죽을 때까지 그녀를 보호하겠다고 약속했습니다. 그리고 그렇게 결심한 이상, 결코 발을 빼지 않았지요.)에서 알 수 있음, ③번 [편지 1] I think of him working as a clerk at the East India Company, so he could save money for the day, (저는 그가 동인도 회사의 서기로 일하면서 만일의 '그날'을 위해 돈을 모을 수 있었을 거라고 생각합니다.)에서 알 수 있음, ④번 Dawsey가 Juliet에게 [편지 1]을 보낸 날짜는 4월 15일(15th April)이고 Juliet이 Dawsey에게 답장한 [편지 2]는 4월 18일(18th April)이므로 3일 뒤에 답장한 것이 맞음.
14	**[풀이] 113쪽~117쪽** 해석) '마음'만 있다면 무엇과도 친구가 될 수 있을 것이다. 의미) Charles Lamb의 친구 Wordsworth가 Charles Lamb은 자연에 관심을 두지 않는다고 꾸짖자(When Wordsworth chided him for not caring enough about nature), Charles Lamb은 "I have no passion for groves and valleys. The rooms where I was born, the furniture which has been before my eyes all my life, a bookcase which has followed me about like a faithful dog wherever I have moved - old chairs, old streets, squares where I have sunned myself, my old school" (나는 숲과 계곡에 대한 열정은 없지만, 내가 태어난 방, 가구, 책꽂이, 낡은 의자, 오래된 거리, 햇볕을 쬐던 광장, 예전에 다닌 학교 등) 이 모든 것들이 '마음'만 있다면 친구가 될 수 있다며 자신에게는 주위의 모든 것들이 자연(nature)이고 친구라는 의미로 해석될 수 있음.

문항	정답 및 풀이
15	정답 : ③ **[풀이] 116쪽~121쪽** ③번 Isola는 키가 얼마인지를 묻지를 않았고, [편지 2]의 2번째 단락 마지막 문장에 Juliet이 답장으로 While I am slender, I am not tall enough to suit me. (몸은 마른 편이지만 키는 만족할 만큼 크지 않아.)로 묻지 않은 내용을 적었음. ①번 2번째 단락 2번째 줄 so I know you are below forty years of age. – how far below? (네가 마흔 살 아래라는 건 알겠어. 그래서 몇 살이나 아래야?)에서 Juliet 나이를 물음, ②번 2번째 단락 밑에서 2번째 줄 I couldn't quite make out the color of your hair. (너의 머리칼 색이 정확히 무엇인지 말을 못 하겠어)에서 그녀의 머리 색깔을 궁금해함, ④번 편지 마지막 단락 끝에 Do you have a pet? (애완동물 키워?)으로 직접적으로 물음, ⑤번 편지 끝에서 2번째 단락 Do you live by the river? (지금 강변에 살아?) 질문을 통해 집이 어디 근처인지 물어봄.
16	정답 : ② friendly 다정한, 상냥한 **[풀이] 116쪽~121쪽** [편지 2]의 밑에서 4번째 단락 she had golden curls, big blue eyes and a sweet, sweet smile. She made an effort to talk to me. (그녀는 황금빛 곱슬머리에, 커다랗고 푸른 눈동자, 더없이 다정하고 사랑스러운 미소를 가지고 있었어. 그녀는 나에게 말을 붙이려고 애를 썼어.)를 통해 Sophie는 다정하고 상냥한(friendly) 성격임을 알 수 있음. ① selfish 이기적인, ③ narrow-minded 속이 좁은, ④ gloomy 우울한, ⑤ introverted 내성적인
17	정답 : ③ **[풀이] 116쪽~121쪽** ③번 2번째 단락 밑에서 5번째 줄 I wish I had a dog, but the building management does no not allow pets! (개를 한 마리 키우고 싶지만 이 건물에서 애완동물은 금지라지 뭐야!)를 통해서 애완동물을 기르지는 않고 있다는 것을 알 수 있음. ①번 2번째 단락 2번째 줄 In a good mood, I call my hair Chestnut with Gold Glints. In a bad mood, I call it mousy brown. (기분이 좋을 때는 내 머리 색은 금빛 도는 밤색이라고 부르고, 기분이 나쁠 때는 회갈색이라고 불러.)를 통해 금발(blone)은 아님을 알 수 있음, ②번 2번째 단락 마지막 줄 My eyes are hazel. (내 눈동자는 담갈색이야)로 알 수 있음, ④번 4번째 단락 1번째 줄 I left our farm in Suffolk and went to live with my great-uncle in London. (나는 서포크의 농장을 떠나 런던으로 와서 종부모님과 함께 살기 시작했어)를 통해 알 수 있음, ⑤번 밑에서 2번째 단락 we went to London and shared rooms~ (우리는 런던에 와서 방에서 함께 살았어~)를 통해 알 수 있음.
18	정답 : ⑤ **[풀이] 178쪽~184쪽** 1번째 단락 2번째 줄 I write to you now so that I may tell you of her death~ (저는 그녀가 죽었다는 사실을 알려드리려 이렇게 편지를 씁니다~)를 통해 해당 편지의 목적이 Elizabeth의 죽음을 알리려는 것임을 알 수 있음.

문항	정답 및 풀이

19

정답 : ②
[풀이] 178쪽~184쪽
① Remy는 검지 섬에 있는 그녀의 가족을 그리워했다.
② Elizabeth는 Kit을 돌봐준 사람들에게 고마워했다.
③ Remy는 수용소에서 풍족하게 식사를 했다.
④ Remy는 감자 한 알을 훔쳐서 지하 감옥에 보내졌다.
⑤ Remy는 예전에 Amelia, Isola, Dawsey를 만났다.

②번 4번째 단락 1번째 줄 She felt gratitude and peace that her daughter Kit was in your care. (그녀는 자신의 딸인 Kit이 여러분의 보살핌 속에 있다는 사실에 감사와 평화를 느꼈어요.)를 통해 Elizabeth가 Kit을 돌봐준 사람들에게 고마워한다는 사실을 알 수 있음.

①번 Remy의 가족은 검지 섬에 살았다는 내용은 없으며, 4번째 단락 1번째 줄 I know that she cherished you as her family. (그녀가 여러분을 자신의 가족처럼 아꼈다는 것을 알아요.)를 통해 Elizabeth가 북클럽 회원들을 가족처럼 아꼈다는 것을 알 수 있음, ③번 밑에서 3번째 단락 We were given wheat paste and peas at noon, and returned to camp for roll call at 6:00 P.M. and a supper turnip soup. (정오에 밀죽과 콩을 배급받았고, 수용소로 돌아와 오후 6시에 점호를 받은 후 순무 수프로 저녁을 먹었습니다), 밑에서 2번째 단락 2번째 줄 Our friend Alina stole a potato~ (저희 친구 Alina가 감자 한 알을 훔쳤어요~)를 통해 수용소에서 열악하게, 풍족하지 않은 식사를 하고 있음을 알 수 있음, ④번 Our friend Alina stole a potato~ 문장과 마지막 단락 끝 문장 Elizabeth said quickly she had taken the potato, and sent the punishment bunker for one week. (Elizabeth가 재빨리 나서서 자기가 감자를 훔쳤다고 했고, 그 벌로 일주일간 지하 감옥에 갇혀 있었다.)를 통해 Alina가 감자를 훔쳤고, Elizabeth가 대신 지하 감옥에 들어갔음을 알 수 있음, 틀린 문장임을 알 수 있음, ⑤번 3번째 단락 1번째 줄 Elizabeth spoke often to me of Amelia, Isola, Dawsey, Eben and Booker. I recall no surnames,~ (Elizabeth가 저에게 Amelia, ~ 그리고 Booker에 대해 들려주었습니다. 이분들의 성은 기억나지 않지만~) 문장을 통해 Remy는 이전에 이들의 이름을 들어본 적만 있고 만났다는 내용은 없음.

20

정답 : ③
[풀이] 178쪽~184쪽
2번째 단락 1번째 줄 May Dawsey Adams and I come visit you in Louviers? (Dawsey Adams와 제가 당신을 만나러 루비에로 가도 괜찮을까요?) 문장을 통해 Remy에게 방문을 허락받으려는 목적임을 알 수 있음.

21

정답 : 전 상태) Juliet seemed tired, worn, frazzled and pale.
　　　 후 상태) she looks as healthy as a horse now and is full of her old zest.
[풀이] 193쪽~196쪽
건지 섬에 오기 전에는 2번째 단락 Juliet seemed tired, worn, frazzled and pale when you saw her last winter. (지난겨울에 본 Juliet은 심신이 너덜너덜해져서 기진맥진하고 창백한 모습이었지.) 건지 섬에 오고 나서는 2번째 단락 3번째 줄 she looks as healthy as a horse now and is full of her old zest. (지금은 그녀는 경주마처럼 팔팔하고 예전처럼 열정도 넘쳐.)

240

문항	정답 및 풀이

22

Dawsey의 감정	(4번째 단락 끝에서 2번째 줄) He watches her with dark steady eyes - until she looks at him and he then glances away. (그는 침착한 눈빛으로 Juliet을 보다가 Juliet이 돌아보면 황급히 시선을 돌려.)
Juliet의 감정	(4번째 단락 7번째 줄) - Juliet seems a bit nervous around him. (Juliet은 도시가 근처에 있으면 약간 긴장하는 것 같아.) - she made a dreadful mess of the tea things when he came by for Kit yesterday. (어제는 도시가 Kit을 보러 왔는데, Juliet이 찻잔을 와장창 엎고 말았어.)

23

정답 : ④

마지막 단락 밑에서 4번째 줄 If she marries him, she'll spend the rest of her life being shown to people at theaters and clubs and weekends she'll never write another book. As her editor, I'm dismayed by that prospect. (그녀가 그와 결혼하다면 그녀는 극장과 클럽과 주말 휴가지에서 사람들에게 노출되는 것으로 여생을 보내야 할 테고, 다시는 책을 쓰지 못할 거야. 담당 편집자로서 나는 몹시 당황스러워.)를 통해 Juliet이 책을 못 쓰게 될까봐 걱정이 되어서 Mark와 결혼 안 하길 바람.

24

정답 : ①

밑줄 친 문장 she reached round the table and clutched Sir William into a hug. (그녀는 식탁을 빙 돌아가 William 경의 어깨를 꽉 붙들더니 세차게 껴안았어요.)과 같은 행동을 Isola가 한 이유는 William이라는 필적학자가 Isola가 할머니로부터 물려받은 8통의 편지를 유명한 작가인 Oscar Wilde가 쓴 걸로 감정하여 너무 기뻐서 한 행동임.

25

정답 : ② J 이니셜이 새겨진 손수건

5번째 줄 No handkerchief with the initial R in the corner. There was one, but it was one of Juliet's scented ones and had a J embroidered on it. (구석에 Remy의 이니셜 'R'이 박힌 손수건도 없었다. 손수건이 하나 있긴 했지만 Juliet의 향수 냄새가 나고 'J'라고 수놓은 것이었다.) 문장을 통해 Isola는 treasure box(보물 상자)에서 J 이니셜이 새겨진 손수건을 찾았다는 것을 알 수 있음.
① 영화 티켓, ③ Remy의 손수건, ④ Juliet으로부터 받은 메모, ⑤ 빨간색 책

26

정답
(A) were you looking for,   (B) Seize the day
(C) Is something wrong,   (D) marry me
(E) in love with you

(A) Juliet이 What on earth were you looking for? (도대체 뭘 찾으려고 한 거야?)라고 묻자 Isola는 "evidence(증거)"라고 말했음. Isola는 Dawsey 집에 가서 Dawsey가 Remy를 좋아하고 있다는 자신의 생각을 뒷받침할 증거를 찾으려고 했음.
(B) Juliet이 Carpe Diem('카르페 디엠')이라는 라틴어 문구가 새겨진 크리스털 물건을 집어들고 이어서 한 말로 Seize the day (오늘을 잡아라)라고 말함.
(C) Dawey가 일하는 곳에 Juliet이 갑자기 오자, Dawsey가 Is something wrong, Juliet? (무슨 일 있어요. Juliet?)이라고 말함.
(D) Dawsey가 자신을 사랑한다고 확신한 Juliet은 Dawsey에게 "Would you like to marry me? (나랑 결혼해줄래요?)라고 말함.
(E) Juliet은 Dawsey에게 자신은 I'm in love with you (난 당신을 사랑해요) 한다고 고백함.

6. 인상 깊은 문장 (Impressive Sentences) 예시 답안

쪽수	인상 깊은 문장
11	That's what I love about reading: one tiny thing will interest you in a book, and that tiny thing will lead you onto another book, and another bit there will lead you onto a third book. It's geometrically progressive-all with no end in sight, and for no other reason than sheer enjoyment. (Dawsey의 첫 편지를 받고 Juliet이 독서의 즐거움에 대해 말하는 부분으로 지식의 확장 또는 알아감의 순수한 재미를 표현한 것이 인상적임.)
28	~ I thought I'd manage all right, for potatoes and turnips were plentiful, and there was still flour then. But it is strange how the mind turns on food. After six months of turnips and a lump of gristle now and then, I was hard put to think about anything but a fine, full meal. (감자와 순무 등은 풍부했으나 6개월 동안 계속된 동일한 패턴의 반복된 식사에 어찌할 수 없이 맛있는 식사에 대한 갈망을 잘 표현한 문장으로 받아들여짐.)
33	It seems impossible now that someone could have drawn a cartoon about Doodlebugs, and that everyone, including me, could have laughed at it. But we did. The old adage-humor is the best way to make the unbearable thing bearable-may be true. (전쟁 중 폭격에 사용된 Doodlebug를 묘사한 만화를 보면서 웃었던 그 시절을 기억하는 장면, 끔찍했던 전시를 조금이라도 희화화해서 견딜 수 있게 만들어 보려 했던 사람들의 노력이 애처롭게 다가옴.)
63	I wish I'd known those words on the day I watched those German troops land, plane-load after plane-load of them-and come off ships down in the harbor! All I could think of was *damn them, damn them*, over and over. If I could have thought the words "the bright day is done and we are for the dark." I"d have been consoled somehow and ready to go out and contend with circumstance. (독일군에게 점령된 최악의 상황을 아름답게 절제된 한 문장 "the bright day is done and we are for the dark." (밝은 날이 다했으니 이제 어둠을 맞이하리라)으로 묘사하고 마음의 위안을 삼을 수도 있겠다는 생각이 들게 한 대목임.)
76	They would make surprise visits to your farm, and your number of living pigs had better tally up with their number of living pigs. (독일인이 건지 섬 주민들의 집을 갑작스럽게 방문해서 기록된 돼지의 수와 실제 기르는 농장의 돼지의 수가 일치해야 됨을 얘기하는 문장임. 'had better'의 강제성과 지켜지지 않을 시 상당한 불이익이 명확히 드러나서 인상 깊게 받아들여짐.)
113	I did like what Mr. Lucas said about him - "he could make any homely and familiar thing into something fresh and beautiful." Lamb's writings make me feel more at home in his London than I do here and now in St. Peter Port. (Charles Lamb의 글에 관해 표현한 내용으로 그의 글 특징이 잘 드러나서 인상적임. "he could make any homely and familiar thing into something fresh and beautiful. 아무리 흔하고 친숙한 소재라도 신선하고 아름다운 것으로 만드는 재주가 있다.")

쪽수	인상 깊은 문장
116	I do not envy you. I should pity you, did I not know, that the Mind will make friends of any thing." A mind that can make friends of any thing. - I thought of that often during the war. (Charles Lamb이 언급한 문장으로 '마음만 있다면 무엇과도 친구가 될 수 있다'는 말을 통해 사람이든 자연이든 무생물이든 그 어떤 것과도 마음을 터놓으면 친구가 될 수 있다는 Charles Lamb의 생각이 한정적 의미의 친구 개념을 벗어나서 매우 인상적이었고 Charles Lamb의 보는 시각이 넓고 크다는 것을 느끼게 해줌.)
230	And through some queer sort of intuition, I always know where she is, just as I know where my hands are-and if I didn't, I should be sick with worry. This is how the species survives, I suppose, but the war threw a wrench in all that. (신비한 직감으로 Kit이 어디 있는지 알고 모르면 걱정히는 Juliet의 모습이 인상적이며 전쟁이 많은 것을 파괴시키고 Kit과 부모님을 갈라지게 했다는 사실이 슬픔.)
244	"If there is Predestination, then God is the devil." No one could argue with that-what kind of God would intentionally design Ravensbruck? (Remy는 운명은 예정된 것이라면 신은 악마라고 했고, 지금 이들이 겪는 상황이 맞기에 아무도 토를 달지 못함.)
250	"Let's put everything behind us" seems to be France's cry. (프랑스는 전쟁의 상처를 '모든 것을 과거로 묻어버리자'고 외치는 것 같으나 치유되지도 잊혀지지 않는 것도 있다는 생각도 들게 하는 문장임.)
251	Perhaps communication with other survivors would be a better cure for Remy's distress than bucolic island life. She is physically stronger now-she's not so shockingly thin as she was-but she still seems haunted. (포로수용소에서 나온 Remy의 경우 어쩌면 단조로운 건지 섬 생활보다는 다른 생존자와 소통하는 것이 더 나은 치유법이고 정신적 치유는 쉽지 않다는 Juliet의 말을 통해 전쟁에 대한 상처 치유가 상당히 오래 걸린다는 것을 간접적으로 알게 됨.)
255	"She told me once that those guard used big dogs. Riled them up and loosed them deliberately on the lines of some standing for roll call-just to watch the fun. (포로 수용소에서 감시관들이 단순한 재미를 위해 큰 개를 풀어놓고 여자들을 겁주었다는 내용으로 인간의 사악함을 엿볼 수 있는 내용임.)

7. 토의 주제 (Discussion Topics) 예시 답안

문항	쪽수	예시 답안
1	전체	나쁜 상황에 매몰되어 살기 위해 생존만 쫓기보다는 그 상황을 잠시 잊을 수 있는 소소한 행복이나 즐거움을 찾는 것도 하나의 방법이 될 수 있다. 건지섬의 북클럽 회원들처럼 같이 만나서 책을 읽고 이야기 나누면서 서로 위로하다 보면 오히려 더 정신적으로 강인해 질 수 있음.
2	전체	찬반 토론도 가능
3	전체	생략
4	전체	같은 처지의 생존자들과 치료 프로그램에 참여하는 것, 관심 분야의 일에 몰두하기 등

A Long Walk to Water
(우물 파는 아이들)

워크북

워크북 원고 (PDF)

A Long Walk to Water
(우물 파는 아이들)

Author	Reading age	Print length	Lexile	Publication date
Linda Sue Park	10-12 years	128 pages	720L	October 4, 2011

한국계 뉴베리 메달 수상 작가 린다 수 박이 그려 낸 아프리카 수단 어린이들의 감동 실화!

'Salva(살바)'라는 한 소년의 실화를 바탕으로 하여 극심한 물 부족과 오랜 전쟁으로 고통받는 아프리카 수단의 실상을 전하고 그들을 향한 진심 어린 도움의 손길을 촉구하는 이야기이다.

아프리카 대륙에서 가장 넓은 국가인 수단은 오랜 내전과 극심한 물 부족으로 신음하는 곳이다.
이 이야기는 과거와 현재를 오가며 수단의 두 어린이, 수단 내전으로 가족과 고향을 떠나 난민
이 되어 떠도는 '잃어버린 소년' Salva와 물 부족으로 고통 받는 수단의 소녀 Nya(니아)가 그 주인공이다. 십여 년의 시간 차를 두고 Salva와 Nya의 이야기가 교차되면서 이 책은 아프리카
수단의 실상을 보여준다.

(내용 출처 : interpark.com)

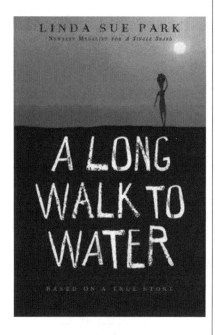

A Long Walk to Water begins as two stories, told in alternating sections, about two eleven-year-olds in Sudan, a girl in 2008 and a boy in 1985. The girl, Nya, is fetching water from a pond that is two hours' walk from her home: she makes two trips to the pond every day. The boy, Salva, becomes one of the "lost boys" of Sudan, refugees who cover the African continent on foot as they search for their families and for a safe place to stay.

Enduring every hardship from loneliness to attack by armed rebels to contact with killer lions and crocodiles, Salva is a survivor, and his story goes on to intersect with Nya's in an astonishing and moving way. Includes an afterword by author Linda Sue Park and the real-life Salva Dut, on whom the novel is based, and who went on to found Water for South Sudan.

(내용 출처 : amazon.com)

2008년 현재, 수단 어느 마을의 소녀 Nya는 가족이 마실 물을 긷기 위해 연못까지 하루에 여덟 시간을 걷습니다. 그러나 그렇게 길어 오는 물도 형편없이 적은 데다 더러운 흙탕물이라 Nya의 어린 동생은 배앓이를 하기 일쑤입니다. 비가 오지 않는 건기가 되면 가족은 집을 떠나 마른 호수 바닥에 자리 잡고는 물이 솟을 때까지 진흙을 파서 그 물을 마시곤 합니다. 이런 상황이니, Nya와 Nya네 형제들이 학교를 다니는 것은 꿈꾸기조차 힘듭니다.

그러던 어느 날 Nya의 마을에 낯선 사람들이 나타나 우물을 파 주겠다고 합니다. 우물을 파는 비용은 머나먼 나라의 어느 초등학교 어린이들이 돈을 걷어 보내 준 것이라고. 우물이 생기면 물을 길러 오랜 시간 걸어갈 필요가 없고, 그러면 아이들이 학교에 갈 수 있다고 합니다. 학교에 나가고 읽고 쓰는 법을 배울 수 있다니, Nya는 생각만 해도 설레입니다. 그렇지만 땅을 판다고 깨끗한 물이 나올까요? 그리고 우물 작업의 책임자는 Nya의 마을 부족과 적대 관계인 Dinka(딩카)족 사람이라는데 그 부족 사람이 왜 우리를 도울까요? 걱정 반, 기대 반인 Nya의 눈앞에서 커다란 기계가 땅을 파기 시작하고 마침내 땅속에서 물이 쏟아져 나옵니다. Nya와 온 마을 사람은 환호성을 지릅니다. 그리고 Nya는 우물 작업의 책임자인 Dinka 부족 아저씨와 수줍게 인사를 합니다. 그의 이름은 Salva입니다.

실화를 바탕으로 하였기에 더더욱 사실적으로 다가오는 이 이야기는 책장을 덮을 무렵에는 마음을 울리는 진한 감동을 전합니다. 오랜 세월 불화하던 두 부족이 우물을 통해 화해의 손길을 마주 잡는 마지막 장면에서는 미래의 희망도 엿볼 수 있습니다. 독자들은 이 책을 통해 고통받는 수단의 현실과 그 너머 희망까지 함께 볼 수 있습니다.

(내용 출처 : yes24.com)

Linda Sue Park 아시아계 작가로는 최초로 2002년 『사금파리 한 조각』으로 뉴베리상을 수상했다. 한국 이민자 부부 사이에서 태어난 린다 수 박은 동양인이라는 이유로 수많은 차별을 겪으며 성장했다. 정체성에 혼돈을 느끼던 어린 시절 로라 잉걸스 와일더의 '초원의 집'을 거듭읽으며 언젠가 완벽한 미국인이 되기를 소망했다. 스탠퍼드 대학에서 영문학을 전공했고 석유회사의 홍보 담당, 광고 회사 직원, 요리 전문 기고가, 영어 교사로도 일했다. 부모가 된 후 자신의 뿌리인 한국과 한국의 문화에 대해 두 자녀에게 전하고 싶다는 생각을 하며 뒤늦게 한국을 소재로 삼은 동화를 쓰기 시작했다. 한국 이름은 박명진이다.

미국 일리노이 주에서 나고 자랐지만, 한국인 부모님을 둔 한국계 미국인이다. 스탠포드대학 영문학과 졸업 후, 저널리스트, 카피라이터, 대학 영어 강사 등의 다양한 직업을 거쳤다. 부모님에게 들은 한국 옛날이야기를 밑바탕으로 동화를 쓰기 시작했으며, 고려청자 이야기를 담은 세 번째 장편 동화 『사금파리 한 조각』으로 2002년 뉴베리 상을 수상했다. 작품으로는 『뽕나무 프로젝트』, 『내 이름이 교코였을 때』, 『연싸움』 등이 있다. 지금은 뉴욕에서 작품 작업과 강연 활동 중이다.

(내용 출처 : yes24.com)

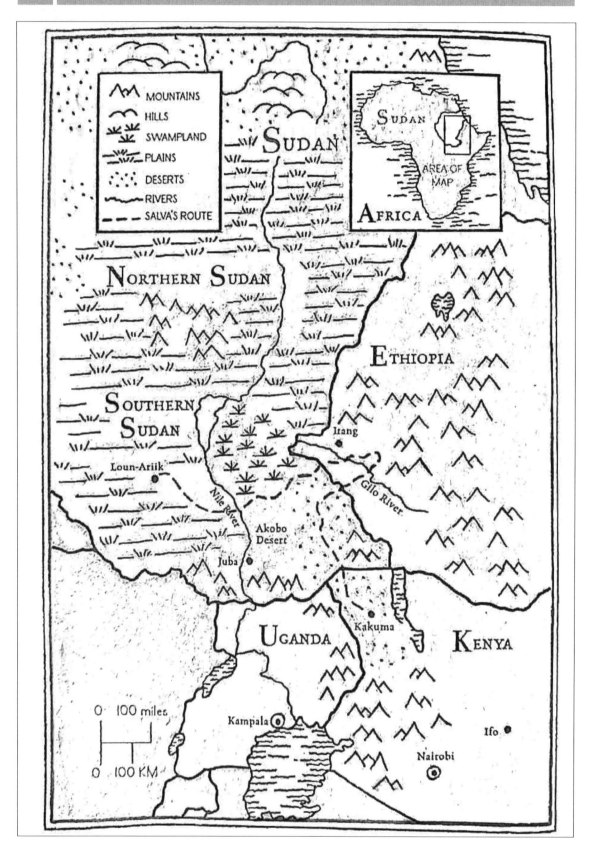

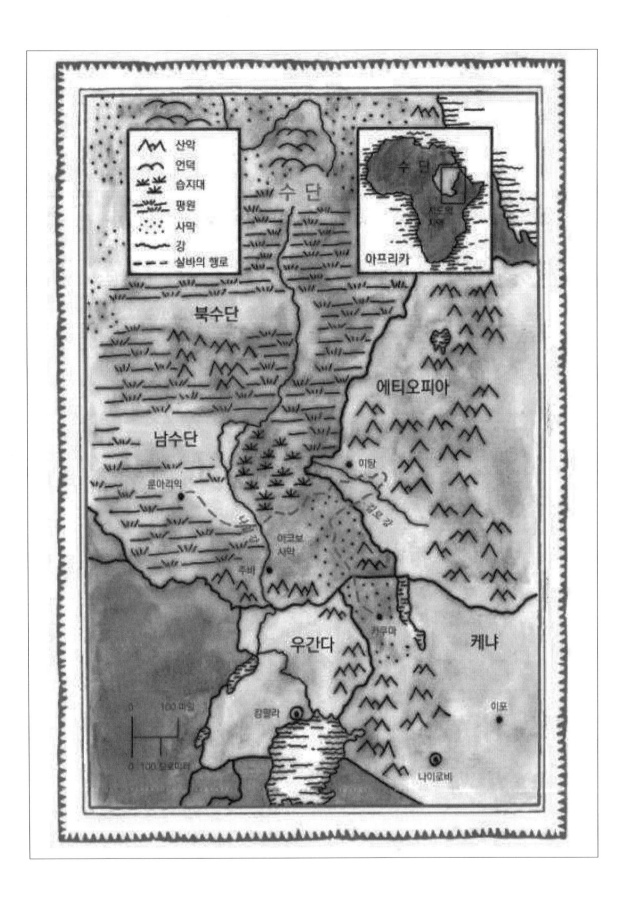

2. 주요 내용 (Main Points)

챕터	주요 내용
1	**[2008년, 남수단]** - 열한 살 여자아이 Nya(니아)는 물을 뜨러 가기 위해 커다란 빈 플라스틱 통을 끌고 무더위 속에 가시밭길을 아침나절의 절반을 걸음. **[1985년, 남수단]** - 남자아이 Salva(살바)는 학교 수업을 듣고 있는데 자신은 남자라서 학교에서 수업을 받는 것을 행운이라고 생각함. 다른 여자 형제들은 학교에 가지 못하고 집안일을 배워야 하기 때문임. - Salva의 아버지는 마을의 판사로 소를 많이 쳤고 존경받고 있음. - Salva는 4남 2녀 중 셋째 아들로 학교를 안 다닐 때는 소 떼를 형제들과 몰며 재미난 놀이를 함께 함. (진흙으로 소 인형 만들기, 새 맞히기, 죽은 동물들 구워 먹기) - Salva가 학교에 있는데 갑자기 총격 소리가 남. - 담임 선생님은 학생들 모두 숲으로 도망치라고 하고 Salva는 숲으로 달려 나감. - Salva는 남수단 지역에 사는데 정부가 있는 북수단은 이슬람교이고 남수단은 다른 종교임. 정부는 수단 전체를 이슬람 국가로 만들고자 함. - 남수단 사람들은 북수단으로부터 독립하고자 싸움을 시작하여 2년째 전쟁이 일어나고 있는 상황임.
2	**[2008년, 남수단]** - Nya는 물통을 들고 맨발로 가시가 있는 길을 걸어가다 왼발 가운데에 가시가 박힘. - Nya는 입술을 꽉 깨물고 가시를 뽑음. **[1985년, 남수단]** - Salva는 가족들을 만나지 못한 채, 학교 밖을 나와 계속 달리고 걸었음. - 같이 걷던 무리 중 한 명이 같은 마을 사람들끼리 뭉치라고 함. Salva는 자신의 마을인 Loun-Ariik(룬아리익) 마을 사람들과 함께 뭉침. - 오후에는 반군(rebels)들이 무리에 합류함. - 반군들은 피난민들에게 두 그룹(남자와 여자/어린아이)으로 나누라고 지시함. - Salva는 열한 살로 남자 그룹으로 지원했다가, 아직 어리다고 반군들이 여자/어린아이 그룹에 넣음. - Salva는 자신이 속한 그룹과 함께 피난을 가다가 헛간을 발견하고 거기서 하룻밤을 지냄. - Salva가 눈을 떴을 때 아무도 없고 혼자가 됨.
3	**[2008년, 남수단]** - Nya는 연못에 도착하였는데 물을 길으러 온 여성과 여자아이들로 복잡함. - Nya는 목이 타서 진흙 색 물을 마신 뒤, 물통에 물을 가득 채우고 머리에 얹고 걸음. - 아직 가시에 찔린 발이 아팠음. **[1985년, 남수단]** - 혼자 남게 된 Salva는 눈물을 흘림. Salva는 자신이 어린아이여서 빨리 못 걷고 배고프다고 보챌까 봐 사람들이 버리고 갔다고 생각함. - Salva는 걷다가 작은 연못과 헛간을 발견함. 한 아주머니를 만났는데 다행히 이마에 새겨진 부족 문양을 보고 같은 Dinka(딩카) 부족이였음. - Dinka 부족은 Nuer(누어) 부족은 수백 년간 물이 많이 나오는 지역을 서로 자기 땅이라며 싸우고 많은 사람들이 죽었음. - 아주머니는 혼자인 Salva에게 먹을 것을 가져다줌. Salva는 며칠간 아주머니 헛간에 지냈는데 아주머니가 어느 날 물이 있는 다른 마을로 떠나고 Salva는 다시 혼자가 됨. - 헛간 쪽으로 다른 무리의 사람들이 오는 소리가 들렸음. 다행히 그들도 같은 Dinka 부족 사람들이었음. Salva는 헤어진 가족을 만나야겠다는 생각밖에 없음.

챕터	주요 내용
4	[2008년, 남수단] - Nya는 집에 도착하여 어머니에게 물통을 드리고 식사로 죽을 먹음. - 엄마는 Nya에게 다섯 살 여동생을 Akeer(아키르)도 데리고 가서 물 기르는 것을 가르치라고 함. - Nya는 Akeer의 손을 잡고 연못으로 갔음. - Nya는 일 년 중 일곱 달을 하루도 빠짐없이 물을 기는 것이 일상생활임. [1985년, 남수단] - Salva는 새로 만난 무리들과 함께 길을 나섬. 처음에는 사람들이 Salva가 어린 아이여서 자신들에게 도움이 되지 않을 거라 생각하여 데리고 다니는 것을 반대하였으나 결국은 함께 다니기로 함. - Salva는 헛간의 아주머니가 챙겨주신 음식과 물을 먹으며 어디로 가는지도 모른 채 따라감. - Salva의 식량도 며칠 안에 바닥이 났고, 너무 배가 고파서 온몸이 아픔. - Salva는 걷다가 뒤처져서 다른 부족 청년 Buksa(부크사)와 함께 걷게 됨. 이때 어떤 소리가 들리고, Buksa가 달려가서 보니 커다란 벌집이었음.
5	[2008년, 남수단] - Nya네 가족은 집 근처 연못 물이 마르면, 큰 호수가 있는 곳으로 이동함. - Nuer(Nya가 속한 부족)와 Dinka(Salva가 속한 부족)는 자주 싸웠는데, 생존이 더 중요할 때는 덜 싸움. 그때 Nya네 가족들은 호숫가로 이동함. - Nya가 호숫가로 가서 하는 일은 연못에서 하듯이 물을 길러오는 일임. - 호수도 물이 말라서, 호수 밑바닥까지 계속 구멍을 내어 파야 하고 시간이 지나 서서히 물이 차기 시작함. - Nya는 구멍에 물이 찰 때까지 몇 시간이고 기다린 뒤, 물이 차면 바가지에 떠서 집으로 들고 옴. 매일 다섯 달 동안 이런 식으로 물을 길어왔음. [1985년, 남수단] - Salva는 결국 벌집에 있던 벌에 쏘여 눈이 부었고, 다른 사람들도 벌에 쏘여 몸 곳곳이 퉁퉁 불었음. - 벌떼가 벌집에서 나오면서 사람들은 벌에 쏘였지만, 맛있게 꿀과 밀랍을 먹어 배가 부름. - 시간이 지날수록 함께 걷는 무리의 수가 늘어남. Salva는 계속해서 가족들을 찾기 위해 사람들을 살핌. - 그때, Salva는 바닥에 손을 짚고 있던 한 소년의 발을 밟음. Marial(마리알)이라는 아이로 둘은 동갑이고 키도 비슷하고 걸음걸이 보폭까지 맞음. - Marial은 자신들은 지금 수단 동쪽에 있는 에티오피아로 가고 있다고 말함. Salva는 영영 가족을 못 만날까 봐 걱정이 됨. - 한 달 이상 지나서 무리는 Atuot(아투오트) 부족의 땅에 접어들었음. - 어느 날 아침 Salva는 Marial에게 가서 함께 걷기 시작했는데, 알고 보니 Marial이 아니었음. 걷다가 뒤를 돌아본 Salva는 놀라서 말을 할 수가 없었음.
6	[2008년, 남수단] - Nya네 가족은 대대로(generations) 건기에 호수로 가서 물을 구하기 위해 진흙을 팠음. - Nya가 생각하기에 큰 호수에 가서 묻은 긷는 것의 좋은 점은 연못에 가는 것처럼 왕복해서 긴 거리를 걷지 않아도 된다는 점이었음. - 반면 Nya의 엄마는 호수 생활을 싫어하는데, 왜냐하면 집이 아닌 임시 숙소에서 자기 때문에 가재도구도 고루 가져갈 수가 없어 대충 써야 하기 때문. - 엄마가 제일 두려워하는 것은 집안 남자들이 Dinka 부족과 싸워서 다치거나 나쁜 일을 당하는 것임.

챕터	주요 내용
6	**[1985년, 남수단]** - Salva는 너무 놀라서 입을 다물지 못함. 바로 삼촌이 자신을 부른 것임. - Salva는 삼촌을 만나자, 가족의 행방을 알 수 있을 거라는 기대를 했지만, 삼촌도 모름. - 삼촌은 사흘 전에 Salva와 같은 무리에 있었는데, 사람들이 많아서 바로 만나지 못했음. - 삼촌은 총을 메고 있는데, 바로 그날 어린 영양을 총으로 잡았고 사람들은 굶다가 갑자기 고기를 급하게 많이 먹어 여러 명이 토하기도 함. - 일행들은 계속해서 걸으며 물웅덩이를 찾으려고 했으나. 결국 찾지 못하고 다들지쳐서 쉬기로 함. - Salva는 눕자마자 잠이 들었는데, 삼촌이 깨워서 일어나보니 울음소리가 들림. - 삼촌이 친구가...어떻게 되었다고 말하며 말을 잊지 못함. 마침 친구 Marial이 보이지 않아 Salva는 걱정이 됨.
7	**[2008년, 남수단]** - Nya의 5살짜리 여동생 Akeer의 몸 상태가 좋지 않음. - 처음에는 배가 아프다고 요란스럽게 불평했고, Nya도 그런 동생이 짜증 났지만, 지금은 불평할 기운도 없는 Akeer를 보고 Nya는 죄책감을 느낌. - 동생과 같은 병에 걸린 사람들은 처음에는 배가 아프고 설사를 하고 가끔 열이 나기도 하다가 노인과 어린아이들의 경우 죽기도 함. - 마을 족장인 Nya의 삼촌이 병원을 알게 되어 알려주셨는데, Nya 가족은 병원까지 Akeer를 데려가는 길이 멀고 험하여 고민을 함. **[1985년, 남수단]** - Salva는 Marial이 하룻밤 사이에 없어진 사실에 무섭고 두려워 삼촌 곁에서 한시도 떨어지지 않으려고 삼촌에게 달라붙어 있음. - Salva의 삼촌은 무서워하는 Salva를 안심시키고자 자신에게 총이 있으니, 사자가 오면 총을 쏜다고 하고 괜찮을 거라며 Salva를 안심시킴. - 일행은 계속해서 동쪽으로 걸어 나일 강변에 도착함. 나일강에서 에티오피아까지 건너기 위해 사람들은 카누를 만들고자 주위의 큰 갈대를 잘라 배를 만들기 시작함. - 배가 완성된 후 나일강에 카누를 띄우고, Salva는 카누에 올라탐.
8	**[2008년, 남수단]** - 여동생 Akeer를 데리고 어머니와 Nya는 의사들과 간호사가 있는 천막으로 감. - Akeer는 약을 2번 먹고 나니 나음. 백인 여자 간호사가 Akeer가 아픈 이유는 물 때문이라며 깨끗한 물을 마시게 하라고 함. 물이 더러우면 불에 올리고 200까지 숫자를 센 다음 마시라고 함. - 호수에서 기른 물은 양이 매우 적어서 끓이기 힘들고 목이 마르면 Akeer가 연못의 물을 마시는 것을 막지는 못 할 것 같아서 Nya는 걱정이 됨. **[1985년, 남수단]** - 강을 건너기 위해 사람들은 열심히 노를 저음. - 강 건너편에 도착 전에, 어떤 한 섬에 도착함. 이 섬은 어촌으로 먹을 것이 풍부하였고, 특히 작물이 많은 이유가 강이 바로 옆에 있어서 물을 쉽게 댈 수 있어 농사짓기 수월함. - Salva는 사탕수수를 먹으며, 가족과 행복하게 망고를 먹던 시절을 떠올림. - 아버지가 자전거를 타고 망고를 자전거 바퀴살에 매달아 오시면, 달려가서 망고를 가져간 기억, 망고 씨를 좋아해서 몇 시간동안 잘근잘근 씹어 먹던 기억 등이 떠오름. - 해가 지자, 온 사방에서 모기떼가 몰려와서 다들 잠을 잘 수가 없었음. - 섬의 어부들은 에티오피아 쪽으로 출발을 하려는 난민들에게 물을 충분히 가져가라고 조언해줌. Salva는 아주머니가 준 조롱박에 물을 넣고, 어떤 사람들은 물통이 없어서 옷을 찢어 물을 적시기도 했음.

챕터	주요 내용
9	[2008년, 남수단] - Nya네 가족이 마을로 돌아오고 몇 달이 지난 어느 날, 지프차 한 대가 마을에 들어 오고, 남자 두 명이 내림. - 마을의 족장이자 Nya의 삼촌이 손님들을 맞이하고 차를 마시며 이야기를 나눔. - Nya는 오빠 Dep에게 무슨 이야기를 하는지 묻자, 물에 대한 이야기라고 함. [1985년, 남수단] - Salva는 무리와 Akobo 사막에 도착했고 삼촌이 사막을 건너는데 사흘이 걸린다고 말함. - Salva는 걷다가 신발이 뜨겁고, 뒤축이 다 갈라져서 아예 신발을 벗고 맨발로 걸음. - 뜨거운 태양 아래 숨쉬기도 힘든 사막 길을 걸으며 Salva는 가시가 발에 찔리기도 하고, 바위에 걸려 발톱이 빠지기도 했음. 그러다 일행보다 뒤처지기 시작함. - 그때 삼촌이 Salva 옆에 니디니 계속해서 Salva의 이름을 부르며 조금만 더 가면 다왔다고 격려하면서 Salva를 걷게 함. - 계속해서 며칠을 걷다가 Salva 무리는 다른 사람들이 모래밭에 쓰러져 있는 것을 발견함. 몇 명은 간절하게 물을 달라고 눈을 마주치거나, 퀭하고 갈라진 입술로 쓰러져 있음.
10	[2008년, 남수단] - 손님들과 마을 사람들은 나무 앞에 멈춰 섰음. - 첫 번째 나무와 두 번째 나무 사이에 각각 서더니 통역사가 여기에서 물을 발견하게 될 거라고 통역함. - Nya는 사람들과 모닥불을 피우고, 노래 부르며 이야기 나누는 그 장소는 물 한 방울도 없는 곳인데 물이 나온다고 해서 의아해함. [1985년, 남수단] - Salva가 목이 말라 죽어가는 사람에게 물을 주려고 하자 삼촌이 말림. - 사막을 걸은 지 사흘째 되는 날 Salva는 삼촌에게 자신이 에티오피아로 가면, 부모님을 어떻게 찾을 수 있을지 집으로 돌아갈 수 있을지 물음. - 삼촌은 Salva가 살고 있던 Loun-Ariik(룬아리익) 마을이 공격을 받아 불탄 것 같다고 하며 부모님이 살아 계신지 아무도 모른다고 함. - 삼촌은 Salva를 에티오피아의 난민 캠프에 데려다 준 다음 수단으로 돌아와서 전쟁에 참여한다고 하자, Salva는 자신에게는 가족이 한 명도 없다고 삼촌의 팔을 잡음. 삼촌은 Salva를 달래며, 부족을 위해 싸워야 하고, 캠프에 가면 사람들을 사귀게 될 거라고 안심시킴. - 이틀간 굶은 일행은 얕은 진흙탕을 보고 사막이 끝나간다는 것을 발견함. 죽은 황새 한 마리를 먹으려고 준비하는 동안 갑자기 사내 여섯이 총과 칼을 들고 일행 쪽으로 다가옴. - Salva는 얼굴에 부족 흉터를 보고 그들이 자신과는 다른 Nuer 부족임을 알아챔. - 삼촌을 대장으로 안 사내들은 삼촌을 나무에 묶고, 다른 사람들의 주머니에 있는 것을 가져가고 옷도 빼앗음 - 이후, 사내들은 삼촌에게 총을 겨누고 세 발을 발사한 뒤 달아남.
11	[2008년, 남수단] - 마을의 손님들이 떠나고, 마을 사람들은 두 나무 사이의 땅을 정돈하고 키 작은 나무들을 태우거나 뿌리 뽑기도 함. - Nya는 여전히 매일 두 차례씩 연못으로 물을 뜨러 다님. - Nya는 작업 현장을 보면서 흙도 메마르고, 돌이 딱딱한데 어떻게 물이 나올 수 있을지 계속 의심스러워함.

챕터	주요 내용
11	[1985년, 남수단과 에티오피아] - Salva는 죽은 삼촌을 구덩이에 묻고 일행들과 다시 걷기 시작함. - Salva의 친구 Marial과 삼촌이 죽고 Salva는 어쩐지 더 강해진 느낌이 들었음. - Sava의 삼촌이 죽자 일행은 Salva를 보살피기 보다는 Salva가 어려서 걷는게 느리다고 불평하고, 먹을 것도 나눠주지 않아서 Salva는 구걸하면서 얻어먹어야 했음. - Salva 일행은 드디어 Itang(이탕)의 난민 캠프에 도착했는데 엄청나게 많은 사람들이 몰려들었고 계속해서 사람들이 들어옴. - Salva는 가족 없이 난민 캠프에 온 아이들 무리에 합류했고 또 다시 낯선 사람들과 섞여서 두려웠음. - 캠프에서는 죽도 받고 피난길 보다 사정이 나았음. - 캠프 이튿날 오후 Salva는 오렌지색 머릿수건을 한 사람을 보고 쫓아가기 시작함. 어머니와 비슷해 보였기 때문.
	[2009년, 남수단] - 쇠로 된 빨간색 기린(착암기-바위에 구멍을 뚫는 기계)과 트럭 두 대, 열 사람이 추가로 Nya 마을에 옴. - 한 트럭에는 착암기가 여러 개가 있었고, 다른 트럭에는 플라스틱 관이 잔뜩 있음. - Nya의 어머니와 아낙네들은 돌멩이를 모아서 땅을 파는 곳에 붓는 작업을 함. - 다른 주민들은 바위를 자갈로 만드는 작업을 하고 있음. - Nya는 왜 자갈로 만드는지 이유는 몰랐지만, 하루하루 자갈 더미가 쌓여 감.
12	[1985년, 에티오피아의 Itang(이탕) 난민 캠프] - Salva는 오렌지색 머릿수건을 두른 여인이 어머니인 줄 알고 쫓아갔으나 결국 아니었음. - Salva는 가족들이 모두 죽었고 자신은 이제 혼자라는 사실을 받아들이기로 했음. - 가족들(아버지, 어머니, 형제와 누이들, 삼촌)이 한 명씩 떠오르고 추억에 잠겨 봄. [6년 후, 1991년 7월] - 6년이 지나고 Salva는 열일곱 살이 되었고 청년이 되었음. - Salva는 난민 캠프에 여전히 있음. - 난민 캠프 문을 닫는다는 소문이 나고 Salva가 구호대원들에게 물어보니 에티오피아 정부가 무너지기 직전이어서 앞으로 캠프가 어떻게 될지 모른다고 함. - 어느 비 오는 아침, 무장한 병사들이 캠프로 와서 모두 에티오피아 땅에서 떠나라고 말함. - Salva는 장대비가 쏟아져 내리고 수천 명이 비명을 지르는 무리 속에 휩쓸리고 있는데, 병사들이 공중에 대고 총을 쏘며 사람들을 캠프에서 내쫓음. - 알고 보니 병사들은 난민들을 Gilo(길로) 강으로 내쫓아서 수단으로 돌려보내려고 함. Gilo 강은 에티오피아와 수단의 경계에 있는 강임. - Gilo 강은 우기 때문에 강이 불어서 물살도 세찼고, 악어 떼로 악명이 높은 강임.
13	[2009년, 남수단] - Nya는 물을 얻기 위해 물이 있어야 하는 상황이 우스웠음. 즉 착암기가 돌아가기 위해 시추공에 계속 물을 흘려야 했기 때문임. - 인부들은 연못에 가서 관을 통해 큰 비닐 주머니에 물이 들어가게 했음. 물주머니에 물이 새면 기워서 쓰고 다른 곳이 새면 또 다시 기워서 썼음. - 인부들은 물이 새어 착암기를 계속 작동할 수 없어 낙심해 하자, 파란 작업복을 입은 인부들 중 한 명이 책임자로 인부들을 격려하고, 설득하기도 하고, 화를 내기도 하며 계속 일을 하게 했음.

챕터	주요 내용
13	[1991년~1992년, 에티오피아, 수단, 케냐] - Gilo 강둑에는 수백 명이 줄지어 서 있고, 군인들은 사람들을 강으로 떠밀기도 하고 공중에 총을 쏨. - 강에 뛰어든 한 청년은 물살에 휩싸여 떠내려가면서 조금씩 강을 건너갔는데, Salva는 악어 꼬리를 봄. 얼마 뒤 청년은 물속으로 끌려 내려갔고 강이 붉게 얼룩짐. - 계속해서 군인들이 총을 쏘자, Salva도 결국 강에 뛰어듦. - 악어 떼, 비, 거센 물살, 총탄, 비명, 사람들의 발버둥...어떻게든 강을 건너려고 Salva는 애쓰고 결국 Salva는 강을 건너 강둑에 기어오른 뒤 쓰러짐. - Salva는 에티오피아로 돌아갈 수도 없었고, 결국 남쪽에 있는 케냐로 가기로 결심함. 살아서 강을 건넌 천오백 명의 소년들도 Salva를 따랐음. Salva는 소년들의 지도자가 되었음. - Salva 일행은 전쟁 중인 수단 지역을 통과하며 계속 남쪽으로 향함. - Salva는 자신을 따르는 모두를 무사히 케냐로 데려가기 위해 각자에게 일거리를 맡김(먹을 것 구해오기, 땔감 모으기, 자는 동안 불침번 서기 등), 일하기를 꺼리는 사람들에게는 격려하고 달래기도 하고 엄하게 말하기도 함. - 천이백 명이 넘는 소년들은 결국 일 년 반 뒤 케냐에 도착함.
14	[2009년, 남수단] - Nya 집 주위에는 사흘간 바위 뚫는 기계 소리가 요란함. - 펑! 물줄기가 공중으로 치솟았음. 땅 구멍에서 솟아난 물이었음. - 다들 물을 보고 환호성을 지르거나 손뼉을 치고 노래를 부름. - 하지만 솟구친 물은 갈색이고 물은 진흙투성이였음. [1992년~1996년, 케냐의 Ifo(이포) 난민 캠프] - Salva는 스물두 살이 됨. 지난 5년간 북부 케냐의 난민 캠프에서 살았음. - 처음에는 Kakuma(카쿠마) 캠프에서 살다가 Ifo(이포) 캠프로 옮김. - Kakuma 캠프는 열악하고 주변 마을 사람들이 몰래 들어와서 도둑질도 하고 싸움이 일어나기도 함. - 결국 Salva는 Kakuma 캠프에서 2년을 보낸 뒤, Ifo 난민 캠프로 몇 달간 걸어서 도착함. Ifo 캠프도 열악한 상황이었고, Salva는 돈을 벌고 공부를 계속할 꿈도 꾸며 몇 년간 Ifo 캠프에서 지냄. - Salva는 Ifo 캠프에서 Michael이라는 아일랜드에서 온 구호대원을 만남. Salva는 몇 년간 함께 지내다 보니 영어를 조금 알게 되었고, Michael이 영어를 정기적으로 가르쳐 주기 시작함. - Michael은 Salva에게 기분 전환으로 배구도 가르쳐 줌. - 캠프에는 소년과 청년을 뽑아서 미국에 가서 살게 해준다는 소문이 남. - 캠프의 사무소 천막에 공고문에 미국에 갈 수 있는 사람 명단이 붙는데, Salva의 이름은 매번 없었음. - 마침내 명단에 Salva 이름이 올랐음. Salva는 뉴욕주, 로체스터로 가게 되었음.
15	[2009년, 남수단] - 땅 구멍에서 나온 물은 갈색의 흙물이자, Nya의 오빠 Dep이 책임자가 Nya의 삼촌과 아버지가 나눈 대화를 Nya에게 전달함. - 인부들이 땅을 더 깊게 파면 깨끗한 물이 나오는데, 깨끗한 물이 나오면 관을 넣고 자갈로 바닥을 만든 다음 펌프를 묻고 주변에 시멘트를 붓는다고 전해줌. - Nya는 한숨을 쉬며 또 연못까지 걸어서 물을 긷기 위해 플라스틱 통을 챙김.

챕터	주요 내용
15	[1996년, 케냐의 나이로비, 미국 뉴욕 주 로체스터] - 미국에서는 전쟁 중에 집과 가족을 잃어버린 소년들을 '잃어버린 소년들'로 불렀음. - Salva와 여덟 소년은 이포(Ifo) 난민 캠프에서 트럭을 타고 케냐의 수도 나이로비로 감. 수많은 서류를 만들고, 사진도 찍고, 건강 검진도 받고, 생전 처음 눈도 보며 순식간에 벌어진 상황에 Salva는 정신 없어함. - Salva의 정신이 또렷한 순간은 낡고 얇은 옷만 입고 있다가 새 옷을 받았을 때임. - 나이로비에서 처음으로 비행기를 탔을 때도 신기해함. 세상은 무척 컸지만 비행기 창 밖에 보이는 풍경은 매우 작았음. - 비행기 기내에서 제복 입은 여자(스튜디어스)가 Salva에게 음료를 권해서 '콜라'를 마신다고 말함. 가족들과 처음 콜라를 접했을 때, 돌아가면서 마신 추억에 잠시 잠기기도 함. - 비행기를 세 번 갈아탄 뒤, Salva는 공항에서 자신의 새 가족을 만남. 모두 Salva를 환한 미소로 맞이함. - 새 가족들은 Salva에게 춥다며 두꺼운 점퍼, 모자, 목도리, 장갑을 입혀주자 Salva는 처음에는 위에만 두껍게 입고 다리는 젓가락 같아서 우스꽝스럽다고 생각했으나, 막상 공항 터미널 유리문이 열리니 뺨을 맞은 것처럼 추웠음. - Salva는 공항에서 나오면서 눈물이 고임. 미국에서의 새 인생에 첫 발을 내딛음.
16	[2009년, 남수단] - 물줄기가 처음 솟구친 것을 본 후, 마을 사람들은 괭이, 삽, 낫과 같은 연장으로 두 번째 큰 나무 뒤로 가서 땅을 고르기 시작함 - Nya는 아버지에게 뭐하는지 여쭤보니 집을 지을 준비를 한다고 함. - Nya는 무슨 집을 짓는지 짐작이 안 됨. [1996년~2003년, 뉴욕 주 로체스터] - Salva는 뉴욕주 로체스터에 온 지 한 달이 되어가는데, 흙길을 보지 못했음. 모든 길이 포장되어 있고, 모든 건물에 전기가 들어오고 어디에나 백인이 있음. - 눈이 내리면 다 녹기 전에 다시 눈이 내리기도 함. - Salva는 영어 공부를 통해 집중할 거리가 생겨서 좋음. - 영어 공부를 하면서 헷갈리는 글자 철자들도 있고, 단어가 문장에 따라 다르게 쓰이는 것도 헷갈리기도 함. Salva의 영어는 시간이 지나면서 실력이 좋아졌고, 배구 팀에서 배구도 함. - Salva가 로체스터에 산지 6년이 넘었고 대학에 진학해서 경영학을 공부함. 막연히 수단에 돌아가서 사람들을 돕겠다고 생각도 함. - 어느 날 컴퓨터 앞에서 이메일을 열었는데 잘 모르는 친척의 메일이 왔음. 아버지를 찾았다고 함. 수단에 있는 아버지는 병원에서 회복 중으로 Salva의 먼 친척이 유엔의 구호 기구에 일하다가 Salva의 아버지 이름을 발견하여 연락을 한 것임. - Salva는 곧 수단으로 갈 계획을 세웠는데 여전히 수단은 전쟁 중이어서 허가받고, 건너가는데 몇 달이 걸림. - 모든 서류가 준비되고 Salva는 비행기를 여러 번 타고 다른 나라를 거쳐서 익숙한 비포장 도로와 오두막집들이 있는 수단의 한 지역에 도착함. - 임시 병원으로 쓰이는 한 헛간에 들어간 Salva는 아버지가 머무는지 물어봄.
17	[2009년, 남수단] - Nya의 아버지는 땅을 고르는 이유가 학교를 짓기 위해서라고 Nya에게 말함. - Nya 마을에서 가장 가까운 학교는 반나절을 걸어야 할 만큼 먼 거리임. - Nya 아버지는 이제 마을에 우물이 생겨서 모든 아이들이 학교를 다닐 수 있을 거라고 말함. - Nya는 자신도 학교를 갈 수 있다는 사실에 기뻐서 하늘을 나는 기분임.

챕터	주요 내용
17	[2003년~2007, 수단과 뉴욕 주 로체스터] - Salva는 북적대는 병원에서 아버지로 보이는 사람에게 자신이 Salva라고 말함. - 처음에 Salva 아버지는 믿지 못했지만, 곧 Salva를 알아보고 기쁨에 흐느껴 움. - 19년 만에 두 사람은 만났고 어머니와 누이, 남자 형제 중 1명이 함께 마을에 계속 살고 있다고 함. - Salva 아버지는 오랫동안 오염된 물을 마셔서 소화기관 전체에 기니 벌레가 찼다고 함. 아버지는 아픈 몸으로 오랜 시간 걸어서 임시 병원에 도착했고, 수술이 성공적으로 끝났음. - Salva는 며칠간 아버지와 함께 지냈고 두 사람은 작별 인사를 하고 헤어짐. - Salva는 수단 사람들을 도울 방법을 생각해 보고, 새 부모님께도 조언도 구해 보며 자신을 도울 뜻을 가진 사람들을 만남. - Salva는 학교 식당에서 처음 마이크를 잡고 기부금을 모으기 시작함. 처음에는 다리도 후들거리고 영어가 미숙해서 말 실수를 할까봐 걱정했지만, 일 년, 이년, 삼년이 흐르면서 Salva는 교회, 시민 단체, 학교의 많은 사람들 앞에서 연설을 하기 시작함.
18	[2009년, 남수단] - Nya는 완성된 우물의 물을 먹기 위해 플라스틱병을 들고 줄을 서서 자신의 차례를 기다림. - 작업 책임자가 파란 현수막을 가져왔음. 거기에는 영어로 "느릅나무 거리 학교를 기념하며"라고 쓰여 있고 미국에 있는 학교 이름이고 그 학생들이 우물을 만들 돈을 마련해 주었다고 함. - Nya가 우물 앞에 서서 펌프의 손잡이를 위로 아래로 움직이자 펌프의 주둥이에서 물줄기가 쏟아지고 Nya의 병에는 물이 가득 참. - 물맛이 좋고, 시원하고 맑은 물이었음. - 며칠 후면 Nya 마을에 학교가 지어짐. Nya는 다른 아이들과 학교를 다니게 될 것임. 내년이면 장터가 열리고, 언젠가는 병원을 짓자는 말까지 나옴. - 우물은 마을 주민들의 것만이 아니라 몇 킬로미터 떨어진 곳에 사는 사람들을 위해서도 사용하게 할 예정이라고 함. - 오빠 Dep은 우물 작업 책임자가 자신의 부족 Nuer와 원수인 Dinka 부족 출신이라는 것을 말해 줌. - 책임자의 얼굴에는 Dinka 부족 표식이 없고 책임자 밑에서 일하는 대부분의 인부는 모두 Nya의 부족인 Nuer 출신임. - Nya는 자기 부족도 아닌데, 물을 왜 끌어다 주는지 궁금해하자, 오빠 Dep이 말하길, 이미 자신의 부족을 위해 우물을 여럿 팠는데, 올해는 Nuer 족을 위해서 우물을 파기로 결정했다고 들었다고 함. - Nya는 그 말을 듣고 용기 내어 책임자가 있는 곳으로 가서 고맙다고 인사하며 자신을 소개함. - 그러자 책임자도 반갑다고 자신의 이름을 말함. 바로 'Salva'였음.

3. 어휘 및 표현 (Words & Expressions)

책에 제시된 문장을 읽고 **밑줄 친 어휘 및 표현**의 뜻을 유추해서 적으시오.

챕터	쪽수	어휘 및 표현	뜻	책에 제시된 문장
1	1	**container** [kəntéinər]		Going, the big plastic **container** held only air. 공기만 담긴(빈) 큰 플라스틱 통을 들고 가면 된다. (주인공 Nya가 빈 플라스틱 통을 들고 물이 있는 곳으로 걸어가는 장면임)
1	1	**bake** [beik]		There was only heat, the sun already **baking** the air,~. 다만 더위가 힘들었는데, 태양이 이미 공기를 뜨겁게 하고 있었다. (Nya가 물을 뜨러 갈 때 뜨거운 태양이 내리쬐고 있음을 표현함)
1	2	**drone on** [droun]		The teacher **droned on** with the lesson, about the Arabic language. 선생님은 아랍어 수업을 단조로운 목소리로 이어나가셨다. (주인공 Salva는 학교 수업 시간에 자신의 부족어가 아닌 아랍어를 배운다는 것을 알 수 있음)
1	3	**herd** [hə : rd]		But some days he wished he were still back at home **herding** cattle. 하지만 어떤 날은 그는 집에 남아서 소 떼를 몰았으면 싶기도 했다. (Salva는 학교에 다니는 것도 좋지만 가끔은 학교 다니기 전에 했던 소 떼를 모는 일을 하고 싶어 함)
1	6	**edge** [edʒ]		The teacher **edged** his way along the wall to the window. 선생님은 벽을 따라서 창가로 살살 움직였다. (학교에 갑자기 총소리가 나자, 선생님이 조금씩 움직이며 창가 쪽으로 가는 모습을 묘사함)
1	7	**scramble** [skrǽmbl] **to one's feet**		The boys **scrambled** to their feet. 소년들은 허둥대며 일어났다. (총소리를 듣고 교실의 소년들이 정신 없이 허둥대며 일어서는 모습)

258

챕터	쪽수	어휘 및 표현	뜻	책에 제시된 문장
2	8	**overhead** [ou'vərhe'd]		**Overhead**, a jet plane **veered** away like a **sleek** evil bird. 머리 위에서 제트기가 날렵한 사악한 새처럼 방향을 바꾸며 빙빙 돌아다녔다. (Salva의 머리 위로 제트기가 위협적으로 돌아다님. 남수단, 북수단의 종교 전쟁으로 학교 아이들이 피해를 보는 장면이 묘사됨)
	8	**veer away** [viər əwéi]		
	8	**sleek** [sli : k]		
	9	**scan** [skæn]		Salva **scanned** their faces. Salva는 그들의 얼굴을 살폈다. (학교에 폭격이 일어난 뒤, 도망가던 Salva는 길가에 모여있는 사람들 중 가족들이 있는지 유심히 얼굴을 살펴보는 모습)
	10	**fierce** [fiərs]		Their guns were not pointed at the crowd, but even so, the soldiers seemed **fierce** and **watchful**. 그들의 총은 주민들을 향해 겨누지는 않았지만, 병사들은 사납고 경계하는 듯했다. (Salva가 느낀 반군들의 거친 이미지를 묘사함)
	10	**watchful** [wátʃfəl]		
	12	**toss** [tɔ : s]		Salva **tossed restlessly** in the **itchy** hay. Salva는 껄끄러운 짚 더미에 누워서 뒤척거렸다. (Salva는 가족들과 떨어진 채 반군들을 피해 헛간에서 잠을 청하는 모습)
	12	**restlessly** [réstlisli]		
	12	**itchy** [íʧi]		
3	14	**smudge** [smʌdʒ]		The **smudge** on the **horizon** gained color as Nya drew nearer, changing from hazy gray to olive green. 지평선의 얼룩은 Nya가 가까이 갈수록 뿌연 회색에서 올리브색으로 색깔이 선명하게 변해갔다. (Nya가 물을 기르러 가는 길에 본 광경)
	14	**horizon** [həráizn]		
3	14	**scoop up** [sku : p]		She untied it, **scooped up** the brown muddy water, and drank. Nya는 (묶인) 바가지를 풀고, 누런 흙탕물을 퍼서 마셨다. (Nya는 연못에 도착하자마자 목이 말라서 흙이 섞인 물을 퍼마시는 모습)

챕터	쪽수	어휘 및 표현	뜻	책에 제시된 문장
3	15	**ritual** [rítʃuəl]		The **ritual scar** patterns on her **forehead** were familiar. 그녀의 이마의 부족 문양이 눈에 익었다. (홀로 남겨진 Salva는 정처 없이 길을 걷다가 헛간에서 지내는 한 여성을 만나게 됨. 그녀의 이마에 새겨진 부족 문양을 보고 자신과 같은 부족임을 파악함)
	15	**scar** [ska : r]		
	15	**forehead** [fɔ́ : rhèd]		
	17	**squat** [skwat]		"Thank you, Auntie." **Squatting** on his **haunches** next to her, Salva **shelled** the nuts and ate them. "감사합니다, 아주머니." Salva는 아주머니 옆에 쭈그려 앉아서, 땅콩 껍질을 벗겨서 먹었다. (Salva를 불쌍히 여긴 아주머니가 땅콩을 주자, Salva가 땅콩 껍질을 벗겨서 먹는 장면으로 전쟁으로 가족과 헤어진 Salva의 처량한 신세를 잘 보여줌)
	17	**haunch** [hɔ : ntʃ]		
	17	**shell** [ʃel]		
	18	**daytime** ['deɪtaɪm]		During the **daytime**, Salva could hear the distant **booming** of artillery from the fighting a few miles away. 낮이면 Salva는 몇 킬로미터 떨어진 싸움터에서 나는 총소리, 대포 소리를 들었다. (Salva는 헛간에서 일하며 하루하루 보내고 있는데, 낮이면 부족 간의 전쟁으로 총소리, 대포 소리가 들림)
	18	**boom** [bu : m]		
	18	**artillery** [a : rtíləri]		
4	20	**sorghum** ['sɔːrgəm]		She handed Nya a bowl of boiled **sorghum** meal and poured a little milk over it. 그녀(어머니)는 끓인 수수죽에 우유를 조금 부어서 Nya에게 주었다. (Nya가 연못에서 떠온 물을 건네 받고 나서 어머니가 식사를 차려주는 장면으로 엄청난 노동에 비해 빈약한 식사 수준이 드러나는 장면)
	22	**gourd** [gɔːrd]		The old woman gave Salve a bag of peanuts and a **gourd** for drinking water. 아주머니는 땅콩 한 주머니와 물을 담은 호리병박을 Salva에게 주었다. (아주머니와 지내던 Salva가 Dinka족 사람들과 떠나게 되어 헤어지게 되자, 먹을 것을 챙겨주는 장면으로 아주머니의 정을 느낄 수 있음)

챕터	쪽수	어휘 및 표현	뜻	책에 제시된 문장
4	23	**stunted trees** ['stʌntɪd]		they walked among strands of **stunted trees** 그들은 성장이 멈춘 나무들 사이를 걸었다. (Salva와 Dinka족 사람들이 전쟁을 피해 걸어가는 장면으로 척박한 환경을 보여줌)
	24	**cock** [kak] **one's head**		Buksa **cocked his head** and **furrowed** his brow, listening. Buksa는 고개를 기울이더니 인상을 쓰면서 들었다.
	24	**furrow** [fə́ : rou]		(Slava와 피난길을 함께 걷고 있던 Buksa가 어떤 소리가 들리자 유심히 귀 기울이는 모습)
5	26	**fetch** [fetʃ]		Nya's job at the lake camp was the same as at home: to **fetch** water. 호숫가에서의 Nya의 일은 집에서와 같은 일이었다 : 물을 길어 오는 일 (Nya 가족들은 마을 근처 연못이 마르면 큰 호숫가로 가는데, 여기서도 Nya의 일은 물을 긷는 일임)
	27	**seep** [si : p]		The clay got wetter as she dug, until, at last, water began to **seep** into the bottom of the hole. 그녀가 팔수록 흙에 물기가 많아졌고, 마침내 구멍의 바닥에 물이 차기 시작했다. (Nya가 호수 밑바닥의 흙을 손으로 파내서 구멍을 내어 물이 차오르기를 기다리는 장면. Nya가 호숫가에서도 얼마나 힘겹게, 그것도 깨끗하지도 않은 물을 길어 오는지를 보여줌)
	28	**gingerly** [dʒíndʒərli]		*It was worth it*, Salva thought as he touched his eyes **gingerly**. Salva는 그의 눈을 조심스레 문지르면서 그것(벌에 쏘이는 것)이 가치가 있었다고 생각했다. (벌집을 나무에서 떼어낼 때 벌들에게 많이 쏘였지만, 대신 꿀과 밀랍을 먹어 배를 채우게 된 것을 감수할 만하다고 Salva는 생각함)

챕 터	쪽 수	어휘 및 표현	뜻	책에 제시된 문장
5	28	**luscious** [ˈlʌʃəs]		Nothing had ever tasted so good as those pieces of honeycomb dripping with rich, **luscious** gold sweetness. 달콤한 금색 꿀이 떨어지는 벌집보다 맛있는 건 없었다. (배고픔을 겪다가 벌집을 발견하여 먹게 된 꿀이 그만큼 맛있었다는 뜻)
	31	**gnu** [nu :]		Their regions was inhabited by large herds of antelope, **wildebeest**, **gnus**-and the lions that preyed on them. 그 지역에는 영양, 누(아프리카산 큰 영양)가 많이 살았고, 사자는 영양류를 먹이로 삼았다. (Salva 일행이 걷다가 Atuot 부족의 땅에 접어들면서 Atuot 사람들이 '사자 사람들'로 불리게 된 배경을 설명하는 장면으로 사자를 무서운 동물로 믿는 부족임)
	31	**bleary-eyed** [blíəri-aid]		One morning he woke **bleary-eyed** after a poor sleep. 어느 날 아침 그는 잠을 설치고 나서 흐릿한 눈으로 깼다. (Salva는 새로운 땅인 Atuot 부족의 땅에 들어서고 나서 밤에 동물들의 비명 소리로 인해 쉽게 잠을 이루지 못함)
6	33	**makeshift** [meiˈkʃiˌft]		They had no house and had to sleep in **makeshift** shelters. 그들은 집이 없어서 임시 숙소에서 잠을 자야 했다. (Nya의 가족이 건기에 집을 떠나 호숫가에서 지내는 시기의 힘든 상황을 표현함)
	36	**topi** [tóupi]		Even though the **topi** was a small one, there was more than enough meat for everyone in the group. 어린 영양은 크기가 작았지만, 모두 배불리 먹을 수 있었다. (Salva의 삼촌이 총으로 잡은 어린 영양을 일행이 먹는 장면)

챕터	쪽수	어휘 및 표현	뜻	책에 제시된 문장
6	36	**heave** [hiːv]		Whenever his **heaving** stomach woke him, he would hurry to the edge of the camp to vomit and find others there doing the same. 그는 속이 뒤틀려서 깰 때마다 외진 곳으로 가서는 토하고 거기서 똑같이 그러는 다른 사람들을 보았다. (Salva가 몇 주간 굶주리다 삼촌이 잡은 고기를 급하게 먹고 토하게 되는 장면으로 다른 사람들도 토함. 그만큼 피닌 가는 사람들이 육고기를 먹는 것이 드물었음을 짐작할 수 있음)
7	39	**occasional** [əkéiʒənəl]		She lay curled on her side, hardly moving, silent except for an **occasional whimper.** 그녀는 옆으로 누워 몸을 웅크리고는, 거의 움직이지 않고, 이따금씩 칭얼대는 소리를 제외하고는 조용히 있었다.
	39	**whimper** [hwímpər]		(Nya의 동생 Akeer가 심한 복통으로 끙끙 앓는 소리를 제외한 아무 소리도 내지 않고 움직이지도 않고 있는 모습을 묘사함)
	41	**splotch** [splatʃ]		And it had taken him away, leaving only a few **splotches** of blood near the path. 그것(사자)이 그를 멀리 데리고 가버린 후 길 근처에 몇 점의 핏자국만 남겨놓았다. (밤에 사자가 나타나 자고 있던 Marial을 잡아간 후 남은 것은 Marial의 것으로 추정되는 핏자국뿐이었다는 것에서 언제 어디서 사자가 나타날지 모르는 공포감이 극대화되고 있는 상황을 추측할 수 있음)
	43	**stagger** [stǽgər]		Salva **staggered** forward with yet another enormous load of **reeds** in his arms. Salva는 다시 거대한 갈대 더미를 한 아름 안고 비틀거리며 앞으로 걸었다.
	43	**reed** [riːd]		(Nile강을 건너기 위해 카누를 만드는 어른들을 돕고자 갈대를 나르는 Salva의 모습을 묘사함)

챕터	쪽수	어휘 및 표현	뜻	책에 제시된 문장
7	43	**weave** [wiːv]		They knew how to tie the reeds together and **weave** them cleverly to form shallow canoes. 그들은 갈대를 묶어서 엮은 후 얕은 높이의 카누를 만드는 방법을 알고 있었다. (Salva와 함께 이동한 무리 중 카누를 만드는 방법을 아는 무리가 있었고 다 함께 카누를 만듦)
8	45	**dose** [dous]		After just two **doses** of medicine, Akeer was nearly her old self again-still thin and weak but able to laugh as Nya sat on the floor next to her **cot** and played a clapping game with her. 단지 2회분의 약을 먹은 후에, Akeer는 그녀의 본래 모습을 되찾았다. - 비록 여전히 마르고 약해 보였지만 Nya가 침대 옆 바닥에 앉아 박수 치는 게임을 같이 하자 웃을 수도 있었다. (간단한 약 2회분 만으로도 나아질 수 있는 Akeer의 상황을 통해 수단의 의료현실을 엿볼 수 있음)
	45	**cot** [kat]		
	46	**stroke** [strouk]		He kept himself awake by counting the **strokes** of Uncle's **paddle** and trying to **gauge** how far the canoe traveled with every twenty strokes. 그는(Salva) 삼촌의 노 젓는 횟수를 세며 스무 번의 노를 저을 때마다 카누가 얼마나 나아가는지 측정하면서 깨어 있으려고 노력했다. (삼촌과 함께 카누를 탄 Salva는 졸다가 강에 빠질까 봐 겁이 나서 깨어 있기 위해 노력하고 있는 모습을 묘사함)
	46	**paddle** [pǽdl]		
	46	**gauge** [geidʒ]		
	47	**pull up** [pul]		Finally, the boats **pulled up** to an island in the middle of the river. 마침내, 배들은 강 가운데 있는 섬에 멈추었다. (Salva 일행은 카누를 타고 강을 건너다가 강 가운데 섬에서 멈춤)

챕터	쪽수	어휘 및 표현	뜻	책에 제시된 문장
8	48	**spoke** [spouk]		Salva would take a mango from the **spokes** almost before his father had **dismounted.** Salva는 아버지가 자전거에서 내리기도 전에 자전거 바퀴살에서 망고 한 개를 떼어 내곤 했다.
	48	**dismount** [dismáunt]		(카누에 내려 섬에 도착한 뒤, 마을 주민들로부터 얻은 사탕수수를 먹던 Salva가 예전의 풍요롭고 평화로웠던 삶을 기억하는 장면. Salva의 아버지가 장에 나녀오면 물건을 실을 곳이 없을 정도로 많이 사서 자전거 바퀴살에 망고를 끼워왔다는 점에서 풍요롭게 살았던 그의 과거를 추측 가능함)
9	52	**shrub** [ʃrʌb]		~ enough grass and **shrubs** grew to feed the grazing cattle. 풀 뜯는 소 떼를 먹일 수 있을 정도로 충분한 풀과 관목들이 자라나 있었다. (Salva가 지금 마주한 사막의 풍경과 자신의 고향의 풍경을 대조적으로 묘사함)
	52	**flapping** [flǽpiŋ]		Salva had to kick off the **flapping** shreds and continue barefoot. Salva는 펄럭거리는 조각을 던져버리고 맨발로 계속 가야 했다. (오랜 행군으로 낡아버린 신발을 버리고 맨발로 사막을 건너는 상황을 얘기함)
	52	**wisp** [wisp]		There was neither **wisp** of cloud nor **whiff** of breeze for relief. 한숨 돌릴만한 구름 한 조각이나 스치는 바람도 없었다. (사막의 황량함을 묘사함)
	52	**whiff** [wɪf]		
	52	**arid** [ǽrid]		Each minute of walking in that **arid** heat felt like an hour. 그 건조한 열기 속에서 걷는 매 1분이 한 시간 같이 느껴졌다. (사막을 걷는 것이 몹시 힘든 Salva의 심경이 표현된 문장)
	52	**gore** [gɔːr]		Thorns **gored** his feet. 가시들이 발을 파고 들었다. (Salva가 맨발로 사막을 걷는 고충을 알 수 있음)

챕터	쪽수	어휘 및 표현	뜻	책에 제시된 문장
9	53	**stub** [stʌb]		Salva **stubbed** his bare toe on a rock, ~ Salva의 맨 발가락이 바위에 치였다. (맨발로 걷다가 바위에 발가락이 차여 발톱이 빠지는 상황)
	55	**shimmering** [ʃíməriŋ]		The fierce heat sent up **shimmering** waves that made everything look **wobbly**. 강렬한 열기가 일렁이는 파장을 내보내어서 모든 게 흔들리게 보였다. (사막의 엄청난 열기로 기진맥진한 상태에서 사물이 모두 일렁이며 보임)
		wobbly [wάbli]		
10	59	**ravage** [rǽvidʒ]		~, and then having even their corpses **ravaged.** 그리곤 시체마저 파괴되는 것이다 (사막에서 죽은 사람들의 시체가 맹금류들에게 뜯어먹히는 장면을 상상함)
10	63	**loot** [luːt]		When the men had finished their **looting**, they picked up Uncle's gun. 남자들은 약탈을 끝내자 삼촌의 총을 집어 들었다. (사막을 다 건넜을 때쯤 만난 타 부족이 Salva 무리가 가진 옷과 주머니에 있는 것까지 다 빼앗은 뒤 삼촌의 총까지 집어 든 긴박한 상황)
11	64	**puzzled** ['pʌzld]		Nya felt **puzzled** and doubtful. Nya는 어리둥절하고 의심스러웠다. (Nya의 집 주변에 있는 두 나무 사이에 물이 있다고 해서 Nya가 이해 못 하는 상황을 묘사)
11	65	**mourn** [mɔːrn]		Out of respect for him, the group walked no more that day but took time to **mourn** the man who had been their leader. 그에 대한 존중의 마음으로 그 그룹은 그날은 더 걷지 않고 그들의 지도자였던 사람에 대한 애도 시간을 가졌다. (Salva 삼촌이 Nuer 부족에게 총살을 당하고 나머지 사람들은 삼촌을 땅에 묻고 애도의 시간을 가짐)
11	65	**numb** [nʌm]		Salva was too **numb** to think, and when thoughts did come to him, they seemed silly. Salva는 너무 멍해서 아무 생각도 할 수 없었고, 생각들이 마음속에 일어날 때는 그 생각들은 어리석은 것 같았다. (삼촌의 죽음에 Salva가 너무 충격을 받아 약간 제정신이 아닌 상황)

챕터	쪽수	어휘 및 표현	뜻	책에 제시된 문장
11	65	**grumble** ['grʌmbl]		Once again, they **grumbled** that he was too young and small, that he might slow them down or start crying again, as he had in the desert. 다시 그들은 Salva에 대해 불평했다. Salva가 너무 어리고 작고, 그들이 걷는 속도를 늦추게 하거나 사막에 있을 때처럼 징징거릴 것이라고 투덜댔다. (피난 무리의 지도자였던 Salva 삼촌이 죽자 일행들은 Salva에 대해 불평하기 시작하는 모습)
	67	**clench** [klentʃ]		He felt his heart sink a little, but he **clenched** his hands into fists and made himself a promise. 그는 가슴이 조금 내려앉는 것 같았지만, 주먹을 불끈 쥐고 스스로 다짐했다. (Itang 난민 캠프에 도착하여 수백만 명의 사람들은 보면서 가족 생각이 났고 꼭 가족을 찾겠다고 스스로 다짐하는 장면)
	68	**emaciate** [iméiʃièit]		It did not seem as if the camp could possibly hold any more, but still they kept coming: long lines of people, some **emaciated**, some hurt or sick, all exhausted. 캠프는 더 이상 사람들을 받을 수 없게 보였으나, 여전히 긴 줄의 사람들이 계속 들어오고 있었다. 몇몇은 야윈 사람들, 다치거나 아픈 사람들이고 모두 완전히 지친 사람들이었다. (Itang 캠프에 엄청난 사람들이 들어오고 대부분의 사람들의 몸 상태가 안 좋은 모습을 설명)
12	70	**sturdy** ['stɜːrdi]		They collected piles of rocks and stones and tied them up into bundles using **sturdy** cloth. 그들은 돌멩이 더미를 모아서 질긴 천에 쌌다. (여자들이 연못에서 돌멩이를 모아 질긴 천에 싸서 마을로 옮기려는 모습)
	65	**stroke** [strouk]		His mother always ready with food and milk and a soft hand to **stroke** Salva's head. 항상 음식과 우유를 준비해주고, Salva의 머리를 부드럽게 쓰다듬어 준 어머니... (Salva는 헤어진 엄마의 따뜻한 모습을 그리워함.)

챕터	쪽수	어휘 및 표현	뜻	책에 제시된 문장
12	69	**collapse** [kəlǽps]		They told him that the Ethiopian government was near **collapse**. 그들(캠프구호대원)은 에티오피아 정부가 거의 무너지기 직전이라고 말했다. (Salva가 캠프에 들어온 지 6년이 흘렀고 캠프 운영을 허가해준 에티오피아 정부가 거의 붕괴 직전이라고 함)
	74	**surge** [səːrdʒ]		Salva was caught up in the **surge**. Salva는 무리에 휩쓸렸다. (무장 병사들이 난민 캠프로 와서 총을 쏘자 난민들은 공포에 휩싸여 떼를 지어 서로 떠밀고 Salva도 그 무리에 휩쓸림)
	74	**torrent** [tɔ́ːrənt]		The rain, which was falling in **torrents**, added to the **uproar**. 장대비가 내려 더욱 난장판이 되었다. (병사들이 캠프 난민들을 쫓아낼 때 장대비가 내려 더욱 아비규환인 상황)
	74	**uproar** [ˈʌprɔː(r)]		
13	78	**nothing but** [ˈnʌθɪŋ]		For a few moments he could do **nothing but gasp** and choke. 한동안 그는 숨은 가쁘고 목이 메기만 했다. (강을 건너던 중 겨우 물 밖으로 숨을 쉬게 된 Salva의 모습)
	78	**gasp** [gæsp]		
	79	**sob** [sɑːb]		Then he lay there in the mud, choking and **sobbing** for breath. 그렇게 진흙탕 속에 누워서, 훌쩍대면서 숨을 몰아쉬었다.
	80	**plague** [pleig]		They were traveling through a part of Sudan still **plagued** by war. 그들은 여전히 전쟁으로 괴로운 수단 지역을 통과했다. (Salva 일행이 에티오피아로 가는 과정 중 자신의 고향 수단을 건너는 모습)
	81	**scavenge** [skǽvindʒ]		He organized the group, giving everyone a job: **scavenge** for food; ~ Salva는 무리를 정비해서 각자에게 일거리를 맡겼다. 먹을 것을 구해오는 일~ (Salva는 일행의 지도자로 각자에게 역할을 부여하는 모습)
14	83	**drench** [drentʃ]		They were **drenched**, their clothes completely soaked through. 그들은 물세례를 받아 옷이 홀딱 젖었다. (Nya네 마을의 땅에서 물이 솟아나자 마을 사람들이 기뻐서 옷까지 젖은 모습)

챕터	쪽수	어휘 및 표현	뜻	책에 제시된 문장
14	85	**have / be nothing to do but wait**		There was **nothing to do but wait**. 기다리는 것 밖에는 할 일이 없었다. (Salva는 일을 해서 돈을 벌고 싶었으나 일거리가 없어서 기회를 기다리는 상황)
	88	**rebel** [rɪbél]		They won't take you if you have ever been a soldier with the **rebels**. 그들은 네가 반군에 소속된 병사였으면 데려가지 않을 것이다. (난민 캠프의 소년들 중 미국에 가서 살 소년들을 뽑는 기준 중 하나)
15	90	**spray** [sprei]		Even though the water **spraying** out of the **borehole** was brown and muddy, some of the little boys wanted a drink right away. 땅 구멍에서 나온 물은 갈색의 흙물이었지만, 어린 남자애들 중 몇몇은 당장 마시고 싶어 했다. (Nya 마을의 땅에서 치솟는 물이 비록 흙물이지만 그 물조차 구하기 어려워서 어린아이들이 좋아하는 모습)
	90	**borehole** ['bɔːrhoul]		
15	91	**refugee camp** [rèfjudʒíː kæmp]		They rode in a truck from the Ifo **refugee camp** to a processing center in Nairobi, the capital city of Kenya. 그들은 이포 난민 캠프에서 트럭을 타고 케냐의 수도인 나이로비로 가서 수속을 처리하는 기관으로 갔다. (Salva를 비롯한 난민 소년들은 미국으로 가기 위해 나이로비에서 절차를 밟음)
15	91	**blur** [bləːr]		It was all a **blur** to Salva, for he was too excited to sleep,~ Salva는 흥분한 나머지 잠을 제대로 못 잔 탓에, 모든 것이 흐릿했다~ (Salva가 미국으로 가는 과정과 상황이 복잡하고 시간도 오래 걸려서 정신이 없는 상태)
	92	**shriek** [ʃriːk]		~ but with **shrieks** and roars from the engines as the plane **lumbered** down the long runway, ~ 괴상하고 요란한 엔진 소리를 내면서 비행기는 긴 활주로를 느릿느릿 움직였다~ (처음 비행기를 탄 Salva가 비행기가 이륙하기 직전을 묘사한 문장)
	92	**lumber** ['lʌmbə(r)]		

챕터	쪽수	어휘 및 표현	뜻	책에 제시된 문장
15	95	**bulky** [ˈbʌlki]		The sleeves were so **bulky** that he felt as if he couldn't move his arms properly. 팔이 너무 불룩해서 그는 팔을 제대로 움직이지 못할 것 같았다. (겨울 점퍼를 처음 입어본 Salva의 반응)
16	98	**whizz** [hwiz]		At times, the cars **whizzed** by so fast, he was amazed that anyone on foot could cross safely. 가끔 차들이 너무 빨리 지나서, 그는 걸어서 다니는 사람들이 안전하게 길을 건널 수 있는 것이 놀라웠다. (Salva가 뉴욕 주 로체스터에 살면서 놀란 광경 중에 하나)
	99	**squawk** [skwɔːk]		You said "chickens" when you meant the living birds that walked and **squawked** and laid eggs, but it was "chicken"-with no "s"-when it was on your plate ready to be eaten. '치킨스'라고 하면 걷고 구구 소리를 내고 알을 낳는 살아 있는 조류를 뜻하지만 복수를 뜻하는 -s가 빠진- '치킨'은 먹으려고 준비한 닭으로 만든 음식을 뜻했다. (Salva가 영어 공부를 하면서 같은 단어 'chicken'이 쓰이는 문장에 따라 다른 뜻으로 쓰여 헷갈려함)
	102	**scrubby** [ˈskrʌbi]		The unpaved roads, the **scrubby** bushes and trees, the huts roofed with sticks bound together-everything was just as Salva remembered it,~ 비포장도로, 관목이 우거진 숲과 나무들, 잔가지로 지붕을 올린 오두막집들, 그 지역의 모든 것들이 그가 기억하는 그대로였다. (아버지를 만나기 위해 다시 수단을 찾은 Salva가 마주한 낯설지 않은 수단의 풍경)
17	103	**fetch** [fetʃ]		"Now, go and **fetch** water for us." 이제 가서 우리에게 물을 길어다 주렴. (아버지가 마을에 학교가 생긴다는 소식을 전한 뒤, Nya에게 건넨 이야기)
	103	**scythe** [saɪð]		he returned to his work **scything** the long grass. 아버지는 다시 긴 풀을 베기 시작했다. (Nya의 아버지가 마을의 학교를 짓기 위해 땅을 고르는 모습)

챕터	쪽수	어휘 및 표현	뜻	책에 제시된 문장
17	106	contaminate [kəntǽmənèit]		Years of drinking **contaminated** water had left Mawien Dut's entire digestive system **riddled** with guinea worms. 오랫동안 오염된 물을 마셔서, Mawien Dut(Salva 아버지)의 소화기관 전체에 기니 벌레가 차 있었다. (Salva가 수단에 있는 아버지를 찾고 난 후, 아버지의 병을 알게 된 장면)
	106	riddled [rídld]		
	108	screech [skriːtʃ]		The speakers behind him let out a dreadful **screech**. 그의 등 뒤에 있는 스피커에서 거슬리는 끼익하는 소리가 났다. (Salva가 남수단의 우물 사업을 위해 연설하려고 마이크에 대고 말하자 음향 장비에서 난 소리)
	109	chuckle ['tʃʌkl]		People were smiling or **chuckling**; a few of the children were holding their ears. 사람들이 미소 짓거나 킥킥 웃었다; 아이들 몇 명은 귀를 막았다. (음향 장비에서 난 날카로운 소리를 들은 청중들의 반응)
18	111	in honor of [άnər]		"**In honor of** Elm Street School" "느릅나무 거리 학교를 기념하며" (Nya의 마을에 우물이 설치되고 만들어진 기념 문구로 해당 학교 학생들이 돈을 모아줌)
	112	bonfire [bάnfàiər]		This is where we used to gather for our **bonfire** celebrations. 여기는 우리가 모여서 불을 피우고 잔치를 하던 자리야. (Nya 동네의 한 할아버지가 동네 우물이 생긴 곳이 예전에는 잔치하던 자리라며 우물이 생긴 것을 보고 기뻐하며 한 말)
	114	lean against [liːn] [əgénst]		He was standing by himself, **leaning against** one of the trucks and watching her uncle work the pump. 그(Salva)는 혼자 트럭에 기대서, Nya의 숙부가 펌프질하는 모습을 지켜보았다. (Nya는 Salva가 우물 작업 후 Nya의 삼촌이 펌프질하는 모습을 보고 있는 모습을 유심히 봄)
	114	in astonishment [əstάniʃmənt]		Nya looked at Dep **in astonishment**. Nya는 놀라서 오빠인 Dep을 쳐다보았다. (Salva가 다른 부족인데 Nya 마을에 우물을 설치해 줬다는 사실에 Nya가 놀라워하는 모습)

4. 내용 파악 문제 (Reading Comprehension)

[챕터 1] 1. In chapter 1, what did Nya hold?
→ the big p_____ c_____

[챕터 1] 2. Salva에 관한 내용 중 일치하는 것은?
① 집에서 아랍어를 쓴다.
② 3명의 남자 형제만 있다.
③ 형제들은 진흙으로 양 인형을 빚었다.
④ 형제들은 잡은 동물들을 불에 구워 먹기도 했다.
⑤ 지금 집에 있다.

[챕터 1] 3. 남수단과 북수단은 왜 싸움을 하고 있는지 6쪽에서 한 단어를 찾아 쓰시오.
→ They were fighting because of different _____.

[챕터 2] 4. 다음 빈칸에 공통으로 들어갈 단어로 알맞은 것은?
  She always tried not to step on the spiky plants that grew along the path, but their _____(s) littered the ground everywhere.
  She looked at the bottom of her foot. There it was, a big _____ that had broken off right in the middle of her heel.

① container   ② shoes   ③ leaves   ④ thorn   ⑤ tent

[챕터 2] 5. 다음 내용 중 일치하지 않는 것은?
① Slava는 가족을 만나고 싶어한다.
② Salva는 무리 중에 같은 마을 사람들을 만났다.
③ 반군 병사들은 사람들에게 세 그룹으로 나누라고 명령했다.
④ Salva는 처음에 남자 그룹으로 가기 위해 걸음을 옮겼다.
⑤ Salva가 헛간에서 자다가 눈을 떴을 때 혼자였다.

[챕터 2] 6. 다음 글에 나타난 Salva의 심정으로 가장 적절한 것은?
  It took him a long time to fall asleep.
  Even before he was fully awake, Salva could feel that something was wrong. He lay very still with his eyes closed, trying to sense what it might be.
  Finally, he sat up and opened his eyes.
  No one else was in the barn.
  Salva stood so quickly that for a moment he felt dizzy. He rushed to the door and looked out.
  Nobody. Nothing.
  They had left him.
  He was _____.

① happy   ② lonely   ③ angry   ④ comfortable   ⑤ excited

[챕터 3] 7. What did Nya do when she arrived the pond?
① She swam.
② She caught fish.
③ She filled the container with water.
④ She washed her feet.
⑤ She threw away her clothes.

[챕터 3] 8. 다음 글에 나타난 Salva의 심경 변화로 가장 적절한 것은?

The woman sat without speaking until he was finished. Then she asked, "Where are your people?"

Salva opened his mouth to speak, but his eyes filled with tears again and he could not answer.

She frowned. "Are you an orphan?"

He shook his head quickly. For a moment, he felt almost angry. He was not an orphan! He had a father and a mother - he had a family!

① hopeful → disappointed ② relaxed → annoyed
③ indifferent → depressed ④ sorrowful → upset
⑤ confident → scared

[챕터 4] 9. In chapter 4, when Nya's mother said "She needs to learn," what does Nya's sister need to learn?
① to talk faster
② to cook meals
③ to bring water
④ to eat by herself
⑤ to count numbers

[챕터 4] 10. In chapter 4, why did Salva hang his head when people spoke to each other?
① Because he did not want to go with them
② Because he was too hungry to hold up his head
③ Because he was afraid that he would be left behind
④ Because he was ashamed to stand in front of strangers
⑤ Because he was so sleepy that he was about to fall asleep

[챕터 4] 11. Buksa와 함께 걷다가 어떤 소리를 듣게 된 Salva의 심경의 변화로 가장 적절한 것은?

Salva strained his ears. What was it? Jet planes? Bombs? Was the gunfire getting closer, instead of farther away? Salva's fear began to grow until it was even stronger than his hunger. Then-

"Ah." A slow smile spread over Buksa's face. "There. You hear?"

Salva frowned and shook his head.

"Yes, there it is again. Come!" Buksa began walking very quickly. Salva struggled to keep up. Twice Buksa paused to listen, then kept going even faster.

"What-" Salva started to ask.

Buksa stopped abruptly in front of a very large tree. "Yes!" he said. "Now go call the others!"

By now Salva had caught the feeling of excitement. "But what shall I tell them?"

"The bird. The one I was listening to. He led me right here." Buksa's smile was even bigger now. "You see that?"

He pointed up at the branches of the tree. "Beehive. A fine, large one."

① worried → angry
② scared → excited
③ curious → terrified
④ hopeful → nervous
⑤ interested → disappointed

[챕터 5] 12. Which one is true about 'a big lake' on page 26 in Chapter 5?
① It took ten days for Nya to walk from her village to the lake.
② Nya's family moved from their home to the lake camp during the rainy seasons.
③ The Nuer and the Dinka shared the land surrounding the lake fairly.
④ Unlike the pond near Nya's home, there was much water in the lake.
⑤ The water that filled the hole Nya had dug was dirty.

[챕터 5] 13. Which one is NOT true about a boy, Marial in Chapter 5?
① He spoke Dinka.
② He was from Salva's village.
③ He was the same age as Salva.
④ He was almost the same height as Salva.
⑤ He was separated from his family.

[챕터 5] 14. Why did Salva think it was worth to be stung by bees?
→ _____

[챕터 5] 15. Why did Salva think he couldn't go to another country?
① Because he likes Sudan.
② Because he doesn't have a passport.
③ Because he can't speak other languages.
④ Because he is afraid that his family will never find him.
⑤ Because he has to go to school.

[챕터 5~6] 16. At the end of Chapter 5, someone called Salva. Who is the man that called Salva?
→ It was _____.

[챕터 6] 17. What was Nya's mother afraid of the most when her family stayed at the lake camp?

→ _____

[챕터 6] 18. Which one is NOT true about Uncle Jewiir in Chapter 6?
① He was the younger brother of Salva's father.
② He had been in the army.
③ He had a gun.
④ He hadn't seen Salva in at least two years.
⑤ He had joined the group the day before he met Salva.

[챕터 7] 19. What advice did Nya's uncle give to Nya's family for Akeer?
① Giving her clean water
② Taking her to a medical clinic
③ Teaching her how to fill a container with water
④ Making her new friends
⑤ Making her healthy food

[챕터 7] 20. Where were they(Salva, Salva's uncle) heading for?
① Kenya
② Ethiopia
③ Southern Sudan
④ The land of the Atuot people
⑤ The land of the Dinka people

[챕터 7] 21. How did Salva feel after Marial disappeared?
① angry   ② boring   ③ confused   ④ excited   ⑤ fearful

[챕터 8] 22. 빈칸에 들어갈 적절한 표현은?

| A: What was the cause of Akeer's sickness? |
| B: Her sickness came from _____ |

① the water.
② the mosquitoes.
③ the long walking.
④ the dirty plastic jug.
⑤ the sizzling sunlight.

[챕터 8] 23. As the sun touched the horizon, what did the fishermen do?
① They stayed to talk more.
② They went into their tents in a hurry.
③ They dug many channels for Salva's group.
④ They taught Salva's group how to swat mosquitoes.
⑤ They brought more food to share with Salva's group.

[챕터 8] 24. What did the fishermen warn Salva's group to take for the next journey?

① a lot of food
② lots of gourd
③ many paddles
④ plenty of water
⑤ lots of clothing

[챕터 9~10] 25. 내용과 일치하지 않는 것은?

① Salva's whole toenail came off in the desert.
② Uncle encouraged Salva to keep walking through the desert.
③ Salva and uncle's group had to drink the least water walking through the desert.
④ Salva felt as if he had walked for hours while staying in exactly the same place.
⑤ Salva's uncle threaten six men to run away in the desert.

[챕터 10] 26. 사람들의 이야기를 듣고 Nya가 다음 밑줄 친 부분과 같이 행동하고 말한 이유는?

"This is the spot, halfway between the two largest trees. We will find the water here." <u>Nya shook her head. What were they talking about?</u> She knew that place like the back of her own hand.

① 남자들이 다른 말을 써서 알아들을 수가 없어서
② 매일 연못에 물을 길으러 가야 하는데 할 일이 없어져서 당황해서
③ 나무 사이에 물이 전혀 없는데 물을 찾을 수 있다는 말이 이해가 안 되어서
④ 남자들이 마을의 나무를 베어버리고 마을 땅을 차지할까 봐 걱정이 되어서
⑤ 앞으로는 가족들과 큰 호숫가에 임시 거처에 안 살아도 되어 기뻐서

[챕터 10~11] 27. In chapter 11, Nya felt puzzled and doubtful. Why did Nya feel like that? (우리말로 쓰시오.)
→ _____

[챕터 11] 28. Salva의 삼촌이 죽고 일행이 Salva를 푸대접 하자 Salva에게 일어난 심정의 변화는?

① He felt miserable.
② He felt stronger.
③ He felt depressed.
④ He felt delightful.
⑤ He felt calm.

[챕터 11] 29. Itang 난민 캠프에는 특히 젊은 남자들과 소년들이 많이 왔다. 왜 가족들과 마을 사람들이 젊은이들을 수풀로 도망치게 했을까?

① 가족들이 먹을 음식을 사냥하게 하려고
② 수풀에 숨어서 다른 부족의 음식을 약탈하라고
③ 집이 좁아서 수풀에 모여서 살게 하려고
④ 전쟁에 병사로 끌려갈 위험이 커서 도망가서 살게 하려고
⑤ 수풀에 젊은 남자들을 위한 난민 캠프가 있어서

[챕터 12] 30. What is 'An iron giraffe'?
→ a(an) _____

[챕터 12] 31. Which one is true in Chapter 12?
① Salva finally met his mother in the orange headscarf.
② The refugee camp were run by the Ethiopian government.
③ Armed soldiers ordered everyone to leave the Ethiopia.
④ It was sunny when the soldiers came in the refugee camp.
⑤ The Gilo River was famous for snakes.

[챕터 13] 32. Salva had undergone a change of his mind in Chapter 13. Choose the proper adjective for the situation.

(1) The soldiers were forcing some of them into the water. → _____
(2) A boy next to him grabbed him around the next and clung to him tightly.
  → _____
(3) Later, he would learn that at least a thousand people had died trying to cross the river that day, drowned or shot or attacked by crocodiles. How was it that he was not one of the thousand? why was he one of the lucky one? → _____

	<보기>	
embarrassed	afraid	complicated

[챕터 13] 33. 글의 내용과 일치하지 않는 것은?
① Being forced under the water had saved Salva's life.
② Salva had become a leader of a group of about fifteen hundred boys.
③ Salva had decided to go refugee camps in Kenya.
④ Salva had traveled through a part of Sudan still plagued by war.
⑤ Kuol, Salva's brother, was a teenager when Salva had last seen him.

[챕터 14] 34. Why did Nya frowned even though she watched the water spraying out of the borehole?
→ _____

[챕터 14] 35. Where was Salva going to in America?
→ He was going to _____ .

[챕터 15] 36. Read the following passage and explain the reason for the underlined sentence.

> Even though the water spraying out of the borehole was brown and muddy, some of the little boys wanted a drink right away. But their mothers held them back. The men kept on working with the drill. Their leader talked to Nya's uncle and father and some of the other village men.

→ _____
  _____

[챕터 15] 37. Read the following text and choose the most appropriate word to fill in the blank.

Once the plane was safely aloft, Salva stared at the scene outside the small window. The world was so big, yet everything in it was so small! Huge forests and deserts became mere patches of green and brown. Cars crawled along the roads like _____ in a line. And there were people down there, thousands of them, but he could not see a single one.

    ① bees   ② ants   ③ pigs   ④ birds   ⑤ fish

[챕터 15] 38. Why were the children from refugee camps called 'the lost boys' in America?

→ _____

_____

[챕터 16] 39. Why did Salva feel fun when he was playing volleyball?

→ Because _____

_____

[챕터 16] 40. How did Salva find his father?
① His father was looking for Salva through United Nation's aid agency.
② His new family contacted the United Nations' aid agency to find his father.
③ His cousin sent him a message that Salva's father was in a clinic in Sudan.
④ He traveled to Sudan with his new family and met him by chance.
⑤ While he was working for building a school in Sudan, he met his father.

[챕터 16] 41. Choose the one that didn't make Salva surprised about life in America.
① that every road was paved.
② that anyone on food could cross safely
③ that all the buildings had electricity
④ that he could speak English
⑤ that there were white people everywhere

[챕터 16] 42. What vague idea did Salva have after 6 years living in America?
→ _____

[챕터 17] 43. Which one is not true?
① A school is building in Nya's village.
② Girls will be able to go to school.
③ Dep goes to school on foot.
④ There is a well in village now.
⑤ Nya was excited to learn to read in the near future.

[챕터 17] 44. Read the following passage and explain the meaning of the underlined sentence.

Salva stood at the foot of one of the beds in the crowded clinic.
"Hello," he said.
"Hello," the patient replied politely.
"I have come to visit you," Salva said.
"To visit me?" The man frowned. "But who are you?"
"You are Mawien Dut Ariik, aren't you?"
"Yes, that is my name."
Salva smiled, his insides trembling. Even though his father looked older now, Salva had recognized him right away, **But it was as if his eyes needed help from his ears.**

→ _____

_____

[챕터 17] 45. On the plane back to the United States, Salva had an idea of helping the people of Sudan. What would he have to do for helping them?
→ _____

_____

[챕터 18] 46. Who raised the money for the well in Nya's village?
→ _____

[챕터 18] 47. How is the well expected to change Nya's life? Find the expected change from the book.

[챕터 18] 48. Which one is not true?
① The Dinka and the Nuer had been enemies for hundreds of years.
② The boss of the workers had the different scar pattern from that of the Nuer.
③ Nya was surprised to hear that the man who helped building the new well is Dinka.
④ The water Nya drank from the new well was cool and clear.
⑤ Nya expressed gratitude to Salva who made the new well in Nya's village.

5. 인상 깊은 문장 (Impressive Sentences)

챕터 별로 **인상 깊은 문장과 그 이유**를 자유롭게 적으시오.

챕터	인상 깊은 문장
1	
2	
3	
4	
5	
6	
7	

챕터	인상 깊은 문장
8	
9	
10	
11	
12	
13	
14	
15	

챕터	인상 깊은 문장
16	
17	
18	

6. 토의 주제 (Discussion Topics)

문항	챕터	토의 주제
1	전체	Salva는 갑작스러운 전쟁으로 인해 집과 고향 마을을 떠나 가족과 헤어지게 됩니다. 여러분은 집이나 익숙한 환경을 갑자기 떠나 새로운 환경에 처하게 된 적이 있나요? 혹시 있다면 그때 여러분의 감정은 어떠했으며, 어떤 어려움이 있었는지 친구들과 이야기 나누어 봅시다.
2	전체	Nya는 자신과 가족의 생존을 위해 일 년 중 7개월을 매일 힘겹게 물을 길어 오는 일을 하고 있습니다. 자신이 하고 싶지 않지만 해야 하는 일을 할 때 여러분은 어떤 생각이 드나요? 여러분에게도 그러한 경험이 있다면 친구들과 그러한 경험을 나누어 봅시다.
3	7	Nya의 여동생 Akeer가 아픈데 병원으로 가면 치료를 받을 수 있다. 병원을 가려면 며칠 동안 걸어서 가야 하고 여동생에게는 몹시 힘이 들 수 있다. 이런 경우 병원으로 데리고 가는 것이 나은 선택인지, 아니면 아이가 알아서 병이 낫도록 내버려 두는 것이 나은 선택인지 의견을 나누어 봅시다.
4	전체	깨끗한 물을 구하기 힘든 아프리카를 위해 전세계적으로 하고 있는 일들을 조사하여 서로 공유해 봅시다. 그 외에 우리가 가정에서 물을 아끼기 위해 할 수 있는 일은 무엇이 있을까요?
5	전체	What can you do for Nya or Salva? 지금 이 시간에도 세계의 어느 곳에서는 어린 아이들이 물을 뜨러 다녀야 하고 전쟁의 공포 속에서 지내야 한다. 평안한 환경에서 학교를 다니고 있는 우리가 그들을 위해 할 수 있는 일이 무엇이 있을까?
6	13	Why do many countries still reject refugees living in their countries? If your country should accept refugees as your citizens, what aspects would you consider to live with them with harmony?
7	17	Share the experiences that looked tragic at first turned to opportunities later on.
8	17	Have you expected the reunion of Salva and his father when you read the the first two chapters? What did Salva learned from his father? What did his father learn from Salva?
9	18	In every chapter except 18, the story structure is combined with two time periods. Why is this last chapter(chapter 18) set only in 2009?

7. 활동지 (Worksheet) 및 수업 아이디어

Worksheet 1 [챕터 4~6]

등장인물 심경 어휘 분석하기

아래 표 예시처럼 Chapter 4 ~ 6에는 나오는 등장인물들의 **1) 심경을 나타내는 어휘**와 **2) 그 심경을 느끼게 되는 계기나 사건을 잘 나타내는 문장**을 찾아 쓰고, **3) 이를 설명**해 봅시다. (1개 Chapter 당 한 개 이상 쓰기)

해당 부분	등장인물	심경 (형용사, 명사, 동사)	심경을 느끼게 되는 계기나 사건을 나타내는 문장 찾아 쓰기
<예시> Chapter 4. p.24~25	Salva	fear (두려움)	(24쪽 8행) He strained his ears. What was it? (들리는 소리가 무엇인지 확실히 알 수가 없어서 귀를 쫑긋 세우고 들으면서 두려움을 느낌)

Worksheet 2 [챕터 전체]

물 부족 국가를 위한 발명품 만들기

다음은 깨끗한 물을 구하기 어려운 아프리카 사람들을 위한 다양한 **적정기술**이다.
▲ 도넛 모양의 드럼통으로 드럼통 가운데 구멍을 뚫어 줄을 연결해 쉽게 물통을 끌 수 있게
디자인 한 이동형 물통 **Q-drum(큐드럼)**
▲ 오염된 물을 깨끗하게 해주는 휴대용 정수 빨대 **LifeStraw(생명 빨대)**

Q-drum을 끌고 물을 길으러 가는 모습
(출처 : Q-drum 사이트)

LifeStraw로 물을 마시는 모습
(출처 : 유튜브 화면캡처)

위에서 배운 발명품을 보완하거나 새로운 발명품을 개발하여 특징을 쓰고 그림을 그려보시오.
※ 우리말로 써도
됩니다.

1) 발명품 이름 : _____
2) 업그레이드 된 발명품의 <u>기능의</u> 장점(특징)을 쓰시오.
① _____
② _____
③ _____

3) 발명품 <u>디자인(모양)의</u> 특징을 쓰시오.
① _____
② _____
③ _____

발명품을 그림으로 표현해 보기

※ 특징을 그림 옆에 간단히 적어도 좋음

Salva에게 격려 편지 쓰기

Salva는 에티오피아로 가기 위해 사막을 건너면서 발톱이 빠지기도 하고, 목이 타서 입술이 바짝 마르고, 발톱이 빠지기도 하였다. 목이 말라서 죽어가는 사람들, 죽은 시체를 보기도 하였다.

힘든 상황에서도 용기를 잃지 않고 사막을 건너고 있는 Salva에게 격려의 메시지를 적어보세요.

Dear

1. 어휘 학습 후, 초성을 보고 단어의 의미를 쓰시오.

	Words	Meaning	의미 쓰기
1	shrub	ㄱㅁ	
2	flapping	ㅍㄹㄱㄹㄴ	
3	wisp	ㅈㄱ	
4	whiff	ㄴㄲ	
5	arid	ㅁㅇ ㄱㅈㅎ	
6	gore	ㅃㄹ ㄷㅇㅂㄷ	
7	stub	~에 ㅂㄱㄹㅇ ㅊㅇㄷ	
8	shimmering	ㅇㄹㅇㄴ	
9	wobbly	ㅂㅇㅈㅎ	
10	ravage	ㅍㄱㅎㄷ	
11	loot	ㅇㅌㅎㄷ	

2. 위의 표에서 3개 단어를 선택하여 타이포셔너리를 완성하시오.

※ **타이포셔너리란?**

"타이포그래피(typography) + 딕셔너리(dictionary)" 합성어로, 단어를 의미와 일치하도록 꾸며서 시각적으로 단어의 의미를 표현한 것으로 일종의 사전을 말한다.

<예시> 단어: tear 뜻: 눈물	<예시> 단어: time 뜻: 시간	단어: 뜻:
단어: 뜻:		단어: 뜻:

타이포셔너리 그리기

Chapter 11~ 12에서 모르는 단어 5개를 선정하여 타이포셔너리를 그려봅시다.

※ **타이포셔너리란?**

"타이포그래피(typography) + 딕셔너리(dictionary)" 합성어로, 단어를 의미와 일치하도록 꾸며서 시각적으로 단어의 의미를 표현한 것으로 일종의 사전

1. 예시) tear : 눈물	2.
3.	4.
5.	6.

Worksheet 6 [챕터 11~12]

1. 아래 문장의 밑줄 친 부분에 해당하는 자신의 경험을 적어보고 그때의 심정을 적어봅시다.
   (영어, 우리말 상관없음)

> 상황 : Salva는 에티오피아로 이동 중에 친한 친구였던 Marial과 삼촌을 잃었다.
>
> Beneath his **terrible sadness**, he felt stronger.
>
> 끔찍한 슬픔 밑으로 어쩐지 더 강해진 느낌이었다.

1) 자신의 생활 속 경험:

_____

_____

_____

_____

2) 그 상황에서 자신의 심정:

_____

_____

_____

_____

3) Salva에게 해줄 수 있는 위로의 말

_____

_____

_____

_____

2. 자신이 누리고 있는 생활에서 Salva, Nya와 함께 공유하고 싶은 물건이 있다면?

1) 공유하고 싶은 물건: (1가지)

_____

2) 이유

_____

_____

_____

Search the Web for Information of Refugee Camps

What is a refugee camp?	
What services are provided at a refugee camp?	
How long do refugees live in the camps?	
What are the expected problems when refugee camps are in your country? (ex - p84.)	
Make your own questions.	

My Reading Log - Chapter 15~16

♠ After reading Chapter 15~16, complete the table below.

Title	
Characters (등장인물 소개하기)	
Events (무슨일이 있었나요?) -시간순으로-	
Review (읽은 느낌)	
15~16장을 읽고 친구들에게 소개하는 글을 써 봅시다.	

Dive into the book & Jump out of the book

♠ Watch the video clip to meet the author and a real character.

Meet the author & a real character	
출처: 유튜브(A Long Walk to Water by Linda Sue Park) https://www.youtube.com/watch?v=GkxkisRUmMM	

♠ Now, suppose that you are the interviewer of both an author and a real character, Salva. What would you like to ask? Please list your questionnaire before the interview in person.

[an example of question]
Ms. Linda Sue Park, 「A Long Walk to Water」 is based on true story and the main character is still alive. Is this fact making any differences when you write a story?

Question #1.

Question #2

Question #3

Question #4

Question #5

If you finish to make up all the questions, please share them with your group and choose the best 5 questions in your group.

Tip for Teachers!
모둠별 질문으로 Gallery Walk 혹은 Padlet을 이용하여 질문을 공유하고, 실제로 이메일로 작성하여 작가에게 보내보기 등 후속 활동 연계 가능! 모둠별 질문 선정 과정에서 중복 질문들을 배제하고, 심층질문들을 이끌어 낼 수 있으며, 모둠원들의 가치에 따라 다양한 질문을 만들고 공유할 기회를 가짐으로써 발산적(divergent), 창의적(creative) 사고를 비롯한 윤리적 감수성을 기를 수 있음.

A Long Walk to Water
(우물 파는 아이들)

정답 및 예시 답안

3. 어휘 및 표현 (Words & Expressions) 정답

챕터	쪽수	어휘 및 표현	뜻	책에 제시된 문장
1	1	**container** [kəntéinər]	그릇, 용기	Going, the big plastic **container** held only air. 공기만 담긴(빈) 큰 플라스틱 통을 들고 가면 된다. (주인공 Nya가 빈 플라스틱 통을 들고 물이 있는 곳으로 걸어가는 장면임)
1	1	**bake** [beik]	매우 뜨겁다	There was only heat, the sun already **baking** the air,~. 다만 더위가 힘들었는데, 태양이 이미 공기를 뜨겁게 하고 있었다. (Nya가 물을 뜨러 갈 때 뜨거운 태양이 내리쬐고 있음을 표현함)
1	2	**drone on** [droun]	(~에 대해 지겹게) 계속 웅얼거리다	The teacher **droned on** with the lesson, about the Arabic language. 선생님은 아랍어 수업을 단조로운 목소리로 이어나가셨다. (주인공 Salva는 학교 수업 시간에 자신의 부족어가 아닌 아랍어를 배운다는 것을 알 수 있음)
1	3	**herd** [hə : rd]	(짐승을) 몰다, (특정 방향으로) 이동하게 하다	But some days he wished he were still back at home **herding** cattle. 하지만 어떤 날은 그는 집에 남아서 소 떼를 몰았으면 싶기도 했다. (Salva는 학교에 다니는 것도 좋지만 가끔은 학교 다니기 전에 했던 소 떼를 모는 일을 하고 싶어 함)
1	6	**edge** [edʒ]	조금씩 (살살) 움직이다	The teacher **edged** his way along the wall to the window. 선생님은 벽을 따라서 창가로 살살 움직였다. (학교에 갑자기 총소리가 나자, 선생님이 조금씩 움직이며 창가 쪽으로 가는 모습을 묘사함)
1	7	**scramble** [skræmbl] **to one's feet**	허둥대며 일어나다	The boys **scrambled** to their feet. 소년들은 허둥대며 일어났다. (총소리를 듣고 교실의 소년들이 정신 없이 허둥대며 일어서는 모습)

챕터	쪽수	어휘 및 표현	뜻	책에 제시된 문장
2	8	**overhead** [ouˈvərheˈd]	머리 위로	**Overhead**, a jet plane **veered** away like a **sleek** evil bird. 머리 위에서 제트기가 날렵한 사악한 새처럼 방향을 바꾸며 빙빙 돌아다녔다. (Salva의 머리 위로 제트기가 위협적으로 돌아다님. 남수단, 북수단의 종교 전쟁으로 학교 아이들이 피해를 보는 장면이 묘사됨)
	8	**veer away** [viər əwéi]	방향을 홱 바꾸다	
	8	**sleek** [sliːk]	날렵한, 매끈한	
	9	**scan** [skæn]	유심히 살피다	Salva **scanned** their faces. Salva는 그들의 얼굴을 살폈다. (학교에 폭격이 일어난 뒤, 도망가던 Salva는 길가에 모여있는 사람들 중 가족들이 있는지 유심히 얼굴을 살펴보는 모습)
	10	**fierce** [fiərs]	사나운, 험악한	Their guns were not pointed at the crowd, but even so, the soldiers seemed **fierce** and **watchful**. 그들의 총은 주민들을 향해 겨누지는 않았지만, 병사들은 사납고 경계하는 듯했다. (Salva가 느낀 반군들의 거친 이미지를 묘사함)
	10	**watchful** [wátʃfəl]	주의 깊은, 경계하는	
	12	**toss** [tɔːs]	뒤척이다	Salva **tossed restlessly** in the **itchy** hay. Salva는 껄끄러운 짚 더미에 누워서 뒤척거렸다. (Salva는 가족들과 떨어진 채 반군들을 피해 헛간에서 잠을 청하는 모습)
	12	**restlessly** [réstlisli]	안절부절못하여	
	12	**itchy** [ítʃi]	가려운, 가렵게 하는	
3	14	**smudge** [smʌdʒ]	(더러운) 자국, 얼룩	The **smudge** on the **horizon** gained color as Nya drew nearer, changing from hazy gray to olive green. 지평선의 얼룩은 Nya가 가까이 갈수록 뿌연 회색에서 올리브색으로 색깔이 선명하게 변해갔다. (Nya가 물을 기르러 가는 길에 본 광경)
	14	**horizon** [həráizn]	수평선, 지평선	
3	14	**scoop up** [skuːp]	퍼 담다, 주워 담다	She untied it, **scooped up** the brown muddy water, and drank. Nya는 (묶인) 바가지를 풀고, 누런 흙탕물을 퍼서 마셨다. (Nya는 연못에 도착하자마자 목이 말라서 흙이 섞인 물을 퍼마시는 모습)

챕터	쪽수	어휘 및 표현	뜻	책에 제시된 문장
3	15	**ritual** [rítʃuəl]	의식의, 관습적인	The **ritual scar** patterns on her **forehead** were familiar. 그녀의 이마의 부족 문양이 눈에 익었다. (홀로 남겨진 Salva는 정처 없이 길을 걷다가 헛간에서 지내는 한 여성을 만나게 됨. 그녀의 이마에 새겨진 부족 문양을 보고 자신과 같은 부족임을 파악함)
	15	**scar** [ska : r]	상처, 흔적	
	15	**forehead** [fɔ́ : rhèd]	이마	
	17	**squat** [skwat]	쪼그리고 앉다	"Thank you, Auntie." **Squatting** on his **haunches** next to her, Salva **shelled** the nuts and ate them. "감사합니다, 아주머니." Salva는 아주머니 옆에 쭈그려 앉아서, 땅콩 껍질을 벗겨서 먹었다. (Salva를 불쌍히 여긴 아주머니가 땅콩을 주자, Salva가 땅콩 껍질을 벗겨서 먹는 장면으로 전쟁으로 가족과 헤어진 Salva의 처량한 신세를 잘 보여줌)
	17	**haunch** [hɔ : ntʃ]	궁둥이, 둔부	
	17	**shell** [ʃel]	껍질을 까다	
	18	**daytime** ['deɪtaɪm]	낮, 주간	During the **daytime**, Salva could hear the distant **booming** of artillery from the fighting a few miles away. 낮이면 Salva는 몇 킬로미터 떨어진 싸움터에서 나는 총소리, 대포 소리를 들었다. (Salva는 헛간에서 일하며 하루하루 보내고 있는데, 낮이면 부족 간의 전쟁으로 총소리, 대포 소리가 들림)
	18	**boom** [bu : m]	쾅하는 소리를 내다	
	18	**artillery** [a : rtíləri]	대포	
4	20	**sorghum** ['sɔːrgəm]	수수	She handed Nya a bowl of boiled **sorghum** meal and poured a little milk over it. 그녀(어머니)는 끓인 수수죽에 우유를 조금 부어서 Nya에게 주었다. (Nya가 연못에서 떠온 물을 건네 받고 나서 어머니가 식사를 차려주는 장면으로 엄청난 노동에 비해 빈약한 식사 수준이 드러나는 장면)
	22	**gourd** [gɔːrd]	(식물) 박, 호리병박	The old woman gave Salve a bag of peanuts and a **gourd** for drinking water. 아주머니는 땅콩 한 주머니와 물을 담은 호리병박을 Salva에게 주었다. (아주머니와 지내던 Salva가 Dinka족 사람들과 떠나게 되어 헤어지게 되자, 먹을 것을 챙겨주는 장면으로 아주머니의 정을 느낄 수 있음)

챕터	쪽수	어휘 및 표현	뜻	책에 제시된 문장
4	23	**stunted trees** ['stʌntɪd]	성장이 멈춘 나무들 stunt : 성장을 방해하다	they walked among strands of **stunted trees** 그들은 성장이 멈춘 나무들 사이를 걸었다. (Salva와 Dinka족 사람들이 전쟁을 피해 걸어가는 장면으로 척박한 환경을 보여줌)
	24	**cock** [kak] **one's head**	고개를 옆으로 기울이다	Buksa **cocked his head** and **furrowed** his brow, listening. Buksa는 고개를 기울이더니 인상을 쓰면서 들었다.
	24	**furrow** [fə́ːrou]	~에 주름살 지게 하다	(Slava와 피난길을 함께 걷고 있던 Buksa가 어떤 소리가 들리자 유심히 귀 기울이는 모습)
5	26	**fetch** [fetʃ]	가지고 오다	Nya's job at the lake camp was the same as at home: to **fetch** water. 호숫가에서의 Nya의 일은 집에서와 같은 일이었다 : 물을 길어 오는 일 (Nya 가족들은 마을 근처 연못이 마르면 큰 호숫가로 가는데, 여기서도 Nya의 일은 물을 긷는 일임)
	27	**seep** [siːp]	스며들다	The clay got wetter as she dug, until, at last, water began to **seep** into the bottom of the hole. 그녀가 팔수록 흙에 물기가 많아졌고, 마침내 구멍의 바닥에 물이 차기 시작했다. (Nya가 호수 밑바닥의 흙을 손으로 파내서 구멍을 내어 물이 차오르기를 기다리는 장면. Nya가 호숫가에서도 얼마나 힘겹게, 그것도 깨끗하지도 않은 물을 길어 오는지를 보여줌)
	28	**gingerly** [dʒíndʒərli]	조심조심	*It was worth it*, Salva thought as he touched his eyes **gingerly**. Salva는 그의 눈을 조심스레 문지르면서 그것(벌에 쏘이는 것)이 가치가 있었다고 생각했다. (벌집을 나무에서 떼어낼 때 벌들에게 많이 쏘였지만, 대신 꿀과 밀랍을 먹어 배를 채우게 된 것을 감수할 만하다고 Salva는 생각함)

챕터	쪽수	어휘 및 표현	뜻	책에 제시된 문장
5	28	**luscious** ['lʌʃəs]	감미로운, 달콤한	Nothing had ever tasted so good as those pieces of honeycomb dripping with rich, **luscious** gold sweetness. 달콤한 금색 꿀이 떨어지는 벌집보다 맛있는 건 없었다. (배고픔을 겪다가 벌집을 발견하여 먹게 된 꿀이 그만큼 맛있었다는 뜻)
	31	**gnu** [nu :]	누, 뿔이 휘어져있는 큰 영양(羚羊) (**wildebeest**)	Their regions was inhabited by large herds of antelope, **wildebeest**, **gnus**-and the lions that preyed on them. 그 지역에는 영양, 누(아프리카산 큰 영양)가 많이 살았고, 사자는 영양류를 먹이로 삼았다. (Salva 일행이 걷다가 Atuot 부족의 땅에 접어들면서 Atuot 사람들이 '사자 사람들'로 불리게 된 배경을 설명하는 장면으로 사자를 무서운 동물로 믿는 부족임)
	31	**bleary-eyed** [blíəri-aid]	게슴츠레한[피곤해 보이는] 눈으로	One morning he woke **bleary-eyed** after a poor sleep. 어느 날 아침 그는 잠을 설치고 나서 흐릿한 눈으로 깼다. (Salva는 새로운 땅인 Atuot 부족의 땅에 들어서고 나서 밤에 동물들의 비명 소리로 인해 쉽게 잠을 이루지 못함)
6	33	**makeshift** [mei'kʃiˌft]	임시의	They had no house and had to sleep in **makeshift** shelters. 그들은 집이 없어서 임시 숙소에서 잠을 자야 했다. (Nya의 가족이 건기에 집을 떠나 호숫가에서 지내는 시기의 힘든 상황을 표현함)
	36	**topi** [tóupi]	아프리카에 사는 영양	Even though the **topi** was a small one, there was more than enough meat for everyone in the group. 어린 영양은 크기가 작았지만, 모두 배불리 먹을 수 있었다. (Salva의 삼촌이 총으로 잡은 어린 영양을 일행이 먹는 장면)

챕터	쪽수	어휘 및 표현	뜻	책에 제시된 문장
6	36	**heave** [hi : v]	(구토가 나려는 듯) 속이 뒤틀리다, 들썩거리다	Whenever his **heaving** stomach woke him, he would hurry to the edge of the camp to vomit and find others there doing the same. 그는 속이 뒤틀려서 깰 때마다 외진 곳으로 가서는 토하고 거기서 똑같이 그러는 다른 사람들을 보았다. (Salva가 몇 주간 굶주리다 삼촌이 잡은 고기를 급하게 먹고 토하게 되는 장면으로 다른 사람들도 토함. 그만큼 피난 기는 시람들이 육고기를 먹는 것이 드물었음을 짐작할 수 있음)
7	39	**occasional** [əkéiʒənəl]	이따금씩의, 때때로	She lay curled on her side, hardly moving, silent except for an **occasional whimper.** 그녀는 옆으로 누워 몸을 웅크리고는, 거의 움직이지 않고, 이따금씩 칭얼대는 소리를 제외하고는 조용히 있었다. (Nya의 동생 Akeer가 심한 복통으로 끙끙 앓는 소리를 제외한 아무 소리도 내지 않고 움직이지도 않고 있는 모습을 묘사함)
7	39	**whimper** [hwímpər]	훌쩍거림, 흐느껴 우는 소리	
7	41	**splotch** [splɑtʃ]	오점, 반점, 얼룩	And it had taken him away, leaving only a few **splotches** of blood near the path. 그것(사자)이 그를 멀리 데리고 가버린 후 길 근처에 몇 점의 핏자국만 남겨놓았다. (밤에 사자가 나타나 자고 있던 Marial을 잡아간 후 남은 것은 Marial의 것으로 추정되는 핏자국뿐이었다는 것에서 언제 어디서 사자가 나타날지 모르는 공포감이 극대화되고 있는 상황을 추측할 수 있음)
7	43	**stagger** [stǽgər]	비틀거리다, 비틀거리며 걷다	Salva **staggered** forward with yet another enormous load of **reeds** in his arms. Salva는 다시 거대한 갈대 더미를 한 아름 안고 비틀거리며 앞으로 걸었다. (Nile강을 건너기 위해 카누를 만드는 어른들을 돕고자 갈대를 나르는 Salva의 모습을 묘사함)
7	43	**reed** [ri:d]	갈대	

챕터	쪽수	어휘 및 표현	뜻	책에 제시된 문장
7	43	**weave** [wiːv]	(직물·바구니 따위를) 짜다, 뜨다, 엮다	They knew how to tie the reeds together and **weave** them cleverly to form shallow canoes. 그들은 갈대를 묶어서 엮은 후 얕은 높이의 카누를 만드는 방법을 알고 있었다. (Salva와 함께 이동한 무리 중 카누를 만드는 방법을 아는 무리가 있었고 다 함께 카누를 만듦)
8	45	**dose** [dous]	(약의) 1회분, (1회의) 복용량	After just two **doses** of medicine, Akeer was nearly her old self again-still thin and weak but able to laugh as Nya sat on the floor next to her **cot** and played a clapping game with her. 단지 2회분의 약을 먹은 후에, Akeer는 그녀의 본래 모습을 되찾았다. - 비록 여전히 마르고 약해 보였지만 Nya가 침대 옆 바닥에 앉아 박수 치는 게임을 같이 하자 웃을 수도 있었다. (간단한 약 2회분 만으로도 나아질 수 있는 Akeer의 상황을 통해 수단의 의료현실을 엿볼 수 있음)
	45	**cot** [kat]	간이 침대	
	46	**stroke** [strouk]	(보트의) 한 번 젓기	He kept himself awake by counting the **strokes** of Uncle's **paddle** and trying to **gauge** how far the canoe traveled with every twenty strokes. 그는(Salva) 삼촌의 노 젓는 횟수를 세며 스무 번의 노를 저을 때마다 카누가 얼마나 나아가는지 측정하면서 깨어 있으려고 노력했다. (삼촌과 함께 카누를 탄 Salva는 졸다가 강에 빠질까 봐 겁이 나서 깨어 있기 위해 노력하고 있는 모습을 묘사함)
	46	**paddle** [pǽdl]	노, 노를 젓다	
	46	**gauge** [geidʒ]	재다, 측정하다, 판단하다	
	47	**pull up** [pul]	(말, 차 따위를) 멈추다, 세우다	Finally, the boats **pulled up** to an island in the middle of the river. 마침내, 배들은 강 가운데 있는 섬에 멈추었다. (Salva 일행은 카누를 타고 강을 건너다가 강 가운데 섬에서 멈춤)

챕터	쪽수	어휘 및 표현	뜻	책에 제시된 문장
8	48	**spoke** [spouk]	(수레바퀴의) 살	Salva would take a mango from the **spokes** almost before his father had **dismounted.** Salva는 아버지가 자전거에서 내리기도 전에 자전거 바퀴살에서 망고 한 개를 떼어 내곤 했다.
	48	**dismount** [dismáunt]	(말, 자전거 따위에서) 내리다	(카누에 내려 섬에 도착한 뒤, 마을 주민들로부터 얻은 사탕수수를 먹던 Salva가 예전의 풍요롭고 평화로웠던 삶을 기억하는 장면. Salva의 아버지가 장에 다녀오면 물건을 실을 곳이 없을 정도로 많이 사서 자전거 바퀴살에 망고를 끼워왔다는 점에서 풍요롭게 살았던 그의 과거를 추측 가능함)
9	52	**shrub** [ʃrʌb]	관목	~ enough grass and **shrubs** grew to feed the grazing cattle. 풀 뜯는 소 떼를 먹일 수 있을 정도로 충분한 풀과 관목들이 자라나 있었다. (Salva가 지금 마주한 사막의 풍경과 자신의 고향의 풍경을 대조적으로 묘사함)
	52	**flapping** [flǽpiŋ]	펄럭거리는	Salva had to kick off the **flapping** shreds and continue barefoot. Salva는 펄럭거리는 조각을 던져버리고 맨발로 계속 가야 했다. (오랜 행군으로 낡아버린 신발을 버리고 맨발로 사막을 건너는 상황을 얘기함)
	52	**wisp** [wisp]	조각, 줄기	There was neither **wisp** of cloud nor **whiff** of breeze for relief. 한숨 돌릴만한 구름 한 조각이나 스치는 바람도 없었다. (사막의 황량함을 묘사함)
	52	**whiff** [wɪf]	(약간의) 조짐(느낌)	
	52	**arid** [ǽrid]	매우 건조한, 불모의	Each minute of walking in that **arid** heat felt like an hour. 그 건조한 열기 속에서 걷는 매 1분이 한 시간 같이 느껴졌다. (사막을 걷는 것이 몹시 힘든 Salva의 심경이 표현된 문장)
	52	**gore** [gɔːr]	뿔로 들이받다, ~을 찌르다	Thorns **gored** his feet. 가시들이 발을 파고 들었다. (Salva가 맨발로 사막을 걷는 고충을 알 수 있음)

챕터	쪽수	어휘 및 표현	뜻	책에 제시된 문장
9	53	**stub** [stʌb]	~에 발가락이 차이다, 부딪치다	Salva **stubbed** his bare toe on a rock, ~ Salva의 맨 발가락이 바위에 치였다. (맨발로 걷다가 바위에 발가락이 차여 발톱이 빠지는 상황)
	55	**shimmering** [ʃímərin] shimmer : 희미하게 빛나다, 어른거리다	일렁이는, 희미하게 빛나는	The fierce heat sent up **shimmering** waves that made everything look **wobbly**. 강렬한 열기가 일렁이는 파장을 내보내어서 모든 게 흔들리게 보였다. (사막의 엄청난 열기로 기진맥진한 상태에서 사물이 모두 일렁이며 보임)
		wobbly [wάbli]	불안정한, 흔들리는	
10	59	**ravage** [rǽvidʒ]	황폐하게 만들다, 파괴하다	~, and then having even their corpses **ravaged.** 그리곤 시체마저 파괴되는 것이다 (사막에서 죽은 사람들의 시체가 맹금류들에게 뜯어먹히는 장면을 상상함)
10	63	**loot** [luːt]	약탈하다, 훔치다	When the men had finished their **looting**, they picked up Uncle's gun. 남자들은 약탈을 끝내자 삼촌의 총을 집어 들었다. (사막을 다 건넜을 때쯤 만난 타 부족이 Salva 무리가 가진 옷과 주머니에 있는 것까지 다 빼앗은 뒤 삼촌의 총까지 집어 든 긴박한 상황)
11	64	**puzzled** ['pʌzld]	어리둥절 해하는, 얼떨떨한	Nya felt **puzzled** and doubtful. Nya는 어리둥절하고 의심스러웠다. (Nya의 집 주변에 있는 두 나무 사이에 물이 있다고 해서 Nya가 이해 못 하는 상황을 묘사)
11	65	**mourn** [mɔːrn]	(사람의 죽음을) 애도하다, 애석해 하다	Out of respect for him, the group walked no more that day but took time to **mourn** the man who had been their leader. 그에 대한 존중의 마음으로 그 그룹은 그날은 더 걷지 않고 그들의 지도자였던 사람에 대한 애도 시간을 가졌다. (Salva 삼촌이 Nuer 부족에게 총살을 당하고 나머지 사람들은 삼촌을 땅에 묻고 애도의 시간을 가짐)
11	65	**numb** [nʌm]	감각이 없는, 멍한	Salva was too **numb** to think, and when thoughts did come to him, they seemed silly. Salva는 너무 멍해서 아무 생각도 할 수 없었고, 생각들이 마음속에 일어날 때는 그 생각들은 어리석은 것 같았다. (삼촌의 죽음에 Salva가 너무 충격을 받아 약간 제정신이 아닌 상황)

304

챕터	쪽수	어휘 및 표현	뜻	책에 제시된 문장
11	65	**grumble** [ˈɡrʌmbl]	투덜거리다	Once again, they **grumbled** that he was too young and small, that he might slow them down or start crying again, as he had in the desert. 다시 그들은 Salva에 대해 불평했다. Salva가 너무 어리고 작고, 그들이 걷는 속도를 늦추게 하거나 사막에 있을 때처럼 징징거릴 것이라고 투덜댔다. (피난 무리의 지도자였던 Salva 삼촌이 죽자 일행들은 Salva에 대해 불평하기 시작하는 모습)
	67	**clench** [klentʃ]	(주먹을) 꽉 쥐다, (이를) 악물다,	He felt his heart sink a little, but he **clenched** his hands into fists and made himself a promise. 그는 가슴이 조금 내려앉는 것 같았지만, 주먹을 불끈 쥐고 스스로 다짐했다. (Itang 난민 캠프에 도착하여 수백만 명의 사람들은 보면서 가족 생각이 났고 꼭 가족을 찾겠다고 스스로 다짐하는 장면)
	68	**emaciate** [iméiʃièit]	(사람 얼굴 등을) 수척해지게 하다, 여위게 하다	It did not seem as if the camp could possibly hold any more, but still they kept coming: long lines of people, some **emaciated**, some hurt or sick, all exhausted. 캠프는 더 이상 사람들을 받을 수 없게 보였으나, 여전히 긴 줄의 사람들이 계속 들어오고 있었다. 몇몇은 야윈 사람들, 다치거나 아픈 사람들이고 모두 완전히 지친 사람들이었다. (Itang 캠프에 엄청난 사람들이 들어오고 대부분의 사람들의 몸 상태가 안 좋은 모습을 설명)
12	70	**sturdy** [ˈstɜːrdi]	튼튼한, 건장한, 확고한	They collected piles of rocks and stones and tied them up into bundles using **sturdy** cloth. 그들은 돌멩이 더미를 모아서 질긴 천에 쌌다. (여자들이 연못에서 돌멩이를 모아 질긴 천에 싸서 마을로 옮기려는 모습)
	65	**stroke** [strouk]	~을 쓰다듬다, 달래다	...His mother, always ready with food and milk and a soft hand to **stroke** Salva's head. 항상 음식과 우유를 준비해주고, Salva의 머리를 부드럽게 쓰다듬어 준 어머니... (Salva는 헤어진 엄마의 따뜻한 모습을 그리워함.)

챕터	쪽수	어휘 및 표현	뜻	책에 제시된 문장
12	69	**collapse** [kəlǽps]	실패, 붕괴, 붕괴하다. 무너지다	They told him that the Ethiopian government was near **collapse.** 그들(캠프구호대원)은 에티오피아 정부가 거의 무너지기 직전이라고 말했다. (Salva가 캠프에 들어온 지 6년이 흘렀고 캠프 운영을 허가해준 에티오피아 정부가 거의 붕괴 직전이라고 함)
	74	**surge** [səːrdʒ]	급증, 급등 (재빨리) 밀려들다	Salva was caught up in the **surge.** Salva는 무리에 휩쓸렸다. (무장 병사들이 난민 캠프로 와서 총을 쏘자 난민들은 공포에 휩싸여 떼를 지어 서로 떠밀고 Salva도 그 무리에 휩쓸림)
	74	**torrent** [tɔ́ːrənt]	급류, 마구 쏟아짐	The rain, which was falling in **torrents**, added to the **uproar.** 장대비가 내려 더욱 난장판이 되었다. (병사들이 캠프 난민들을 쫓아낼 때 장대비가 내려 더욱 아비규환인 상황)
	74	**uproar** [ʌ́prɔːr]	대소동, 소란	
13	78	**nothing but** [ˈnʌθɪŋ]	오직, 단지	For a few moments he could do **nothing but gasp** and choke. 한동안 그는 숨은 가쁘고 목이 메기만 했다. (강을 건너던 중 겨우 물 밖으로 숨을 쉬게 된 Salva의 모습)
	78	**gasp** [gæsp]	숨이 턱 막히다, 숨이 차다	
	79	**sob** [sɑːb]	(흑흑) 흐느끼다, 훌쩍거리다	Then he lay there in the mud, choking and **sobbing** for breath. 그렇게 진흙탕 속에 누워서, 훌쩍대면서 숨을 몰아쉬었다.
	80	**plague** [pleig]	괴롭히다, 시달리다, 전염병	They were traveling through a part of Sudan still **plagued** by war. 그들은 여전히 전쟁으로 괴로운 수단 지역을 통과했다. (Salva 일행이 에티오피아로 가는 과정 중 자신의 고향 수단을 건너는 모습)
	81	**scavenge** [skǽvindʒ]	(이용할 수 있는 것을 찾아) 쓰레기 더미를 뒤지다, 청소하다	He organized the group, giving everyone a job: **scavenge** for food; ~ Salva는 무리를 정비해서 각자에게 일거리를 맡겼다. 먹을 것을 구해오는 일~ (Salva는 일행의 지도자로 각자에게 역할을 부여하는 모습)
14	83	**drench** [drentʃ]	흠뻑 적시다	They were **drenched**, their clothes completely soaked through. 그들은 물세례를 받아 옷이 홀딱 젖었다. (Nya네 마을의 땅에서 물이 솟아나자 마을 사람들이 기뻐서 옷까지 젖은 모습)

챕터	쪽수	어휘 및 표현	뜻	책에 제시된 문장
14	85	**have / be nothing to do but wait**	기다리는 수 밖에 없다	There was **nothing to do but wait**. 기다리는 것 밖에는 할 일이 없었다. (Salva는 일을 해서 돈을 벌고 싶었으나 일거리가 없어서 기회를 기다리는 상황)
	88	**rebel** [rɪbél]	반군, 폭도	They won't take you if you have ever been a soldier with the **rebels**. 그들은 네가 반군에 소속된 병사였으면 데려가지 않을 것이다. (난민 캠프의 소년들 중 미국에 가서 살 소년들을 뽑는 기준 중 하나)
15	90	**spray** [sprei]	뿌리다, 뿜어내다	Even though the water **spraying** out of the **borehole** was brown and muddy, some of the little boys wanted a drink right away. 땅 구멍에서 나온 물은 갈색의 흙물이었지만, 어린 남자애들 중 몇몇은 당장 마시고 싶어 했다. (Nya 마을의 땅에서 치솟는 물이 비록 흙물이지만 그 물조차 구하기 어려워서 어린아이들이 좋아하는 모습)
	90	**borehole** ['bɔːrhoul]	후벼 판 구멍, 시추공	
15	91	**refugee camp** [rèfjudʒíː kæmp]	난민 수용소	They rode in a truck from the Ifo **refugee camp** to a processing center in Nairobi, the capital city of Kenya. 그들은 이포 난민 캠프에서 트럭을 타고 케냐의 수도인 나이로비로 가서 수속을 처리하는 기관으로 갔다. (Salva를 비롯한 난민 소년들은 미국으로 가기 위해 나이로비에서 절차를 밟음)
	91	**blur** [bləːr]	흐릿한(희미한) 것, 흐릿해지다	It was all a **blur** to Salva, for he was too excited to sleep,~ Salva는 흥분한 나머지 잠을 제대로 못 잔 탓에, 모든 것이 흐릿했다~ (Salva가 미국으로 가는 과정과 상황이 복잡하고 시간도 오래 걸려서 정신이 없는 상태)
	92	**shriek** [ʃriːk]	시끄러운 울음소리, 비명	~ but with **shrieks** and roars from the engines as the plane **lumbered** down the long runway, ~ 괴상하고 요란한 엔신 소리를 내면서 비행기는 긴 활주로를 느릿느릿 움직였다~ (처음 비행기를 탄 Salva가 비행기가 이륙하기 직전을 묘사한 문장)
	92	**lumber** ['lʌmbə(r)]	(육중한 덩치로) 느릿느릿 움직이다	

챕터	쪽수	어휘 및 표현	뜻	책에 제시된 문장
15	95	**bulky** ['bʌlki]	부피가 큰	The sleeves were so **bulky** that he felt as if he couldn't move his arms properly. 팔이 너무 불룩해서 그는 팔을 제대로 움직이지 못할 것 같았다. (겨울 점퍼를 처음 입어본 Salva의 반응)
16	98	**whizz** [hwiz]	쌩하고 지나가다, 윙윙하고 소리나다	At times, the cars **whizzed** by so fast, he was amazed that anyone on foot could cross safely. 가끔 차들이 너무 빨리 지나서, 그는 걸어서 다니는 사람들이 안전하게 길을 건널 수 있는 것이 놀라웠다. (Salva가 뉴욕 주 로체스터에 살면서 놀란 광경 중에 하나)
16	99	**squawk** [skwɔːk]	꽥꽥 울다, 꽥꽥거리다	You said "chickens" when you meant the living birds that walked and **squawked** and laid eggs, but it was "chicken"-with no "s"-when it was on your plate ready to be eaten. '치킨스'라고 하면 걷고 구구 소리를 내고 알을 낳는 살아 있는 조류를 뜻하지만 복수를 뜻하는 -s가 빠진- '치킨'은 먹으려고 준비한 닭으로 만든 음식을 뜻했다. (Salva가 영어 공부를 하면서 같은 단어 'chicken'이 쓰이는 문장에 따라 다른 뜻으로 쓰여 헷갈려함)
16	102	**scrubby** ['skrʌbi]	관목이 우거진	The unpaved roads, the **scrubby** bushes and trees, the huts roofed with sticks bound together-everything was just as Salva remembered it,~ 비포장도로, 관목이 우거진 숲과 나무들, 잔가지로 지붕을 올린 오두막집들, 그 지역의 모든 것들이 그가 기억하는 그대로였다. (아버지를 만나기 위해 다시 수단을 찾은 Salva가 마주한 낯설지 않은 수단의 풍경)
17	103	**fetch** [fetʃ]	가져오다, (가서) 데려오다	"Now, go and **fetch** water for us." 이제 가서 우리에게 물을 길어다 주렴. (아버지가 마을에 학교가 생긴다는 소식을 전한 뒤, Nya에게 건넨 이야기)
17	103	**scythe** [saɪð]	~을 큰 낫으로 베다	he returned to his work **scything** the long grass. 아버지는 다시 긴 풀을 베기 시작했다. (Nya의 아버지가 마을의 학교를 짓기 위해 땅을 고르는 모습)

챕터	쪽수	어휘 및 표현	뜻	책에 제시된 문장
17	106	contaminate [kəntǽmənèit]	오염시키다, 중독시키다	Years of drinking **contaminated** water had left Mawien Dut's entire digestive system **riddled** with guinea worms. 오랫동안 오염된 물을 마셔서, Mawien Dut(Salva 아버지)의 소화기관 전체에 기니 벌레가 차 있었다. (Salva가 수단에 있는 아버지를 찾고 난 후, 아버지의 병을 알게 된 장면)
	106	riddled [rídld]	가득찬, 찬 **be riddled with~**: (특히 나쁜 것이) 가득하다	
	108	screech [skriːtʃ]	날카로운 소리, 끼익	The speakers behind him let out a dreadful **screech**. 그의 등 뒤에 있는 스피커에서 거슬리는 끼익하는 소리가 났다. (Salva가 남수단의 우물 사업을 위해 연설하려고 마이크에 대고 말하자 음향 장비에서 난 소리)
	109	chuckle ['tʃʌkl]	낄낄 웃다, (혼자서) 기뻐하다	People were smiling or **chuckling**; a few of the children were holding their ears. 사람들이 미소 짓거나 킥킥 웃었다; 아이들 몇 명은 귀를 막았다. (음향 장비에서 난 날카로운 소리를 들은 청중들의 반응)
18	111	in honor of [ɑnər]	~에게 경의를 표하여, ~을 기념하여	"**In honor of** Elm Street School" "느릅나무 거리 학교를 기념하며" (Nya의 마을에 우물이 설치되고 만들어진 기념 문구로 해당 학교 학생들이 돈을 모아줌)
	112	bonfire [bɑ́nfàiər]	(축하·신호의) 큰 화톳불, 모닥불	This is where we used to gather for our **bonfire** celebrations. 여기는 우리가 모여서 불을 피우고 잔치를 하던 자리야. (Nya 동네의 한 할아버지가 동네 우물이 생긴 곳이 예전에는 잔치하던 자리라며 우물이 생긴 것을 보고 기뻐하며 한 말)
	114	lean against [liːn] [əgénst]	~에 기대다	He was standing by himself, **leaning against** one of the trucks and watching her uncle work the pump. 그(Salva)는 혼자 트럭에 기대서, Nya의 숙부가 펌프질하는 모습을 지켜보았다. (Nya는 Salva가 우물 작업 후 Nya의 삼촌이 펌프질하는 모습을 보고 있는 모습을 유심히 봄)
	114	in astonishment [əstɑ́niʃmənt]	놀라서 **astonishment** : 놀람, 경악	Nya looked at Dep **in astonishment**. Nya는 놀라서 오빠인 Dep을 쳐다보았다. (Salva가 다른 부족인데 Nya 마을에 우물을 설치해 줬다는 사실에 Nya가 놀라워하는 모습)

4. 내용 파악 문제 (Reading Comprehension) 정답

문항	정답 및 풀이
1	정답 : the big <u>plastic</u> <u>container</u> **[풀이] 1쪽** Going, the big plastic container held only air. (공기만 담긴 빈 큰 플라스틱 통을 들고 가면 된다) 문장을 통해 Nya는 물을 뜨러 가기 위해 큰 플라스틱 통을 들고 걸어 가고 있다는 것을 알 수 있음.
2	정답 : ④ **[풀이] 1쪽~7쪽** ④번 4쪽 1번째 줄 When one of them managed to kill a ground squirrel or a rabbit,~ (누군가 땅다람쥐나, 토끼를 맞춰 죽이면) 문장을 통해 동물을 잡는다는 것을 알 수 있고, 6번째 줄 Then they roasted it on the fire. (그런 다음 그들은 모닥불에 구웠다.) 문장을 통해 잡은 동물들을 구워 먹었다는 것을 알 수 있음. ①번 2쪽 6번째 줄 Salva spoke the language of his Dinka tribe at home. But in school he learned Arabic~. (Salva는 집에서는 딩카 부족어로 말했다. 하지만 학교에서는 아랍어를 배웠다~)는 문장을 통해 집에서는 딩카 부족어를 쓴다는 것을 알 수 있음, ②번 2쪽 끝에서 5번째 줄 Salva had three brothers and two sisters. (Salva는 4남 2녀이다.)는 문장을 통해 2명의 여자 형제도 있음을 알 수 있음, ③번 3쪽 끝에서 8번째 줄 Salva and the other boys made cows out of clay. (Salva와 형제들은 진흙으로 소 인형을 빚었다.)는 문장을 통해 양이 아닌 소 인형을 빚었다는 것을 알 수 있음, ⑤번 5쪽 가운데 The teacher stopped talking for a moment. (선생님이 잠시 말을 멈추었다.)를 통해 챕터 1의 배경은 학교 교실임을 알 수 있음.
3	정답 : religions **[풀이] 6쪽** 6쪽 밑에서 3번째 줄 But the people in the south were of different **religions** and did not want to be forced to practice Islam. (하지만 남부 주민들은 다른 종교를 믿기에 이슬람교 신자가 되기 싫었다.)는 문장을 통해 종교로 인해 남수단, 북수단 사람들이 전쟁을 치르고 있다는 것을 알 수 있음.
4	정답 : ④ 가시 **[풀이] 8쪽** ┌────────────────────────────────────┐ 그녀는 길가에 자라는 **가시 있는 식물(spiky plants)**을 피해 걸으려 했지만 땅바닥에 **가시들(thorns)**이 흩어져 있었다. 자신의 발바닥을 보니, **큰 가시(a big thorn)**가 박혀 왼발 가운데서 부러졌다. └────────────────────────────────────┘ ① 물통 ② 신발 ③ 나뭇잎 ⑤ 텐트
5	정답 : ③ **[풀이] 8쪽~13쪽** ③번 10쪽 끝에서 4번째 줄 The soldiers ordered them to separate into two groups. 병사들은 사람들에게 두 그룹으로 나누라고 명령했다고 하였음. 세 그룹이 아니라 두 그룹임. ①번 9쪽 중간에 *Where are we going? Where is my family? When will I see them again?* 문장을 통해 Salva가 헤어진 가족을 찾고, 만나고 싶어 한다는 것을 알 수 있음, ②번 9쪽 밑에서 3번째 줄 Relief(안심) flooded through him. That was his village! 같은 마을 사람들을 만나서 마음이 놓였다는 것을 알 수 있음, ④번 11쪽 9번째 줄 Salva took a few step toward the men. 남자들을 향해 몇 걸음을 옮겼다는 문장을 통해 남자 그룹으로 가려고 했다는 것을 알 수 있음, ⑤번 13쪽 Finally, he sat up and opened his eyes. No one else was in the barn. He was alone. 문장을 통해 헛간에서 눈을 떴을 때 주위에 아무도 없고 혼자 남았다는 것을 알 수 있음.

문항	정답 및 풀이
6	정답 : ② lonely 외로운 **[풀이] 13쪽** Salva가 완전히 잠이 깨기 전에도 뭔가 이상하다는 것을 느꼈는데(Salva could feel that something was wrong). 눈을 떠보니 아무도 헛간에 없었고. 다들 그를 떠났기에(They had left him) 외로운(lonely) 상태임. ① happy 행복한, ③ angry 화난, ④ comfortable 편안한, ⑤ excited 흥분한
7	정답 : ③ **[풀이] 14쪽** 14쪽 밑에서 6번째 줄 Nya filled the container all the way to the top. (Nya는 통에 찰랑 찰랑할 정도로 물을 담았다.)는 문장을 통해 Nya가 연못에 도착해서 한 행동은 ③번 그녀는 물을 통에 담았다가 정답임. ① 그녀는 수영을 했다. ② 그녀는 고기를 잡았다. ④ 그녀는 발을 씻었다. ⑤ 그녀는 그녀의 옷을 던졌다.
8	정답 : ④ 아주 슬픈 → 화가 난 **[풀이] 17쪽** 　혼자서 길을 걷다 헛간을 찾은 Salva는 헛간에 지내고 있는 아주머니가 "가족은 어디 있니?"라고 묻자, 눈물이 차올라서 말을 할 수 없었다(his eyes filled with tears again and he could not answer.)는 문장을 통해 가족과 헤어져 아주 슬픈(sorrowful) 감정 상태임이 적절함. 이후 아주머니가 "고아냐?"(Are you an orphan?)이라고 묻자, he felt almost angry(화가 날 뻔했다.)라는 문장을 통해 열받은, 화가 난(upset) 단어가 가장 적절함. ① 희망에 찬 → 실망한　② 여유 있는 → 짜증이 난 ③ 무관심한 → 우울한　⑤ 자신감 있는 → 무서운
9	정답 : ③번 to bring water 물을 길어 오는 것 **[풀이] 20쪽** Nya의 어머니가 여동생을 데리고 가라고 하자 Nya가 물통을 들고 여동생의 손을 잡았다는 것(She picked up the plastic container and took Akeer by the hand.)을 통해 물을 길어 오는 것을 배워야 한다는 것을 유추 할 수 있음. ① 더 빨리 말하는 것　② 식사를 요리하는 것 ④ 혼자 먹는 것　　　⑤ 숫자를 세는 것
10	정답 : ③ **[풀이] 21쪽** 21쪽 밑에서 3번째 줄 Salva hung his head. They would leave him behind again, just as the others had...문장을 통해 Salva는 ③번 새로 만난 무리의 사람들이 지난번에 만난 무리처럼 자신을 버리고 갈까 봐 두려워서(Because he was afraid that he would be left behind) 고개를 숙이고 있었음. ① 그들과 함께 가고 싶지 않아서 ② 너무 배가 고파서 고개를 들 수 없어서 ④ 낯선 사람들 앞에 나서기 부끄러워서 ⑤ 너무 졸려서 막 잠이 들려고 해서

문항	정답 및 풀이
11	정답 : ②번 scared 두려운 → excited 흥분한 **[풀이] 24쪽** 단락 2번째 줄 Salva's fear began to grow until it was even stronger than his hunger. (Salva는 겁이 나기 시작하더니 배고픔보다 두려움이 커졌다.) 문장을 통해 소리의 정체를 알지 못해 Salva가 두려워하고 있다는 것을 알 수 있음. 밑에서 2번째 줄 By now Salva had caught the feeling of excitement. (이제 Salva는 흥분에 휩싸였다.) 문장을 통해 Salva가 소리의 정체가 벌집인 것을 알고 꿀을 먹게 될 것을 생각하고 흥분하게 되었음을 알 수 있음. ① worried 걱정하는 → angry 화난 ③ curious 궁금한 → terrified 겁먹은 ④ hopeful 희망에 찬 → annoyed 짜증난 ⑤ interested 관심 있어 하는 → disappointed 실망한
12	정답 : ⑤번 **[풀이] 26쪽~27쪽** ⑤번 The water that filled the hole was filthy, more mud than liquid. (그 구덩이에 들어찬 물은 더러워서, 물이라기보다 진흙이었다.) 문장을 통해 filthy(더러운)하고 mud(진흙)에 가까운 상태이므로 dirty(더러운)한 상태임을 알 수 있음. ① Nya가 그녀의 마을에서 호수까지 걸으면 열흘이 걸렸다. ② Nya네 가족은 우기 때 집을 떠나 호숫가로 이동했다. ③ Nuer족과 Dinka족은 공평하게 호수 인근 땅을 함께 공유했다. ④ Nya 집 인근 연못과는 다르게 호수에는 물이 많았다. ⑤ Nya가 판 구덩이에 들어찬 물은 더러웠다. ①번 There was a big lake three days' walk from Nya's village. (Nya가 마을에서 사흘간 걸어가면 큰 호수가 있었다) 문장을 통해 호숫가까지 3일 걸린다는 것을 알 수 있음, ②번 Every year when the rains stopped and the pond near the village dried up, Nya's family moved from their home to a camp near the lake. (Nya의 가족은 우기가 끝나고 나서 (건기에) 집을 떠나 큰 호숫가로 옮겼다.) 문장을 통해 우기가 아닌 건조할 때 호숫가로 이동한다는 것을 알 수 있음, ③번 Her tribe, the Nuer, often fought with the rival Dinka tribe over the land surrounding the lake. (Nuer 부족과 Dinka 부족은 호수 인근 땅을 두고 자주 싸웠다.) 문장을 통해 두 부족이 물을 두고 공평하게(fairly) 사용한 것이 아니라 자주 싸웠다는 것을 알 수 있음, ④번 Like the pond back home, the lake was dried up. (고향 집 인근 연못처럼 호수도 말랐다.)는 문장을 통해 큰 호숫가 역시 물이 말라 있음을 알 수 있음.

문항	정답 및 풀이
13	정답 : ② **[풀이] 29쪽~30쪽** ②번 29쪽 중간에 The boy spoke Dinka with a different accent, which meant that he was not from the area around Salva's village. (그 소년은 Dinka어를 말했지만 억양이 달랐다. Salva의 마을 근처에 살지 않는다는 뜻이었다.) 문장을 통해 ①번 Dinka어를 말할 수는 있지만 Salva와 같은 마을 출신은 아니라는 것을 알 수 있음. ③번, ④번 30쪽에 Marial was the same age as Salva. They were almost the same height. 문장을 통해 은 옳은 문장임을 알 수 있음, ⑤번 그는 그의 가족과 헤어졌다. 29쪽 끝에서 5번째 줄에 "Your family?" he asked. Salva shook his head. "Me, too," the boy said. ("가족은?" 소년이 물었다. Salva는 고개를 저었다. "나도 마찬가지야." 소년이 말했다.) 문장을 통해 Marial도 Salva와 마찬가지로 가족들과 헤어진 상태임을 알 수 있음. ① 그는 딩카 어를 말했다. ② 그는 Salva와 같은 마을 출신이었다. ③ 그는 Salva와 나이가 같았다. ④ 그는 Salva와 키가 거의 같았다. ⑤ 그는 그의 가족과 헤어졌다.
14	모범답안 : Because Salva had eaten as much honey and beeswax as he could after being stung by bees. (벌에 쏘이고 나서 Salva가 꿀과 밀랍을 실컷 먹을 수 있었기 때문이다.) **[풀이] 28쪽** 28쪽 1번째 단락에 벌에 쏘이고도(be stung by bees) Salva가 그만한 가치가 있다고 느낀 이유가 나옴. His belly was a rounded lump stuffed full of honey and beeswax. (그의 배는 꿀과 밀랍을 가득 먹어 볼록해졌다) 및 이어지는 문장을 통해 Salva는 꿀과 밀랍을 실컷 먹을 수 있어서 벌에 쏘일 가치가 있다고 생각함.
15	정답 : ④ **[풀이] 30쪽** ④번 Salva는 친구 Marial이 현재 자신들이 에티오피아 방향으로 가고 있다고 하자, 속으로 한 말을 통해 알 수 있음. 30쪽 밑에서 4번째 줄 *I can't go to another country*, Salva thought. If I do, *my family will never find me*....('나는 다른 나라에 갈 수 없어. 그러면 가족이 날 찾지 못할 거야....') 문장을 통해 자신이 수단을 떠나면 헤어진 가족들이 자신을 영영 찾지 못할까 봐 걱정하고 있음. ① 그는 수단을 좋아하기 때문에 ② 그는 여권을 가지고 있지 않기 때문에 ③ 그는 다른 언어를 할 수 없기 때문에 ④ 그의 가족이 그를 찾지 못하게 될까 봐 두려워서 ⑤ 그는 학교를 가야 하기 때문에
16	정답: It was Salva's uncle **[풀이] 34쪽** 34쪽 중간 "Salva!" the man said again, and hurried toward him. When the man was only a few steps away, Salva suddenly found his voice. "Uncle!" he cried out~ ('Salva!' 사내가 다시 외치면서 Salva에게 다가왔다. 그가 몇 걸음 앞에 왔을 때 Salva가 갑자기 말을 내뱉었다. "삼촌!" 소리쳤다~) 문장을 통해 Salva의 이름을 부른 사람은 바로 삼촌(uncle)임을 알 수 있음.

문항	정답 및 풀이
17	모범답안: She was afraid that the men in the family would run into Dinka tribesmen and somewhere, and they would fight and get injured or worse. (그녀는 집안 남자들이 어딘가에서 Dinka 족과 부딪칠까 겁냈다. 그들이 싸워서 다치거나 더 나쁜 일을 당할까 두려워했다) **[풀이] 33쪽** Nya의 엄마가 그녀의 가족들이 호숫가에 지낼 때 가장 두려워하는 것은 33쪽 밑에서 4번째 줄에 다른 부족 Dinka족과 싸워서 다치는 일이라고 적혀 있음.
18	정답 : ⑤ **[풀이] 34쪽~35쪽** ⑤번 He had joined the group the day before he met Salva. (그는 Salva를 만나기 전날에 무리에 들어왔다.)는 틀린 문장으로 35쪽 중간에 It turned out that Uncle had joined the group three days earlier. (삼촌은 사흘 전에 그 무리에 들어왔었다는 것이 드러났다.)는 문장을 통해 3일 전에 합류했다는 것을 알 수 있음. ①번 He was the younger brother of Salva's father. (그는 Salva 아버지의 동생이었다.) 34쪽 밑에서 7번째 줄에 나와 있음, ②번 He had been in the army. (그는 군대에 있었다.) 34쪽 밑에서 6번째 줄에 because Uncle had been in the army 문장을 통해 군대에 있었다는 것을 알 수 있음, ③번 He had a gun. (그는 총을 가지고 있었다.) 35쪽 밑에서 5번째 줄에 because he had a gun 문장을 통해 삼촌이 총을 가지고 있다는 것을 알 수 있음, ④번 He hadn't seen Salva in at least two years. (그는 Salva를 최소 2년 동안 보지 못했다.) 34쪽 밑에서 7번째 줄에 나와 있음.
19	정답 : ② **[풀이] 39쪽** Nya의 삼촌이 Akeer를 위해 Nya 가족들에게 한 충고는 39쪽 마지막 줄에서 알 수 있다. Nya's uncle, the chief of their village, knew of a medical clinic a few days' walk away. He told Nya's family that if they could take Akeer there, doctors would give her medicine to help her get better. (마을 족장인 Nya의 삼촌은 며칠 거리에 있는 병원을 알았다. 삼촌은 Akeer를 거기 데려갈 수 있다면 의사들이 치료제를 줄거라고 말했다) 즉 병원에 데려가라는 충고를 했다. ① 그녀에게 깨끗한 물주기 ② 그녀를 병원에 데려가기 ③ 그녀에게 통에 물 채우는 방법을 가르치기 ④ 그녀에게 새 친구를 만들어주기 ⑤ 그녀에게 몸에 좋은 음식을 만들어주기
20	정답 : ② **[풀이] 42쪽** 42쪽 2번째 줄에 Salva의 삼촌이 "The Nile," Uncle said. "We will soon come to the Nile River and cross to the other side." (우린 곧 나일강에 도착해서 강 저편으로 건너 갈거야.)라고 말함. 42쪽 중간에 "And after that, Ethiopia." (사막, 그 다음에는 에티오피아가 있어) 라고 말함. 따라서 Salva는 지금 에티오피아로 향해 가고 있음을 알 수 있음. ① 케냐 ② 에티오피아 ③ 남 수단 ④ Atuot 종족 땅 ⑤ Dinka 종족 땅

문항	정답 및 풀이
21	정답 : ⑤ **[풀이] 40쪽~41쪽** 40쪽 중간 부분 Salva shook with terror inside and out. (Salva는 안팎으로 공포에 휩싸였다) 문장과 41쪽 7번째 줄 If it hadn't been for Uncle, Salva might have gone crazy with fear. (삼촌이 없었다면 Salva는 너무 겁나서 미쳤을 것이다)를 통해 Mrial이 사라진 후, Salva는 두려운(fearful) 감정이 제일 크다는 것을 알 수 있음. ① 두려운 ② 지루한 ③ 혼란스러운 ④ 흥분한 ⑤ 두려운
22	정답 : ① **[풀이] 45쪽** Akeer 병의 원인은 45쪽 중간에 간호사가 한 말에서 알 수 있음. "Her sickness came from the water," (물 때문에 생긴 병이에요.) ① 물 ② 모기 ③ 장거리 걷기 ④ 더러운 플라스틱 주전자 ⑤ 타는 듯한 햇빛
23	정답 : ② **[풀이] 49쪽** 해가 수평선에 내려앉자 어부들이 한 행동은 ②번 49쪽 5번째 줄 ~ the fisherman abruptly went into their tents (어부들은 다급히 천막으로 들어갔다.)에 나와 있음. ① 그들은 이야기를 더 나누고자 머물렀다. ② 그들은 서둘러 그들의 천막으로 들어갔다. ③ 그들은 Salva 무리를 위해 많은 수로를 팠다. ④ 그들은 Savla 무리에게 모기를 때리는 방법을 가르쳤다. ⑤ 그들은 Salva 무리에게 나눠줄 음식을 더 가져왔다.
24	정답 : ④ **[풀이] 50쪽** 어부들이 Salva 무리에게 다음 이동 시 챙겨가라고 당부한 것은 50쪽 중간 The fishermen had warned the group to take plenty of water for the next stretch of their journey. (어부들은 앞으로의 일정을 위해 물을 충분히 가져가라고 당부했다.) 문장을 통해 충분한 물(water)을 가져가라고 한 것을 알 수 있음. ① 많은 음식 ② 많은 호리병 ③ 많은 노 ④ 충분한 물 ⑤ 많은 옷
25	정답 : ⑤ **[풀이] 52쪽~63쪽** ⑤번 62쪽 4번째 줄 6명의 사내가 Salva 무리를 급습한 뒤 삼촌을 나무에 묶는 장면으로 삼촌이 오히려 위협을 받는 상황임. Two of the other men took Uncle to a tree several yards away and tied him to it. (다른 사내 둘이 삼촌을 몇 미터 떨어진 곳으로 데려가서 나무에 몸을 묶었다.) ① Salva는 사막에서 전체 발톱이 빠졌다 ② 삼촌은 Salva가 사막을 계속 걸을 수 있도록 격려했다. ③ Salva와 삼촌은 사막을 걷는 동안 최소한의 물을 마셔야 했다. ④ Salva는 몇 시간 동안 같은 자리를 맴돌고 있는 기분을 느꼈다. ⑤ Salva의 삼촌은 사막에서 6명의 사내가 도망가라고 위협했다. ①번 53쪽 6번째 줄 ~ and his whole toenail came off 문장을 통해 알 수 있음, ②번 54쪽 중간 Uncle continued in this way for the rest of the walk. Each time, he spoke to Salva using his full name. (삼촌은 걷는 내내 이런 식으로 이끌었다. 매번 Salva의 성과 이름을 불렀다.)을 통해 삼촌이 Salva가 계속해서 사막을 걸을 수 있도록 격려했다는 것을 알 수 있음, ③번 53쪽 1번째 줄 Uncle cautioned him to make the water in his guard last as long as possible. (삼촌은 조롱박에 든 물을 최대한 아끼라고 타일렀다) 문장을 통해 알 수 있음, ④번 55쪽 1번째 문장에 나와 있음.

문항	정답 및 풀이
26	정답 : ③ **[풀이] 58쪽** 58쪽 첫 번째 문장 There wasn't a single drop of water on that spot, unless it was raining! (비가 오면 모를까, 그 자리에 물이라곤 한 방울도 없었다!)을 통해 Nya는 물을 구하기 위해 오전 내내 걸어서 연못의 물을 기르고, 집을 떠나 캠프 생활을 해 왔는데 집 근처 나무 사이에 물이 나온다는 말을 믿을 수 없어서 고개를 저음.
27	모범답안 : 마을에 온 손님이 Nya가 사는 동네의 나무 두 그루 사이에서 물을 찾을 수 있다고 했는데, 마을에 물이 없어서 멀리 연못에 물을 기르러 가는 Nya는 말이 안 된다고 생각하고 그 말을 믿을 수가 없어서. **[풀이] 57쪽~58쪽, 64쪽** 57쪽 밑에서 6번째 문장 "This is the spot, halfway between the two largest trees. We will find the water here." (바로 여기, 큰 나무 두 그루의 중간이 적당한 자리입니다. 여기서 물을 찾게 될 겁니다.) 문장과 56쪽 1번째 문장 There wasn't a single drop of water on that spot, unless it was raining! (비가 오면 모를까, 그 자리에 물이라곤 한 방울도 없었다!) 문장을 통해 Nya는 물이라고는 나지 않는 메마른 땅에서 물을 발견할 수 있다고 하는 손님의 말을 믿을 수가 없음.
28	정답 : ② **[풀이] 66쪽** Salva의 삼촌이 죽자 같이 걷던 일행은 Salva를 대하는 태도가 달라졌다. 66쪽 3번째 문장 No one shared anything with him, neither food nor company. (먹을 것이든 길동무든, Salva에게 아무도 나눠주는 이가 없었다.)을 통해 일행이 Salva를 무시하는 것을 알 수 있음. 66쪽 중간에 The way they were treating him made Salva feel stronger still. (그런 푸대접이 Salva를 더욱 강해지게 했다) 문장을 통해 그런 사람들의 푸대접이 Salva를 강해지게(stronger) 했다는 것을 알 수 있음. ① He 비참하게 했다. ② 그를 강해지게 했다. ③ 그를 우울하게 했다. ④ 그를 기쁘게 했다. ⑤ 그를 차분하게 했다.
29	정답 : ④ **[풀이] 67쪽** 67쪽 첫 번째 단락에 젊은 남자와 소년들을 왜 도망치게 했는지 잘 나와 있음. 67쪽 4번째 줄 Young men and sometimes even boys were often forced to join the fighting, which was why their families and communities ~ had sent the boys running into the bush at the first sign of fighting. (청년들은 물론이고 때로는 소년들도 전쟁터로 떠밀려 가야 되는 경우가 많았다. 그래서 전쟁이 시작되면 가족과 마을에서는 젊은이들을 모두 수풀로 도망치게 했다.) 문장을 통해 전쟁에 병사로 못 끌려가도록 하기 위해 젊음이들을 수풀로 도망 치게 했음을 알 수 있음.
30	정답 : a tall drill (착암기:바위에 구멍을 뚫는 기계) **[풀이] 70쪽** 70쪽 3번째 줄 The giraffe was a tall drill that had been brought to the village ~ (그 '기린'은 마을에 들여온 높은 착암기였다~) 문장을 통해 Nya가 묘사한 '쇠로 된 기린(an iron giraffe)'은 착암기라는 것을 알 수 있음.

문항	정답 및 풀이
31	정답 : ③ **[풀이] 71쪽~75쪽** ③번 74쪽 6번째 줄 The orders were not just to leave the camp but to leave Ethiopia. (명령은 캠프에서 떠나라는 게 아니라, 에티오피아에서 떠나라는 것이었다.)를 통해 알 수 있음. ① Salva는 마침내 오렌지색 머릿수건을 두른 엄마를 만났다. ② 난민캠프는 에티오피아 정부에서 운영했다. ③ 무장한 병사들은 모두 에티오피아를 떠나라고 명령했다. ④ 군인들이 난민 캠프에 왔을 때 날이 화창했다. ⑤ 길로 강은 뱀으로 유명했다. ①번 71쪽 중간 The woman in the orange headscarf was not his mother. (오렌지색 머릿수건을 두른 여인은 어머니가 아니었다.) 문장을 통해 어머니를 만나지 못 했다는 것을 알 수 있음, ②번 73쪽 밑에서 4번째 줄 The refugee camps were run by foreign aid groups. (난민 캠프는 외국의 구호 단체들이 운영했다.) 문장을 통해 알 수 있음, ④번 74쪽 2번째 줄 One rainy morning, ~ (어느 비 오는 아침, ~)을 통해 비가 오는 날씨임을 알 수 있음, ⑤번 75쪽 마지막 문장 The Gilo was well known for something else, too. Crocodiles. (길로 강은 다른 것으로도 악명 높았다. 악어 떼.)를 통해 알 수 있음.
32	정답 : (1) afraid, (2) embarrassed, (3) complicated **[풀이] 77쪽~79쪽** (1) 77쪽 첫 번째 단락 The soldiers were forcing some of them into the water, ~ (군인들은 일부 사람들을 강으로 떠밀었다) 문장에서는 'afraid(두려운)' 감정이 적합함. (2) 78쪽 중간 부분 A boy next to him grabbed him around the next and clung to him tightly. (옆에 있던 소년이 그의 목덜미를 잡더니 힘껏 매달렸다.) 문장에서는 Salva는 강을 헤엄치면서 갑작스러운 상황에 'embarrassed(당황한)' 감정이 적합함. (3) 79쪽 중간 문장으로 Later, he would learn that at least a thousand people had died trying to cross the river that day, drowned or shot or attacked by crocodiles. How was it that he was not one of the thousand? why was he one of the lucky one? (그날 강을 건너다 물에 빠지거나 총을 맞거나 악어 떼의 공격으로 죽은 사람이 천 명이 넘었다는 사실은 나중에 알게 되었다. 그는 어떻게 그 천 명에 끼지 않았을까? 왜 그런 행운이 따랐을까?) 문장을 통해 많은 사람들이 강을 건너다 죽었고, 자신은 어떻게 죽지 않고 강을 건널 수 있었는지 다양한 감정이 교차하므로 'complicated(복잡한)' 마음이 적합함.
33	정답 : ⑤ **[풀이] 80쪽** ⑤번 80쪽 6번째 줄 Some were as young as five years old. ~ *Kuol isn't that age anymore-he is a teenager now!* (다섯 살 꼬마들도 몇 명 있었다. ~ 이제 Kuol은 그 나이가 아니야. 지금은 십대가 되었다고!) 문장을 통해 Salva가 막내 동생 Kuol을 마지막으로 봤을 때는 5살로 비슷한 나이 또래 아이들을 볼 때 막내 동생이 생각났음. 따라서 마지막으로 동생을 봤을 때가 10대가 아니고 지금쯤 10대라는 말임. ① 물속에 끌려 들어간 덕분에 Salva는 목숨을 구할 수 있었다. ② Salva는 소년 천오백 명의 지도자가 되었다. ③ Salva는 케냐의 난민 캠프로 가기로 결심했다. ④ Salva는 여전히 전쟁 중인 수단 지역을 통과했다. ⑤ Salva가 남동생 Kuol을 마지막으로 봤을 때는 10대였다.

문항	정답 및 풀이
33	①번 78쪽 마지막 문장 Stunned, Salva realized that being forced under the water had probably saved his life. (Salva는 놀란 채 깨달았다. 물속으로 끌려 들어간 덕분에 목숨을 구했다는 것을.) 문장을 통해 Salva의 목덜미를 잡은 소년 덕분에 물속에 가라앉아서 병사들의 총알을 피할 수 있었음을 알 수 있음, ②번 80쪽 5번째 줄에 Salva가 지도자가 되었음을 알 수 있음, ③번 79쪽 마지막 문장 *There are supposed to be refugee camps in Kenya.*과 80쪽 1번째 줄 He would walk south, to Kenya. (그는 남쪽으로 향해 케냐로 갈 작정이었다) 문장을 통해 Salva는 케냐로 가기로 결심했음을 알 수 있음, ④번 80쪽 4번째 단락 They were traveling through a part of Sudan still plagued by war. (그들은 여전히 전쟁 중인 수단 지역을 통과했다) 문장을 통해 알 수 있음.
34	정답 : The water wasn't clear. It was brown and heavy-looking. It was full of mud. **[풀이] 84쪽** 땅에서 물이 솟아오르는데 깨끗한 물이 아니라 진흙으로 가득 찬 물이 뿜어져 나와서 인상을 찌푸렸음(frowned). 84쪽 1번째 줄에 '물이 맑지 않았다. 갈색으로 탁해 보였다. 물은 진흙투성이였다.' 문장이 적혀 있음.
35	정답 : He was going to <u>New York</u>. **[풀이] 89쪽** 89쪽 맨 마지막에 Salva was going to New York. (Salva는 뉴욕에 가게 되었다.) 문장을 통해 Salva는 미국의 뉴욕으로 가게 되었음을 알 수 있음.
36	모범답안 : The water was dirty and not clean enough to drink. **[풀이] 90쪽** --- 땅 구멍에서 나온 물은 갈색의 흙물이었지만, 어린 남자애들은 당장 마시고 싶어 했다. 하지만 어머니들이 말렸다. 인부들은 계속 굴착기로 작업했다. 책임자가 Nya의 삼촌과 아버지를 비롯해 마을 어른 몇 명과 대화했다. --- 90쪽 중간 부분 The water is muddy because it is still mixed with the old water that they were using from the pond. ~ to make sure of getting deep enough into the good clean water underground. (물이 흙물인 것은 연못에 가져와서 쓴 물이 아직 섞여 있기 때문이다. ~ 땅속의 깨끗한 물이 나올 때까지 팔 거라고.) 문장을 통해 물이 더럽고(dirty) 마시기에는 충분하게 깨끗하지 않아서(not clean enough to drink) 임을 알 수 있음.
37	정답 : ② **[풀이] 93쪽** Cars crawled along the roads like ants in a line. (도로를 달리는 자동차들은 한 줄로 기어가는 개미 떼 같았다.) 93쪽 3번째 줄 Salva가 미국으로 가는 위해 처음 탄 비행기에서 밖을 내려다보는 장면임. 비행기가 점차 이륙하면서 도로 위 차들이 한 줄로 가는 모습을 개미 떼에 비유하고 있음. ① 벌 ② 개미 ③ 돼지 ④ 새 ⑤ 물고기
38	모범답안 : Because they had lost their homes and families because of the war and had wounded, lost, for weeks or months before reaching the refugee camps. **[풀이] 91쪽** 해석 - 그들은 전쟁으로 집과 가족을 잃었으며, 난민 캠프에 오기까지 몇 주 혹은 몇 년간 다치고 헤매고 떠돌던 아이들이기 때문. 91쪽 2번째 단락에 나와 있음.

문항	정답 및 풀이
39	모범답안 : Because he used to enjoy volleyball at the camp and how to play volleyball was the same in any language. **[풀이] 99쪽** 99쪽 2번째 단락 4번째 줄 Remembering Michael, Salva also joined a volleyball team. It was fun playing volleyball, just as it had been at the camp. Setting and spiking the ball were the same in any language (Michael을 떠올리며 배구 팀에도 들어갔다. 난민 캠프에서처럼 배구 경기는 재미있었다. 배구는 어떤 언어로든 똑같았다.) 문장을 통해, 난민 캠프에서도 배구를 즐겼고(used to enjoy volleyball at the camp), 배구하는 방법은(how to play volleyball) 어떤 언어로든 똑같아서 재미있어 했다는 것을 알 수 있음.
40	정답 : ③ **[풀이] 100쪽~102쪽** ③번 100쪽 2번째 단락 He was surprised to see a message from a cousin~ The cousin was working for a relief agency in Zimbabwe. (그는 놀랍게도 친척에게서 메일을 받았다 ~ 친척은 짐바브웨의 구조 단체에서 일하고 있었다.) 문장과, 100쪽 마지막 The clinic where his father was recovering was in a remote part of southern Sudan. (아버지가 회복 중인 병원은 멀리 남부 수단에 있었다.) 문장을 통해 Salva는 그의 사촌을 통해 아버지가 수단의 병원에 있다는 사실을 알게 되었다는 것을 알 수 있음. ① 그의 아버지는 유엔의 구호 기구를 통해 Salva를 찾고 있었다. ② 그의 새 가족이 그의 아버지를 찾기 위해 유엔의 구호 기구에 연락을 했다. ③ 그의 친척이 Salva의 아버지가 수단의 병원에 있다는 메시지를 보냈다. ④ 그는 새 가족과 수단에 여행을 갔는데 우연히 아버지를 만났다. ⑤ 그가 수단에 학교를 짓고 있을 때, 아버지를 만났다.
41	정답 : ④ **[풀이] 97쪽~99쪽** ④번 Salva가 영어 공부를 한다는 내용은 나오지만, Salva가 영어로 말하는 것을 미국 생활에서 놀랍게(surprised) 느끼는 경험은 아님. 98쪽 3번째 단락의 2번째 문장 His lessons, especially English, gave him something to concentrate on,~ (공부, 특히 영어 공부는 집중할 뭔가를 그에게 주었다~)와 99쪽 2번째 줄 ~, he found the English language quite confusing. (~ 그는 영어가 몹시 혼동되는 언어라는 것을 배웠다.) 문장을 통해 영어가 Salva를 놀랍게 하는 것은 아니라는 것을 알 수 있음. ①번 97쪽 마지막 문장 Unlike southern Sudan, it seemed that here in America every road was paved. (남부 수단의 길로가 달리 여기 미국은 모든 길이 포장되어 있었다.) 문장을 통해 알 수 있음, ②번 98쪽 2번째 문장 At times, the cars whizzed by so fast, he was amazed that anyone on food could cross safely. (가끔 차들이 너무 빨리 지나서, 걸어 다니는 사람들이 안전하게 길을 건널 수 있다는 게 놀라웠다.)를 통해 알 수 있음, ③, ⑤번 98쪽 2번째 단락의 1번째 문장에 나옴. ① 모든 길이 포장되어 있다는 것 ② 걸어 다니는 사람들이 안전하게 길을 건널 수 있다는 것 ③ 모든 건물에 전기가 들어온다는 것 ④ 그가 영어를 말할 수 있다는 것 ⑤ 어디에나 백인이 있다는 것

문항	정답 및 풀이
42	정답 : He had a vague idea that he would like to return to Sudan someday, to help the people who lived there. **[풀이] 99쪽** 99쪽 밑에서 2번째 줄에 나와 있음. 해석 - 언젠가 수단에 돌아가서 거기 사는 사람들을 돕겠다는 생각을 막연하게 했다.
43	정답 : ③ **[풀이] 103쪽~104쪽** ③번 103쪽 7번째 줄 Nya knew this because Dep had wanted to go there. But it was too far. (Nya가 그걸 아는 것은 Dep 오빠가 학교에 가고 싶어 했기 때문이다. 하지만 집에서 너무 멀었다.) 문장을 통해 Dep은 학교를 가고 싶으나 집에서 멀어서 아직 못 가는 상황임을 알 수 있음. ① Nya의 마을에 학교가 지어지고 있다. ② 여자아이들이 학교에 갈 수 있을 것이다. ③ Dep은 걸어서 학교에 간다. ④ 마을에 이제 우물이 있다. ⑤ Nya는 조만간 읽는 법을 배워서 흥분했다. ①번 103쪽 5번째 줄 "A school." "학교.", ②번 103쪽 밑에서 3번째 줄 "Yes, Nya. Girls, too,"(그렇단다, Nya. 여자애들도.), ④번 103쪽 중간 "With the well here, ~" (우물이 생겼으니~), ⑤번 104쪽 1번째 줄 She felt as if she were flying. School! She would learn to read and write! (그녀는 하늘을 나는 기분이었다. 학교라니! 읽고 쓰는 법을 배우게 되다니!) 문장을 통해 학교에서 읽고 쓰기를 배울 생각에 매우 들떠 있음을 알 수 있음.
44	모범답안 : Salva couldn't believe that he met his father alive. He doubted the fact that his father is in his sight. So he wanted to make sure of his father by hearing his words and voice. **[풀이] 104쪽** Salva는 아버지를 만나고, 눈앞에 계시는데도 믿지 못하고 있다. 그래서 아버지의 목소리를 통해 그의 존재가 실재임을 확인하고자 한다. 104쪽 밑에서 6번째 줄 But it was as if his eyes needed help from his ears-he needed to hear his father's words to believe he was real. (하지만 소리까지 들어야 확실할 것 같았다. 진짜 아버지라는 것을 알려면 말소리를 들어야 했다.) 문장을 통해 확실하게 아버지인 것을 확인하고 싶어서 '마치 그의 눈은 그의 귀 도움이 필요한 것 같았다' 문장으로 비유적으로 표현함.
45	모범답안 : Salva had to raise money for the project. So he would have to talk to people and asked them to give money. **[풀이] 108쪽** 질문 해석 - 아버지를 만나고 미국으로 돌아오는 비행기에서 Salva는 수단의 사람들을 도울 수 있는 아이디어가 떠올랐는데, 그들을 돕기 위해서 그는 무엇을 해야만 하나? 108쪽 7번째 줄에 나와 있음. 모범답안 해석 - Salva는 계획을 위해 돈을 모아야 했다. 그래서 그는 사람들에게 말하고 그들에게 돈을 기부하라고 부탁을 해야 했다.

문항	정답 및 풀이
46	모범답안 : The students at Elm Street School raised money for the well to be dug. **[풀이] 111쪽** 111쪽 3번째 단락에 "'In honor of Elm Street School,' ~ The students at the school raised money for this well to be dug." (느릅나무 거리 학교를 기념하며~ 그 학생들이 우물을 만들 돈을 마련해 주었어요.) 문장을 통해 Nya의 마을에 우물을 만들기 위해 돈을 마련해 준 사람은 해당 학교 학생들이라는 것을 알 수 있음.
47	모범답안 : I will never again have to walk to the pond for water. **[풀이] 113쪽** 111쪽 밑에서 3번째 줄 '난 다시는 물을 뜨러 연못에 가지 않아도 되겠네.' 문장을 통해 마을에 생긴 우물로 Nya가 더 이상 마실 물을 뜨러 가지 않아도 되는 변화를 예상할 수 있음.
48	정답 : ② **[풀이] 111쪽~115쪽** ②번 114쪽 중간에 But the crew leader had no scars on his face. (하지만 책임자는 얼굴에 부족 표식이 없었다) 문장을 통해 작업 책임자는 얼굴에 부족 표식을 하지 않았음을 알 수 있음. ① Dinka 족과 Nuer족은 수백 년 동안 원수지간이었다. ② 작업 책임자는 Nuer 족의 부족 표식과 다른 표식을 하고 있었다. ③ Nya는 새 우물을 만드는 것을 도와준 남자가 Dinka 족이라는 것을 듣고 놀랐다. ④ Nya가 새 우물에서 나온 물을 마셨는데 시원하고 맑은 물이었다. ⑤ Nya는 마을에 새 우물을 만들어준 Salva에게 감사를 표했다. ①번 114쪽 밑에서 4번째 문장을 통해 알 수 있음, ③번 114쪽 5번째 줄 "That man, the boss of the workers," Dep said. "You know he is Dinka?" Nya looked at Dep in astonishment. ("저 사람, 작업 책임자 말이야. Dinka 족이라는 걸 아니?" Nya는 놀라서 오빠를 올려다보았다.) 문장을 통해 알 수 있음, ④번 122쪽 중간 Then she drank. ~ It was cool and clear. (그리고 그녀는 물을 마셨다. ~ 시원하고 맑은 물이었다.)를 통해 알 수 있음, ⑤번 115쪽 밑에서 5번째 줄 "Thank you for bringing the water." (물을 끌어올려 주셔서 감사합니다.) 문장을 통해 Salva에게 감사를 표했음을 알 수 있음.

5. 인상 깊은 문장 (Impressive Sentences) 예시 답안

챕터	인상 깊은 문장
1	Salva was well aware of how lucky he was to be able to go to school. (Salva는 자신이 학교에 다니는 것이 얼마나 큰 행운인지 잘 알고 있다는 문장을 통해 수단에서는 학교에 가야 하는 나이임에도 학교를 가지 못하는 아이들(특히 여자 아이들)이 있고 모든 아이의 교육이 의무가 아님을 알 수 있는 부분임.)
1	He and his brothers, along with the sons of his father's other wives, would walk with the herds to the water holes, where there was good grazing. (Salva가 그의 아버지의 다른 부인들이 낳은 아들들과 함께 소 떼를 몰았다는 내용을 통해 수단은 일부다처제임을 알 수 있어서 흥미로웠음.)
1	But the people in the south were of different religions and did not want to be forced to practice Islam. They began fighting for independence from the north. The fighting was scattered all around southern Sudan, and now the war had come to where Salva lived. (Salva가 살고 있는 수단의 남부는 다른 종교를 믿고, 북부는 이슬람교를 믿는데, 정부의 근거지인 북부에서 수단 전체를 이슬람교 국가로 만들려고 하여 남부와 북부의 종교 전쟁이 시작되었음. 같은 나라 사람들끼리도 종교의 차이로 인해 전쟁을 하는 것이 안타깝고 인류가 겪는 전쟁 중 종교로 인한 전쟁이 참 많다는 것을 다시 한번 느낌.)
4	Glancing at her young sister, Nya did not say what she was thinking: that Akeer, who was only five years old, was too small and walked too slowly. (척박한 환경에서 생존을 위해 집에서 연못까지 8시간을 물을 길러 다니는 고된 일을 하는 Nya는 5살 밖에 안 된 어린 여동생마저 그 일을 해야 하는 상황에 매우 안타까워 한다는 것을 알 수 있음.)
5	His mouth fell open in amazement, but he could not speak. (갑자기 일어난 전쟁으로 가족과 헤어진 Salva가 계속 가족을 찾아 헤매는 중에 *-6장에서 밝혀지게 됨-* 삼촌을 만나게 되어 말을 할 수 없을 만큼 놀라게 되는 심정을 잘 보여줌.)
6	A cold fist seemed to grip Salva's heart. (Salva가 도중에 사귀게 된 또래 Marial이 죽게 된 것을 *-7장에서 밝혀짐-* 삼촌이 알려주자 극도의 슬픔과 두려움을 느끼는 것을 보여주는 문장. 전쟁의 공포뿐 아니라 시시각각 생존 위험에 처한 Salva의 처지에 대한 비애, 그리고 Salva가 자신과 비슷한 상황에 처한 친구를 잃은 슬픈 마음을 비유적으로 잘 보여줌.)
7	It was hard work running back and forth between those cutting and those weaving. But Salva found that the work was helping him feel a little better. He was too busy to worry much. (언제 전쟁의 위험이 들이닥칠지, 언제 사자에게 잡아먹힐지 모르는 힘든 현실에서 걱정만 하는 것보다 희망을 품고 하루를 열심히 살아내고 있는 모습을 담은 감동적인 문장.)

322

챕터	인상 깊은 문장
8	As a special treat, his father sometimes bought mangoes. A bag of mangoes was awkward to carry, especially when the bicycle was already loaded with other goods. ... When Salva ran to greet him, he could see the green-skinned mangoes spinning gaily in a blur as his father pedaled. (Salva가 가족과 함께 행복하게 살 때, 아버지가 아이들에게 먹일 음식을 잔뜩 자전거에 싣고는 특별 간식으로 산 망고를 더 이상 실을 곳이 없자 자전거 바퀴의 살에 꽂아서 오면서, 자전가 바퀴가 돌아가면서 망고의 초록색이 번져서 자전거 바퀴가 초록색으로 보이는 모습. 아버지의 사랑과 아이들의 기대가 가득 찬 모습을 담은 아름다운 장면.)
9	The fierce heat sent up shimmering waves that made everything look wobbly. (강렬한 열기가 일렁이는 파장을 내보내어서 모든 게 흔들리게 보였다는 문장으로 모든 것이 열악한 상황 속에 사막을 건너는 어려움이 구체적으로 묘사되어 있음.)
10	He felt sick at the thought of those men-first dying in such a horrible way, and then having even their corpses ravaged. (너무나 끔찍한 방식으로 죽은 뒤 시체까지 유린당하는 모습을 상상하게 되는 문장.)
10	Even in the midst of his fear, he realized that for the first time on the trip, it was a good thing to be the youngest and smallest: The men would not be interested in his clothes. (사막을 횡단하며 어른들보다 처질까 봐 염려하며 최선을 다해 걸은 Salva가 강도를 만나 어른들이 옷가지를 뺏기는 장면을 보며 자신은 어린아이여서 좋은 점을 생각하고 있는 애처로운 상황.)
11	Beneath his terrible sadness, he felt stronger. Salva lifted his head proudly. (Salva가 친구 Marial과 삼촌을 잃고 나서 심한 슬픔에 빠져있었는데 이러한 슬픔과 고난 속에서도 더욱 오기가 생기는 마음이 인상적임. 사람이 극한 상황에 빠졌을 때 오기가 생길 수도 있음을 알 수 있음.)
12	In the moment before calling out to the woman a second time, Salva realized what Uncle had truly meant-something Salva had known in his heart for a long time: His family was gone. (일전에 삼촌이 한 말이 무슨 말인지를 Salva가 확실히 알게 되는 상황임. 삼촌의 말은 그의 가족들이 모두 죽었다는 말이었음. 그때는 몰랐다가 시간이 좀 흐른 후 무슨 의미였는지 알게 됨. 우리가 살다 보면 시간이 지나서야 다른 사람의 말과 행동을 이해하게 되는 상황이 발생하기도 함. 그래서 어떤 상황에 처했을 때 서둘러 판단하거나 결론을 내리기보다는 좀 더 신중하게 판단하는 것도 필요한 것 같음.)
12	"Do you see that group of bushes? You need only to walk as far as those bushes..." Uncle had helped him get through the desert that way, bit by bit, one step at a time. Perhaps... perhaps Salva could get through life at the camp in the same way. I need only to get through the rest of this day, he told himself. (우리가 삶의 어려움에 부닥쳤을 때, 조금씩, 한 걸음씩 나아가면 된다는 의미임. '남은 하루를 버텨 내기만 하면 된다.' 1959년 티베트에서 중국의 침략을 피해 여든이 넘은 노스님이 히말라야를 넘어 인도에 왔었는데 그 스님 말씀이 '한걸음, 한걸음 걸어서 왔지요'라고 대답했는데 유사한 의미라고 느꼈음.)

323

6. 토의 주제 (Discussion Topics) 예시 답안

문항	예시 답안
1~5	생략
6	(질문 해석) 왜 많은 나라들이 아직도 난민들이 자신들의 나라에 사는 것을 거부하는 것일까? 여러분의 나라가 난민들을 시민으로 받아야만 한다면, 그들과 조화롭게 살기 위해 어떤 점을 고려해야 할까?
7	(질문 해석) 처음에 비극으로 보였던 것이 나중에 기회가 된 경험을 이야기 나눠보자.
8	(질문 해석) 처음 챕터 1~2를 읽었을 때 Salva와 아버지가 재회할 거라고 예상했나요? 재회 후, Salva가 그의 아버지로부터 무엇을 알게 되었나요? 아버지는 Salva로부터 무엇을 알게 되었나요?
9	(질문 해석) 챕터 18을 제외하고 모든 챕터의 이야기 구조가 2개의 시간대가 결합되어 있다. 왜 마지막 챕터 18은 2009년 1개의 시간으로 설정이 되어 있나요? 예시답안 1) Finally two people who lived in a different time period met in South Sudan in 2009.

7. 활동지 (Worksheet) 정답 및 예시 답안

〈Workbook 1〉 예시 답안

해당 부분	등장인물	심경 (형용사, 명사, 동사)	심경을 느끼게 되는 계기나 사건을 나타내는 문장 찾아 쓰기
〈예시〉 Chapter 4. p.24~25	Salva	fear (두려움)	(24쪽 8행) He strained his ears. What was it? (들리는 소리가 무엇인지 확실히 알 수가 없어서 귀를 쫑긋 세우고 들으면서 두려움을 느낌)
Chapter 4. p.24~25	Salva	excitement (흥분)	(25쪽 7행) Honey! This night, they would feast! (배고픔을 겪는 중에 벌집을 발견하고 꿀을 먹고 잔치를 벌일 수 있다고 생각하니 흥분됨)
Chapter 5. p.28	Salva	sorry (안쓰러운)	(28쪽 13행) The poor man couldn't even enjoy the honey. (혀를 벌에 쏘인 남자가 꿀을 먹을 수 없다는 것을 안쓰럽게 여김)
Chapter 5. p.32	Salva	amazement (놀람)	(32쪽 2~3행) It was not Marial who had spoken. The voice had come from behind them. (같이 걷던 Marial의 목소리가 아닌 다른 사람의 목소리가 자신을 부르는 것을 듣고 놀람)
Chapter 6. p.33	Nya's mother	fear (두려움) afraid (두려워하는)	(33쪽 15~17행) Afraid that the men in the family would run into Dinka tribesmen somewhere, that they would fight and get injured — or worse. (Nya의 어머니는 호숫가 생활을 할 때 집안 남자들이 Dinka 부족과 마주칠까 봐, 싸워서 다치거나 더 나쁜 일을 당할까 봐 두려워함)
Chapter 6. p.36	Salva	regret (후회하다)	(36쪽 13행) After so many weeks of near starvation, his stomach rebelled mightily: He spent most of the night vomiting. (몇 주간 굶주리다가 삼촌이 잡은 어린 영양을 급하게 먹고는 배탈이 나서 후회하게 됨. 결국 밤새 토하게 됨)

⟨Workbook 4⟩ 예시 답안

	Words	Meaning	의미 쓰기
1	shrub	ㄱㅁ	관목
2	flapping	ㅍㄹㄱㄹㄴ	펄럭거리는
3	wisp	ㅈㄱ	조각
4	whiff	ㄴㄲ	느낌
5	arid	ㅁㅇ ㄱㅈㅎ	매우 건조한
6	gore	ㅃㄹ ㄷㅇㅂㄷ	뿔로 들이받다
7	stub	~에 ㅂㄱㄹㅇ ㅊㅇㄷ	~에 발가락이 차이다
8	shimmering	ㅇㄹㅇㄴ	일렁이는
9	wobbly	ㅂㅇㅈㅎ	흔들리는
10	ravage	ㅍㄱㅎㄷ	파괴하다
11	loot	ㅇㅌㅎㄷ	약탈하다

326